Zu diesem Buch

«Mit der Hoffnungslosigkeit beginnt der wahre Optimismus: der Optimismus dessen, der nichts erwartet, der weiß, daß er keinerlei Recht hat und ihm nichts zukommt, der sich freut, auf sich allein zu zählen und allein zum Wohl aller zu handeln.»

Dieses Lesebuch ist eine Einführung in das Werk Jean-Paul Sartres. Es enthält ausgewählte Passagen und vollständige Texte, die die Vielfalt dieses Schriftstellers und Philosophen zeigen.

Jean-Paul Sartre hat wie kaum ein anderer souverän mit den verschiedensten literarischen Formen und Gattungen gearbeitet. Dieses Buch will zum Weiterlesen anregen und zu einer intensiven Auseinandersetzung mit seinem Werk einladen: Theaterstück und Filmdrehbuch, philosophische Abhandlung und literaturkritischer Essay, Künstlerbiographie und Autobiographie, zeitgeschichtliche Analyse, politische Polemik und aufrüttelnder Appell, Streitgespräch und Interview, Tagebücher und Briefe dokumentieren die Größe des Denkers Sartre.

Sein literarisches Schaffen begann 1938 mit dem Roman «Der Ekel» und endete 1972 mit der Flaubert-Biographie «Der Idiot der Familie».

Sein Werk ist geprägt von der Überzeugung, daß der Mensch mit seiner Geburt lediglich seine Existenz erhalten hat, aber noch nicht sein Wesen. Sein Leben lang hat er die Chance und weiß sich zugleich verdammt dazu, durch die ununterbrochene Kette seiner Entscheidungen in ständig wechselnden Situationen sich selbst zu erfinden und damit den Menschen überhaupt erst zu entwerfen. Er ist zu der Freiheit verurteilt, in voller Verantwortung darüber zu entscheiden, was Menschsein ist. Mit diesem Appell zur Selbstverantwortung wurde Sartre zu einem der einflußreichsten Denker des 20. Jahrhunderts.

SARTRE
Lesebuch

Den Menschen erfinden

Herausgegeben von
Traugott König

rororo
ROWOHLT

Umschlaggestaltung Klaus Detjen
(Foto von Jean-Paul Sartre: Rowohlt Archiv)
Quellen- und Übersetzungsnachweise siehe Seite 255

Veröffentlicht im Rowohlt Taschenbuch Verlag GmbH,
Reinbek bei Hamburg, April 1992

Gesamtherstellung Clausen & Bosse, Leck
Printed in Germany
1000-ISBN 3 499 13004 1

Inhalt

Vorwort

Ohne irgendeinen Aufruf, ohne von irgendwem dazu aufgefordert zu sein, begleiteten am 19. April 1980 fünfzigtausend Menschen jeden Alters Sartres Sarg vom Krankenhaus, in dem er starb, zum Friedhof Montparnasse. Die Pariser Polizei war auf eine solche Menschenansammlung nicht gefaßt, der Verkehr brach für Stunden zusammen. Es war eine der größten politischen Demonstrationen: Man nahm Abschied von einer der einflußreichsten Identifikationspersonen der Linken im weitesten Sinn des Wortes. Wochenlang beschäftigten sich Pariser Zeitungen und Zeitschriften mit Sartres Leben und Werk, dem umfangreiche Sondernummern gewidmet wurden. Wochenlang strahlten der französische Rundfunk und das französische Fernsehen Sendungen über Sartre aus. Doch das alles war kein Starkult, kein Staatsbegräbnis.

Bei Sartres Tod schieden sich noch einmal die Geister. Denn außer einer offiziellen Würdigung durch den Staatspräsidenten, gegen dessen Politik er öffentlich opponiert hatte, war es unübersehbar die progressive Presse, die ihren Lesern noch einmal Sartres literarisches und philosophisches Werk und seine politischen Aktivitäten vor Augen führte. Von der konservativen Presse dagegen wurde er sein Leben lang – oft in unflätigster Weise – beschimpft und verhöhnt wie kaum ein anderer. Der Vatikan erklärte zu Sartres Tod: «Er war einer der Lehrer von Unsicherheit und Versagen.»

Wie stark der Eindruck war, daß mit Sartres Tod eine Epoche zu Ende ging, weil mit ihm einer der berühmtesten Vertreter jener engagierten Intellektuellen gestorben war, die wie Voltaire oder Zola gegen Verdummung, Verletzung der Menschenrechte und Unterdrückung durch öffentliche Gewalt eingetreten waren, das zeigte sich in Überschriften wie «Bisher blieb uns

Sartre» oder «Schon jetzt fehlt uns seine Wachsamkeit». Viele hätten sicher von Sartre gesagt, was dieser 1960 nach dem Tod von Albert Camus geschrieben hatte, obwohl ihre politische Zusammenarbeit und persönliche Freundschaft 1952 zerbrochen war: «Noch vor einem halben Jahr, noch gestern fragten wir uns: ‹Was wird er tun?›» Und Herbert Marcuse hatte 1974 nach einer Begegnung mit Sartre erklärt: «Obwohl er es nicht sein will, er ist das Gewissen der Welt.»

Dennoch ist es nicht leicht, schon heute deutlich auszumachen, was das «Phänomen Sartre» ist, wieso er für so viele zu einer Identifikationsperson wurde, die sowohl ihrem innersten Lebensgefühl als auch ihren politischen Parteinahmen Ausdruck verlieh. Sein Werk und sein politisches Engagement enthalten manche Widersprüche, und doch ist in ihnen eine Grundhaltung spürbar, der er durch alle Brüche hindurch treu geblieben ist.

So sind zwei Seiten in Sartres Leben und Werk zu erkennen, die kaum etwas miteinander zu tun zu haben scheinen, doch bei näherem Hinsehen untrennbar sind: 1. seine scharfsinnigen Beschreibungen der individuellen menschlichen Existenz, wie sie vom Bewußtsein und, tiefer noch, vom vorbewußten Erleben erfahren wird, und 2. seine Stellungnahmen innerhalb des politischen Engagements zwischen den Fronten des Kalten Kriegs angesichts der Gefahr eines Atomkriegs und der Befreiungsbewegungen der Dritten Welt und sein Eintreten für die globale Erkämpfung eines libertären Sozialismus.

Seine Philosophie, den Existentialismus, legte er in seinem 1943 erschienenen philosophischen Hauptwerk *Das Sein und das Nichts* dar, aber mit seinen Romanen, Erzählungen, Theaterstücken, Drehbüchern, Artikeln, Reden und Interviews machte er sein Denken auch einem großen Publikum von Nichtphilosophen verständlich. Seine nachhaltigste Wirkung ging sicher von seinen literarischen Werken aus, die keineswegs eine bloße Veranschaulichung seiner Philosophie darstellen, sondern durchaus eigenständige sprachliche Kunstwerke mit ihrem unverwechselbaren Stil sind und unabhängig von einer Kenntnis seiner theoretischen Schriften gelesen werden können.

Ich will versuchen anzudeuten, was nach meinem Ermessen

der wichtigste Grund für die Faszination ist, die von dieser Philosophie ausgeht: Es handelt sich um die Verbindung von zwei scheinbar einander widersprechenden Ausagen über die menschliche Existenz, und zwar einer «negativen», entmutigenden, und einer «positiven», ermutigenden, Aussage. Die erste Aussage bezieht sich auf die unerbittliche Illusionslosigkeit dieser Philosophie, die von der Erfahrung des europäischen Faschismus geprägt ist: Hier wird kein verborgenes Heil, kein verlogener Dennoch-Humanismus, kein brüchiger Glaube an das unausrottbare «Gute» im Menschen, an den schließlichen Sieg der «guten Sache» angeboten: *Der Andere* wird zunächst *als die Hölle* erfahren, als der Feind, der einen durch seinen *Blick* im weitesten Sinne tötet, weil er einen festlegt, versteinert, zu einem Objekt, zu einem *Ding* macht, das ihm passiv ausgesetzt ist. Und bei diesem Vorgang der Verdinglichung durch den Blick des Anderen ist durchaus auch Verführung mit im Spiel, denn wer möchte nicht die Fraglosigkeit, die Unangefochtenheit der Dinge haben. Und doch – und das ist die zweite Aussage – ist die sich als Unbehagen, als *Ekel* äußernde Erfahrung in uns unausrottbar, daß wir, solange wir uns leben fühlen, als Ding weder existieren können noch wollen. Daher das Bemühen, uns von unserem Dingsein zu befreien.

Aber sobald wir etwas anderes sein wollen als dieses Ding, zu dem uns der Blick des Anderen macht, setzen wir uns der Gefahr aus, uns selbst zu einem Ding zu machen, und zwar gerade durch das Bemühen, uns von diesem Dingsein zu befreien. Denn was sind wir denn, wenn wir kein Ding sind: Nichts. Aber dieses *Nichts* im positiven Sinn, das wir durch unser Bewußtsein gegenüber der Welt der Dinge sind, kann sich nur in der Anstrengung der Befreiung von jedem Dingsein oder einfachem *Sein* äußern. Doch diese Befreiung kann sich nur verwirklichen, wenn sie mit dem Sein, mit der Welt der Dinge paktiert. Das liegt zunächst am Dingsein unseres Körpers, ohne dessen Einsatz unsere Befreiung auf der Ebene des Bewußtseins bliebe, und es liegt ganz allgemein daran, daß wir unsere Befreiung nur mit Hilfe der Welt der Dinge erreichen können. So versuchen wir *die Unmöglichkeit der Unmöglichkeit menschlicher Existenz zu leben.* Wer sich mit dieser «Unmöglichkeit» abfindet, das heißt auf seine Selbstbefreiung verzichtet, verharrt im Zustand der *Unaufrichtigkeit,* weil er damit sein innerstes Lebensgefühl und sein Bewußtsein verrät und sich einfach mit seiner Rolle identifiziert. Nur wer den Pakt mit der Welt der Dinge, mit dem Sein immer wieder bricht, weil er sich *zur Freiheit verurteilt* weiß, versucht immer wieder neu sich dem Sein als Nicht-sein oder Nichts entgegenzusetzen.

So ergibt sich aus dieser nihilistisch wirkenden Erfahrung unseres eigenen Nichts alles andere als Verzweiflung, sondern eine ständig zu Entscheidungen und Aktionen drängende Philosophie mit einem ausgesprochen moralischen Impuls. Und das ist es, was ich als die Verbindung einer «negativen», entmutigenden, Aussage mit einer «positiven», ermutigenden, Aussage bezeichne: aus einer präzisen Benennung der Gründe für unerbittliche Illusionslosigkeit ergibt sich ein Appell zu ständigem Bemühen um Selbstbefreiung.

Dieser Appell scheint zunächst keineswegs zu einem öffentlichen politischen Engagement zu führen. Man könnte ja auch in rein privater oder ästhetischer Weise auf ihn zu reagieren versuchen. Und so wurde er tatsächlich von der existentialistischen Mode der Nachkriegszeit aufgefaßt: Man suchte sich durch Jazz, Alkohol und ein unbürgerliches Bohemeleben in Pariser Kellern von den Zwängen bürgerlichen Lebens zu befreien. Auf diese Weise wurde eine strenge, fast asketische, Verantwortungsbewußtsein und Entscheidungswillen verlangende Philosophie zum Lebensgefühl einer sich am Augenblick berauschenden Existenzweise. Wie beherrschend diese existentialistische Mode der Pariser Nachkriegsjahre war, ironisiert Boris Vians Persiflage der aufsehenerregenden Diskussionsveranstaltung mit Sartre vom 28. Oktober 1945, aus der der Text *Ist der Existentialismus ein Humanismus?* hervorging, dem die größte Popularisierung seiner Philosophie zu verdanken ist. Sartre hatte sich hier zu einer derartigen Vereinfachung seines Denkens hinreißen lassen, daß er diese Schrift später als einzige bedauert hat.

Sartre zog aus seiner Philosophie ganz andere Schlüsse. Für ihn war seit der Erfahrung des europäischen Faschismus klar, daß die größte Unfreiheit von staatlicher Gewalt, ökonomischer Ausbeutung und kolonialistischer Ausplünderung ausgeht. Untrennbar damit verbunden war die Erkenntnis, daß die immer neu zu beginnende Selbstbefreiung nur Erfolg haben kann, wenn auch der andere die gleiche Chance hat, daß also zur eigenen Selbstbefreiung die Befreiung der anderen gehört. Aber die Tatsache, daß diese Befreiung sich niemals endgültig realisieren läßt, weil sie über kurz oder lang mit dem Sein paktieren muß, von dem sie sich dann aufs neue zu lösen hat, erklärt sicher, daß Sartre sich nie einer Institution, Organisation oder einem Dogma unterwarf. So ist sein politisches Engagement von der Vordringlichkeit bestimmter Parteinahmen in der jeweiligen Situation bestimmt. Die wichtigsten Stationen seiner politischen Aktivitäten sind schnell genannt: 1948 setzte er sich als Präsidiumsmitglied der von ihm mitbegründeten Partei *Rassemblement Démocratique Révolutionnaire (RDR)* für ein blockfreies, sozialistisches Europa ein. Als dieser Versuch an der unerbittlichen Frontenbildung des Kalten Kriegs scheiterte, verließ er diese Partei, die sich bald darauf selbst auflöste. Bei der drohenden Gefahr eines unmittelbar bevorstehenden Atomkriegs zwischen den Weltmächten nach Ausbruch des Koreakriegs schien eine unabhängige Politik zwischen den Blöcken nicht mehr möglich. Im Laufe des Jahres 1952, als es in Frankreich zu einer besonders heftigen Kampagne der Regierung und der rechten Presse gegen die Kommunistische Partei und den von ihr kontrollierten Gewerkschaftsbund CGT kam, stellte sich Sartre entschieden auf die Seite der Kommunisten, von denen er bis zu dieser Zeit auf die unflätigste Weise beschimpft worden war. Dabei unterwarf er sich jedoch keiner politischen Orthodoxie, sondern begründete seine Parteinahme ausschließlich von seinen eigenen theoretischen Positionen aus. Im selben Jahr schloß er sich der kommunistischen Weltfriedensbewegung an und sprach auf dem Wiener Weltfriedenskongreß in der Hoffnung, daß aus dieser Bewegung doch noch eine Kraft zwischen den Weltmächten werden könnte. 1954 reiste er zum erstenmal in die Sowjetunion und 1955 nach China. Als jedoch 1956 sowjetische Truppen den Ungarnaufstand niederschlugen, brach er mit der Kommunistischen Partei, blieb aber Mitglied der Weltfriedensbewegung, in der er eine Resolution zum Rückzug der sowjetischen Truppen aus Ungarn durchsetzte. Bis zum Mai 1968 glaubte er jedoch, daß die Entstalinisierung und damit eine Liberalisierung des Staats- und Gesellschaftssystems des sowjetischen Lagers trotz allen Rückfällen in den Stalinismus unaufhaltsam weitergehen würde. In den folgenden Jahren verarbeitete er seine Auseinandersetzung mit dem zur Parteiideologie erstarrten historischen Materialismus und mit der Politik der kommunistischen Parteien und Staaten in der 1960 erschienenen *Kritik der dialektischen Vernunft.* Dabei übertrug er sein Denksystem aus *Das Sein und das Nichts* vom Individuum auf die Gruppe: So wie das Individuum den Anderen zunächst nur als den Feind erfährt, der es durch seinen Blick versteinert, erfährt es auch im sozialen Bereich den Anderen nur als austauschbares Glied einer Menschenserie, der ihn seinerseits zu einem austauschbaren Glied dieses Ensembles macht. Diese Verdinglichung wird zu einer tödlichen Bedrohung durch den Kampf gegen den Mangel der Subsistenzmittel auf unserem Planeten. Erst durch die äußere Bedrohung eines solchen sozialen Ensembles hat dieses die Chance, sich in eine solidarische Gruppe zu verwandeln, indem es die sie bis dahin verdinglichende Zahl als Kampfmittel nach außen wendet. Aber ebenso wie sich die Selbstbefreiung nach dem Modell von *Das Sein und das Nichts* auf die Dauer nicht realisieren läßt, weil das Nichts mit dem Sein paktieren muß, läßt sich auch die Befreiung aus der *Serie* durch die Bildung einer *Gruppe* auf die Dauer nicht realisieren, weil sich diese Gruppe, sobald die unmittelbare Bedrohung nachläßt, in irgendeiner Form institutionalisieren muß und damit zwangsläufig wieder Formen einer Serie annimmt. Genauso wie nach dem Modell von *Das Sein und das Nichts* muß also auch im sozialen Bereich die Selbstbefreiung ständig neu begonnen werden.

An die Stelle dieser Auseinandersetzung trat für Sartre dann – vor allem nach der Begegnung mit dem Theoretiker der Entkolonisierung Frantz Fanon – das Engagement für die Befreiungskämpfe der Dritten Welt. Die Höhepunkte dieses Engagements waren 1960 die Unterzeichnung des *Manifests der 121,* das alle in den Algerienkrieg geschickten Soldaten zum Ungehorsam aufforderte – dieses Manifest brachte Sartre und anderen Unterzeichnern Bombenattentate auf ihre Wohnungen ein –, und 1967 der Vorsitz beim *Russell-Tribunal* gegen die amerikanischen Kriegsverbrechen in Vietnam. Die spontaneistische und libertäre Protestbewegung des *Mai 68,* der er sich anschloß, entsprach am ehesten seinen Vorstellungen emanzipatorischen politischen

Handelns. Er hat sich an dieser Bewegung aktiv beteiligt, solange es ihm sein Gesundheitszustand erlaubte.

Es gibt jedoch noch eine dritte Seite in Sartres Werk, die in seinen Schriften den weitaus größten Teil ausmacht: seine Interpretation von Literatur. Sie beginnt mit seinen Essays über Faulkner und Dos Passos von 1938, setzt sich fort mit seiner programmatischen Schrift *Was ist Literatur?* und seinen Arbeiten über Baudelaire, Mallarmé und Genet und endet mit dem monumentalen Torso über Flaubert, *Der Idiot der Familie.* Sartre ist es hier gelungen, auf der Grundlage seiner Philosophie eine ganz spezifische Methode der Lektüre, Betrachtung und Deutung literarischer Werke zu entwickeln, die entgegen der heute üblichen Interpretationsweise von der Biographie des Autors ausgeht. Ihn interessiert dabei, daß die einmalige Art, wie jeder die Schwierigkeiten seiner Existenz erlebt, sich bei literarischen Texten in zusammenhängenden Systemen niederschlägt, weil hier, im Gegensatz zu nichtästhetischen Äußerungsformen, alle Teile miteinander und mit dem Ganzen in Beziehung gesetzt werden. Vereinfacht gesagt, versucht er mit Hilfe der Biographie eines Autors, die für ihn allerdings untrennbar ist von der Erfahrung der jeweiligen Zeitgeschichte, den Mythos zu ermitteln, der in dessen literarischem Werk Gestalt annimmt, und untersucht dann, in einem zweiten Schritt, ob es diesem Mythos gelungen ist, die Gesamtheit der einmaligen Existenz dieses Autors und damit der Welt, in der er lebt, einzufangen.

Sartre hat in seinen Kindheitserinnerungen *Die Wörter* seine eigene Wahl, zu schreiben, als *Neurose* gekennzeichnet, und in seiner Flaubert-Studie hat er den Erfolg des Flaubertschen Werks als die Übereinstimmung der *subjektiven Neurose* dieses Autors mit der *objektiven Neurose* seiner Leser beschrieben. Geht man davon aus, daß jeder durch eine nur für ihn allein mögliche «Neurosenwahl» seine einmalige Art, die Existenz zu ertragen, lebt, dann hätte die Literatur den Vorzug, daß man diese spezifische Neurosenwahl an einem sinnstiftenden Mythos ablesen und nachvollziehen kann. Auf die Frage *Was kann Literatur?* antwortete Sartre 1964 in einem Podiumsgespräch: «Der Leser wird eine Art Sinn seines Lebens haben, einen dunklen Sinn, keinen aufgeklärten Sinn, keinen Sinn in Begriffen, denn in der Literatur spricht man ihm nicht in Begriffen! Es geht nicht darum aufzuklären, sondern es geht einfach darum, daß er einen Augenblick der Freiheit erlebt hat, indem er sich selbst entging und mehr oder weniger klar seine gesellschaftlichen und sonstigen Bedingtheiten verstand. Wenn er diesen Augenblick der Freiheit erlebt hat, das heißt, wenn er durch das Buch für einen Augenblick den Entfremdungs- und Unterdrückungskräften entgangen ist, seien Sie sicher, daß er ihn nicht vergessen wird.»

Traugott König

Der Ekel
oder
Was ist Existenz?
(1938)

Als der Pariser Gymnasiallehrer Jean-Paul Sartre 1938 seinen ersten Roman, Der Ekel, *veröffentlichte, waren bereits einige philosophische Untersuchungen von ihm erschienen. Aber erst diese Erzählung machte ihn bekannt, weil die hier geschilderten Empfindungen, Erfahrungen und Beobachtungen, die auch der Ausgangspunkt für seine Philosophie, den Existentialismus, waren, von vielen Lesern aller Generationen als ihre eigenen wiedererkannt wurden.*

Der Roman hat die Form eines von Sartre nur herausgegebenen Tagebuchs: Antoine Roquentin, ein weitgereister Historiker, hält sich in Bouville, einer nordfranzösischen Hafenstadt, auf, um in der dortigen Stadtbibliothek Nachforschungen über einen gewissen Rollebon, einen Abenteurer des 18. Jahrhunderts, anzustellen, über den er ein Buch schreiben will. Er lebt in dieser Provinzstadt völlig allein, macht keine Bekanntschaften, schließt keine Freundschaften, meidet seine Mitmenschen und beobachtet sich und seine Umgebung. Eines Tages wird er von einem zunächst unerklärlichen beängstigenden Ekel gepackt. Um die Ursache dafür herauszubekommen, beginnt er ein Tagebuch zu führen, in dem er alle Erlebnisse seines Alltags, und seien sie auch noch so unbedeutend und banal, aufschreibt. Auf diese Weise wird ihm langsam klar, woher dieses eigenartige Ekelgefühl kommt: Es ist der Ekel vor der Zufälligkeit und Sinnlosigkeit der Existenz. *Was heißt das? Das bloße Vorhandensein der Dinge, der Steine, Pflanzen, Tiere und Menschen, dieser ganzen Stadt ebenso wie das des eigenen Körpers, gibt diesen allein noch keinen Sinn, keine Notwendigkeit, wirkt rein zufällig und letztlich überflüssig, obwohl sie alle mit ihrer materiellen Anwesenheit – und das ist der ekelerregende Skandal – den ganzen Raum um uns herum ausfüllen und uns ständig ihren Widerstand entgegensetzen. Zwar läßt sich diese erdrückende Anwesenheit wissenschaftlich erklären, zwar werden die Dinge mit Wörtern bezeichnet, aber weder eine solche objektive Erklärung noch eine solche Bezeichnung heben die offensichtliche Zufälligkeit und Sinnlosigkeit des Vorhandenseins all dieser Dinge auf. Erst der Mensch, und nur er, vermag dieser bloßen Existenz, seiner eigenen und allen anderen Existenzen, einen Sinn und eine Notwendigkeit zu verleihen und ihnen damit ihre Zufälligkeit zu nehmen, indem er beschließt, etwas daraus zu machen, sie einem schöpferischen Entwurf zu unterwerfen, in sein Handeln einzubeziehen. Erst damit verleiht er sowohl sich selbst als auch den anderen Existenzen eine Gesamtheit von auf dieses Handeln bezogenen Merkmalen, kurz, ein* Wesen. *Und genau das ist der Ausgangspunkt der Philosophie des Existentialismus:* Die Existenz geht dem Wesen voraus, *erst durch unser Handeln machen wir uns und damit die Welt um uns herum zu dem, was sie sind.*

Doch die Tatsache, daß uns unser Wesen nicht mit unserer Existenz gegeben ist, daß es nicht von vornherein festliegt, sondern wir es erst schaffen müssen, läßt in uns die Versuchung aufkommen, uns den gesellschaftlichen Konventionen und Rollen zu unterwerfen und damit einfach so zu existieren wie die nichtmenschlichen Existenzen, die sich ihr Wesen nicht *selbst schaffen müssen. Genau das ist es, was Roquentin zu Beginn der im folgenden zitierten Passage bei den Sonntagsspaziergängern beobachtet.*

Wer sich jedoch in seinem eigenen Verhalten nur den konventionellen Erwartungen der anderen beugt, nimmt auch seine Umgebung nach übernommenen Konventionen wahr und schreibt ihr einen ästhetisch-ethischen Sinnzusammenhang zu, den sie von sich aus gar nicht haben kann, sieht sie als Landschaft. Denn es ist beängstigend, wie Roquentin die bloße Existenz der Dinge als zufällig, überflüssig und sinnlos wahrzunehmen, weil es einen dazu bringen kann, auch die eigene Existenz so wahrzunehmen, und das würde einen, will man sich selbst nicht durch Selbstmord auslöschen, aus seiner bequemen Passivität und Verantwortungslosigkeit reißen und dazu nötigen, ihr durch unser Handeln einen Sinn zu verleihen.

Es sind viele Leute da, die am Meer spazierengehen, die dem Meer frühlingshafte, poetische Gesichter zuwenden: das liegt an der Sonne, sie sind in festlicher Stimmung. Da sind hellgekleidete Frauen, die ihre Garderobe vom vergangenen Frühjahr angezogen haben; sie gehen lang und weiß vorbei wie Glacéhandschuhe aus Ziegenleder; da sind auch große Jungen, die aufs Gymnasium oder auf die Handelsschule gehen, ordengeschmückte Greise. Sie kennen sich nicht, aber sie sehen sich mit heimlichem Einverständnis an, weil das Wetter so schön ist und weil sie Menschen sind. Die Menschen umarmen sich am Tag der Kriegserklärung, ohne sich zu kennen; in jedem Frühling lächeln sie sich an. Ein Priester, der sein Brevier liest, nähert sich mit langsamen Schritten. Gelegentlich hebt er den Kopf und schaut beifällig aufs Meer: auch das Meer ist ein Brevier, es spricht von Gott. Leichte Farben, leichte Düfte, Frühlingsseelen. «Es ist schön, das Meer ist grün, ich mag diese trockene Kälte lieber als die Feuchtigkeit.» Poeten! Wenn ich einen bei seinem Mantelaufschlag faßte, wenn ich zu ihm sagte, «hilf mir», würde er denken, «was ist denn das für ein Krebs?» und würde davonlaufen, seinen Mantel in meinen Händen zurücklassend.

Ich drehe ihnen den Rücken zu, ich stütze mich mit beiden Händen auf die Balustrade. Das *wirkliche* Meer ist kalt und schwarz, voller Tiere; es rumort unter diesem dünnen grünen Film, der dazu da ist, die Leute zu täuschen. Die Sylphen, die mich umgeben, sind darauf hereingefallen: sie sehen nur den dünnen Film, er beweist die Existenz Gottes. Ich sehe, was darunter ist! Die Lackschichten schmelzen, die glänzenden *Samt*häutchen, die Pfirsichhäutchen des lieben Gottes platzen überall unter meinem Blick, sie reißen auf und klaffen auseinander. Da kommt die Straßenbahn nach Saint-Élémir, ich drehe mich um mich selbst, und die Dinge drehen sich mit mir, blaß und grün wie Austern.

Unnötig, es war unnötig aufzuspringen, denn ich will ja nirgendwohin.

Hinter den Scheiben ziehen bläuliche Gegenstände vorüber, ganz starr und spröde, stoßweise. Leute, Mauern; durch seine geöffneten Fenster zeigt mir ein Haus sein schwarzes Herz; und die Scheiben machen alles, was schwarz ist, blaß, blau, sie machen dieses große Wohnhaus aus gelben Klinkern blau, das zögernd, schaudernd näher kommt und das plötzlich stehenbleibt und nach vorn fällt. Ein Herr steigt ein und setzt sich mir gegenüber hin. Das gelbe Gebäude fährt wieder ab, es schiebt sich mit einem Satz an die Scheiben, es ist so nahe, daß man nur noch einen Teil von ihm sieht, es ist dunkel geworden. Die Scheiben zittern. Es erhebt sich, erdrückend, viel höher, als man sehen kann, mit Hunderten von über schwarzen Herzen geöffneten Fenstern; es gleitet an dem Gehäuse entlang, es streift es; es ist Nacht geworden zwischen den Scheiben, die zittern. Es gleitet endlos vorbei, gelb wie Schlamm, und die Scheiben sind himmelblau. Und auf einmal ist es nicht mehr da, ist es zurückgeblieben, ein helles, graues Licht strömt in das Gehäuse und breitet sich überall mit unerbittlicher Gerechtigkeit aus; das ist der Himmel; durch die Scheiben sieht man noch Schichten um Schichten Himmel, denn man fährt die Côte Éliphar hinauf, und man hat nach beiden Seiten klare Sicht, nach rechts bis zum Meer, nach links bis zum Flugfeld. Rauchen verboten, sogar eine Gitane.

Ich stütze meine Hand auf die Sitzbank, aber ich ziehe sie hastig zurück: das existiert. Dieses Ding, auf dem ich sitze, auf das ich meine Hand stütze, heißt Sitzbank. Sie haben es extra dafür gemacht, daß man sich hinsetzen kann, sie haben Leder, Federn, Stoff genommen, sie haben sich an die Arbeit gemacht mit der Absicht, einen Sitz zu machen, und als sie fertig waren, war es *das*, was sie gemacht hatten. Sie haben das hierhergebracht, in dieses Gehäuse, und das Gehäuse rollt und rumpelt jetzt mit seinen zitternden Scheiben, und es trägt in seinem Schoß dieses rote Ding. Ich murmele: das ist eine Sitzbank, etwa so wie bei einem Exorzismus. Aber das Wort bleibt auf meinen Lippen: es weigert sich, sich auf dieses Ding zu legen. Das Ding bleibt, was es ist, mit seinem roten Plüsch, Tausenden von roten Pfötchen, in die Luft gestreckt, ganz steif, von toten Pfötchen. Dieser riesige, in die Luft gereckte Bauch, blutrot, aufgeblasen – aufgebläht, mit allen seinen toten Pfötchen, dieser Bauch, der in diesem Gehäuse schwebt, in diesem grauen Himmel, das ist keine Sitzbank. Das könnte genausogut ein toter Esel sein, zum Beispiel, vom Wasser aufgebläht, der dahintreibt, den Bauch nach oben, auf einem großen grauen Fluß, einem über die Ufer getretenen Fluß; und ich säße auf dem Bauch des Esels, und meine Füße hingen ins klare Wasser. Die Dinge haben sich von ihren Namen befreit. Sie sind da, grotesk, eigensinnig, riesenhaft, und es erscheint blöd, sie Sitzbänke zu nennen oder irgend etwas über sie zu sagen: ich bin inmitten der Dinge, der unnennbaren. Allein, ohne Wörter, ohne Schutz, sie umringen mich, unter mir, hinter mir, über mir. Sie verlangen nichts, sie drängen sich nicht auf: sie sind da. Unter dem Polster der Sitzbank, an der Holzwand ist eine kleine Schattenlinie, eine kleine schwarze Linie, die an der Sitzbank entlangläuft, geheimnisvoll und schalkhaft, beinah ein Lächeln. Ich weiß sehr wohl, daß das kein Lächeln ist, und dennoch existiert es, es läuft unter den weißlichen Scheiben entlang, unter dem Gerappel der Scheiben, es ist hartnäckig, unter den blauen Bildern, die hinter den Scheiben vorüberziehen und stehenbleiben und weiterziehen, es ist hartnäckig, wie die ungenaue Erinnerung an ein Lächeln, wie ein halbvergessenes Wort, von dem man sich nur an die erste Silbe erinnert, und das Beste, was man tun kann, ist, die Augen abzuwenden und an etwas anderes zu denken, an diesen halb auf der Sitzbank liegenden Mann mir gegenüber. Sein Terrakottakopf mit den blauen Augen. Die ganze rechte Hälfte seines Körpers ist zusammengesackt, der rechte Arm ist an den Körper gepreßt, die rechte Seite lebt kaum, mühevoll, karg, als sei sie gelähmt. Aber auf der linken Seite ist eine parasitäre kleine Existenz, die wuchert, ein Krebsgeschwür: der Arm hat angefangen zu zittern, und dann hat er sich gehoben, und die Hand an seinem Ende war steif. Und dann hat die Hand auch angefangen zu zittern, und als sie in der Höhe des Schädels angekommen ist, hat sich ein Finger ausgestreckt und hat angefangen, die Kopfhaut zu kratzen, mit dem Fingernagel. Eine Art wollüstige Grimasse hat sich in der rechten Mundhälfte breitgemacht, und die linke Hälfte blieb tot. Die Scheiben zittern, der Arm zittert, der Nagel kratzt, kratzt, der Mund lächelt unter den starren Augen, und der Mann erträgt, ohne es zu bemerken, diese kleine Existenz, die seine rechte Seite aufbläht, die seinen rechten Arm und seine rechte Wange in Anspruch genommen hat, um sich zu verwirklichen. Der Schaffner versperrt mir den Weg.

«Warten Sie bis zur Haltestelle.»

Aber ich stoße ihn zurück und springe aus der Straßenbahn. Ich konnte nicht mehr. Ich konnte es nicht mehr ertragen, daß die Dinge so nah waren. Ich stoße ein Gittertor auf, ich gehe hinein, leichte Existenzen springen mit einem Satz auf und lassen sich auf den Wipfeln nieder. Jetzt kenne ich mich wieder aus, ich weiß, wo ich bin: ich bin im Park. Ich lasse mich auf eine Bank fallen, zwischen den großen schwarzen Stämmen, zwischen den schwarzen und knotigen Händen, die sich in den Himmel strekken. Ein Baum kratzt die Erde unter meinen Füßen mit einem schwarzen Nagel. Ich würde mich so gern gehenlassen, mich vergessen, schlafen. Aber ich kann nicht, ich ersticke: die Existenz dringt von überall her in mich ein, durch die Augen, durch die Nase, durch den Mund ...

Und mit einem Schlag, mit einem einzigen Schlag zerreißt der Schleier, ich habe verstanden, ich habe *gesehen*.

Sechs Uhr abends

Ich kann nicht sagen, daß ich mich erleichtert oder froh fühlte; im Gegenteil, das erdrückt mich. Mein Ziel ist einfach erreicht: ich weiß, was ich wissen wollte; alles, was mir seit Januar zugestoßen ist, habe ich begriffen. Der Ekel hat mich nicht losgelassen, und ich glaube nicht, daß er mich so bald loslassen wird; aber ich erleide ihn nicht mehr, das ist keine Krankheit mehr, kein vorübergehender Anfall: ich bin es selbst.

Also, ich war gerade im Park. Die Wurzel des Kastanienbaums bohrte sich in die Erde, genau unter meiner Bank. Ich erinnerte mich nicht mehr, daß das eine Wurzel war. Die Wörter waren verschwunden und mit ihnen die Bedeutung der Dinge, ihre Verwendungsweisen, die schwachen Markierungen, die die Menschen auf ihrer Oberfläche eingezeichnet haben. Ich saß da, etwas krumm, den Kopf gesenkt, allein dieser schwarzen und knotigen, ganz und gar rohen Masse gegenüber, die mir angst machte. Und dann habe ich diese Erleuchtung gehabt.

Das hat mir den Atem geraubt. Nie, vor diesen letzten Tagen, hatte ich geahnt, was das heißt: «existieren». Ich war wie die anderen, wie jene, die am Meer entlangspazieren, in ihrer Frühjahrsgarderobe. Ich sagte wie sie: «das Meer *ist* grün; dieser weiße Punkt da oben, das *ist* eine Möwe», aber ich fühlte nicht, daß das existierte, daß die Möwe eine «existierende Möwe» war; gewöhnlich verbirgt sich die Existenz. Sie ist da, um uns, in uns, sie ist *wir*, man kann keine zwei Worte sagen, ohne von ihr zu sprechen, und, letzten Endes, berührt man sie nicht. Wenn ich glaubte zu denken, dachte ich im Grunde gar nichts, mein Kopf war leer, oder ich hatte gerade nur ein Wort im Kopf, das Wort «sein». Oder aber ich dachte ... wie soll ich sagen? Ich dachte die *Zugehörigkeit*, ich sagte mir, daß das Meer zur Klasse der grünen Gegenstände gehörte oder Grün eine der Eigenschaften des Meeres war. Sogar wenn ich die Dinge ansah, war ich meilenweit davon entfernt, daran zu denken, daß sie existierten: sie waren für mich nur Dekor. Ich nahm sie in meine Hände, sie dienten mir als Werkzeuge, ich sah ihre Widerstände voraus. Aber das alles spielte sich an der Oberfläche ab. Wenn man mich gefragt hätte, was die Existenz sei, hätte ich in gutem Glauben geantwortet, daß das nichts sei, nichts weiter als eine leere Form, die von außen zu den Dingen hinzuträte, ohne etwas an ihrer Natur zu ändern. Und dann, plötzlich: auf einmal war es da, es war klar wie das Licht: die Existenz hatte sich plötzlich enthüllt. Sie hatte ihre Harmlosigkeit einer abstrakten Kategorie verloren: sie war der eigentliche Teig der Dinge, diese Wurzel war in Existenz eingeknetet. Oder vielmehr, die Wurzel, das Gitter des Parks, die Bank, das spärliche Gras des Rasens, das alles war entschwunden; die Vielfalt der Dinge, ihre Individualität waren nur Schein, Firnis. Dieser Firnis war geschmolzen, zurück blieben monströse und wabbelige Massen, ungeordnet – nackt, von einer erschreckenden und obszönen Nacktheit.

Ich hütete mich, die geringste Bewegung zu machen, aber ich brauchte mich nicht zu rühren, um hinter den Bäumen die blauen Säulen und den Laternenpfahl des Musikpavillons zu sehen und die Velleda, mitten in einer Gruppe von Lorbeerbäumen. Alle diese Gegenstände ... wie soll ich sagen? Sie belästigten mich; ich hätte gewünscht, sie würden weniger stark existieren, auf trockenere, abstraktere Weise, mit mehr Zurückhaltung. Der Kastanienbaum drängte sich gegen meine Augen. Grüner Brand bedeckte ihn bis in halbe Höhe; die Rinde, schwarz und aufgedunsen, schien aus gekochtem Leder zu sein. Das leise Plätschern des Masqueret-Brunnens sickerte in meine Ohren und nistete sich dort ein, erfüllte sie mit Seufzern; meine Nasenlöcher quollen über von einem grünen und fauligen Geruch. Alle Dinge gaben sich sanft, zärtlich der Existenz hin, wie jene ermatteten Frauen, die sich dem Lachen hingeben und mit feuchter Stimme sagen: «Lachen ist gesund», sie breiteten sich voreinander aus, sie machten sich das abscheuliche Geständnis ihrer Existenz. Ich begriff, daß es keine Mitte gab zwischen der Nichtexistenz und dieser überschäumenden Fülle. Wenn man existierte, mußte man *bis dahin existieren,* bis zum Verschimmeln, zur Aufgedunsenheit, zur Obszönität. In einer anderen Welt bewahren die Kreise, die Melodien ihre reinen und strengen Linien. Aber die Existenz ist ein Nachgeben. Bäume, nächtlich blaue Pfeiler, das glückliche Gurgeln eines Springbrunnens, lebende Gerüche, kleine Wärmenebel, die in der kalten Luft schwebten, ein rothaariger Mann, der auf einer Bank verdaute: dieses ganze Dösen, dieses ganze Verdauen zusammengenommen bot einen irgendwie komischen Anblick. Komisch ... nein: so weit ging das nicht, nichts, was existiert, kann komisch sein; es war wie eine verschwimmende, fast nicht greifbare Analogie zu gewissen Situationen im Vaudeville. Wir waren ein Häufchen Existierender, die sich selber im Weg standen, sich behinderten, wir hatten nicht den geringsten Grund, dazusein, weder die einen noch die anderen, jeder Existierende, verwirrt, irgendwie unruhig, fühlte sich in bezug auf die anderen zuviel. *Zuviel:* das war der einzige Bezug, den ich zwischen diesen Bäumen, diesen Gittern, diesen Kieseln herstellen konnte. Vergebens versuchte ich, die Kastanienbäume zu *zählen,* sie in bezug auf die Velleda zu *situieren,* ihre Höhe mit der der Platanen zu vergleichen: jeder von ihnen entzog sich den Relationen, in die ich ihn einschließen wollte, isolierte sich, brach aus. Diese Relationen (die ich hartnäckig beibehielt, um den Zusammenbruch der menschlichen Welt, der Maße, der Quantitäten, der Richtungen hinauszuzögern): ich empfand ihre Willkürlichkeit, sie verfingen nicht mehr bei den Dingen. *Zuviel* der Kastanienbaum, dort, mir gegenüber, etwas nach links. *Zuviel* die Velleda ...

Und *ich* – schlaff, schlapp, obszön, trübe Gedanken verdauend, wiederkäuend –, *auch ich war zuviel.* Zum Glück empfand ich es nicht, ich begriff es vor allem, aber ich fühlte mich unwohl, weil ich Angst hatte, es zu empfinden (noch jetzt habe ich Angst davor – ich habe Angst, daß es mich am Hinterkopf packt und daß es mich hochhebt wie eine Grundsee). Ich träumte unbestimmt davon, mich zu beseitigen, um wenigstens eine dieser überflüssigen Existenzen zu vernichten. Aber selbst mein Tod wäre zuviel gewesen. Zuviel meine Leiche, mein Blut auf diesen

Kieseln, zwischen diesen Pflanzen, mitten in diesem heiteren Park. Und das zerfressene Fleisch wäre zuviel gewesen in der Erde, die es aufgenommen hätte, und meine Knochen schließlich, gereinigt, abgeschält, sauber und blank wie Zähne, wären ebenfalls zuviel gewesen: ich war zuviel für die Ewigkeit. [...]

Ich fing an zu lachen, weil ich auf einmal an die großartigen Frühjahre dachte, die man in den Büchern beschreibt, voller Aufplatzen, Aufspringen und riesigem Aufblühen. Es gab Idioten, die einem etwas vom Willen zur Macht und vom Lebenskampf erzählten. Hatten sie denn nie ein Tier oder einen Baum angesehen? Diese Platane mit ihren kahlen Stellen, diese halbverfaulte Eiche, man hätte mir einreden wollen, sie seien junge, herbe Kräfte, die in den Himmel strebten. Und diese Wurzel? Ich hätte sie mir zweifellos als gierige Kralle vorstellen sollen, die die Erde aufwühlt und ihr ihre Nahrung entreißt?

Es ist unmöglich, die Dinge in dieser Weise zu sehen. Wabbelig, schwach, ja. Die Bäume wackelten. Ein Aufstreben zum Himmel? Eher ein Zusammenfallen; jeden Augenblick war ich darauf gefaßt, die Stämme wie überdrüssige Ruten einknicken, sich krümmen und auf den Boden fallen zu sehen, zu einem schwarzen, weichen und faltigen Haufen. *Sie hatten keine Lust* zu existieren, bloß konnten sie nicht anders; das war es. Also kochten sie alle leise vor sich hin, ganz sachte, lustlos; der Saft stieg langsam in den Gefäßen auf, widerwillig, und die Wurzeln bohrten sich langsam in die Erde. Aber sie schienen jeden Augenblick im Begriff, alles im Stich zu lassen und sich in Nichts aufzulösen. Überdrüssig und alt, existierten sie weiter, unwillig, bloß weil sie zu schwach waren, zu sterben, weil der Tod sie nur von außen her erreichen konnte: nur Melodien tragen stolz ihren eigenen Tod in sich als innere Notwendigkeit; doch sie existieren nicht. Alles Existierende entsteht ohne Grund, setzt sich aus Schwäche fort und stirbt durch Zufall. Ich lehnte mich zurück und schloß die Augen. Aber die Bilder, sogleich alarmiert, sprangen auf und füllten meine geschlossenen Augen mit Existenzen: die Existenz ist eine Fülle, die der Mensch nicht verlassen kann.

Merkwürdige Bilder. Sie stellten eine Menge Dinge dar. Keine wirklichen Dinge, andere, die ihnen ähnelten. Gegenstände aus Holz, die Stühlen, Holzschuhen ähnelten, andere Gegenstände, die Pflanzen ähnelten. Und dann zwei Gesichter: das war das Paar, das in meiner Nähe zu Mittag aß, vorigen Sonntag, im Restaurant Vézelise. Fett, warm, sinnlich, absurd, mit roten Ohren. Ich sah die Schultern und die Brust der Frau. Nackte Existenz. Diese beiden da – das entsetzte mich plötzlich –, diese beiden existierten irgendwo in Bouville weiter; irgendwo – inmitten welcher Gerüche? – ließ sich dieser süße Busen weiter von sauberen Stoffen umschmeicheln, schmiegte sich weiter in Spitzen, und die Frau fühlte weiter ihre Brüste in ihrer Bluse existieren, dachte: «meine Titten, meine hübschen Äpfelchen», lächelte weiter geheimnisvoll, achtete auf das Aufblühen ihrer Brüste, die sie kitzelten, und dann habe ich geschrien und bin mit weit offenen Augen wieder zu mir gekommen.

Habe ich sie geträumt, diese ungeheure Gegenwart? Sie war da, lag auf diesem Park, war in diese Bäume gepurzelt, ganz wabbelig, alles verschmierend, ganz dickflüssig, eine Konfitüre. Und ich war darin, ich, mit dem ganzen Park? Ich hatte Angst, aber ich war vor allem wütend, ich fand das so dumm, so fehl am Platz, ich haßte diese widerliche Marmelade. Es gab noch und noch davon! Das stieg bis zum Himmel, das lief überallhin aus, das erfüllte alles mit seinem glitschigen Niederschlag, und ich sah seine endlosen Weiten, viel weiter als die Grenzen des Parks und als die Häuser und als Bouville, ich war nicht mehr in Bouville, ich war nirgendwo, ich trieb dahin. Ich war nicht überrascht, ich wußte wohl, daß das die Welt war, die nackte Welt, die sich auf einmal zeigte, und ich erstickte vor Wut auf dieses dicke, absurde Sein. Man konnte sich nicht einmal fragen, wo das herauskam, das alles, noch wie es kam, daß eine Welt existierte als vielmehr nichts. Das hatte keinen Sinn, die Welt war überall gegenwärtig, vorne, hinten. Es hatte nichts *vor* ihr gegeben. Nichts. Es hatte keinen Moment gegeben, in dem sie hätte nicht existieren können. Genau das ärgerte mich: selbstverständlich gab es *keinen Grund*, daß sie existierte, diese quallige Larve. *Aber es war nicht möglich*, daß sie nicht existierte. Das war undenkbar: um sich das Nichts vorzustellen, mußte man schon dasein, mitten in der Welt, und die Augen weit offen haben und leben; das Nichts, das war nur eine Idee in meinem Kopf, eine existierende Idee, die in dieser Unermeßlichkeit schwebte: dieses Nichts war nicht *vor* der Existenz gekommen, es war eine Existenz wie jede andere und war nach vielen anderen erschienen. Ich schrie, «was für eine Sauerei, was für eine Sauerei!», und ich schüttelte mich, um diese schmierige Sauerei loszuwerden, aber sie hielt, und es gab soviel davon, Tonnen um Tonnen von Existenz, unbegrenzt: ich erstickte mitten in diesem unermeßlichen Überdruß. Und dann, mit einem Schlag, leerte sich der Park wie durch ein großes Loch, die Welt verschwand auf die gleiche Weise, wie sie gekommen war, oder aber ich wachte auf – jedenfalls sah ich sie nicht mehr; zurück blieb gelbe Erde um mich herum, aus der abgestorbene, in die Luft ragende Äste herauskamen.

Ich stand auf, ich ging. Am Tor angekommen, habe ich mich umgedreht. Da hat der Park mir zugelächelt. Ich habe mich an das Tor gelehnt und habe lange geschaut. Das Lächeln der Bäume, der Lorbeerbaumgruppe, das *wollte etwas sagen*; *das* war das wirkliche Geheimnis der Existenz. Ich erinnerte mich, daß ich eines Sonntags, vor nicht mehr als drei Wochen, schon auf den Dingen eine Art komplizenhaften Ausdruck wahrgenommen hatte. War ich es, an den er sich richtete? Ich spürte verdrossen, daß ich kein Mittel hatte zu verstehen. Kein Mittel. Trotzdem war es da, abwartend, das hatte Ähnlichkeit mit einem Blick. Es war da, auf dem Stamm des Kastanienbaumes ... es war *der* Kastanienbaum. Die Dinge: man hätte meinen können, Gedanken, die unterwegs stehenblieben, die sich vergaßen, die vergaßen, was sie hatten denken wollen, und die einfach so blieben, hin und her schwankend, mit einem komischen kleinen Sinn, der über sie hinausging. Das reizte mich, dieser kleine Sinn: ich *konnte ihn nicht* verstehen, selbst wenn ich hundertsieben Jahre an dieses Tor gelehnt stehenbleiben würde; ich hatte über die Existenz alles erfahren, was ich wissen konnte. Ich bin gegangen, ich bin ins Hotel zurückgekehrt und habe geschrieben.

Geschlossene Gesellschaft
oder
Was ist der Andere
(1944)

Wenn uns unsere bloße Existenz noch kein Wesen verleiht, sondern wir uns dieses erst durch unser Handeln schaffen müssen, dann sind wir leicht versucht, uns dieser Mühsal zu entziehen, indem wir es den andren, unseren Mitmenschen überlassen, uns ein Wesen zu verleihen, nach dem wir dann unser Verhalten ausrichten. Aber das wird uns unzufrieden machen, immer wieder ein Unbehagen in uns erregen, denn das Wesen, das wir uns von anderen verleihen oder aufzwingen lassen, können wir zwar als eine angenommene Rolle spielen, aber es kann niemals unser wirkliches Wesen sein, denn das können wir uns nur selbst schaffen. Lassen wir uns unser Wesen von den andren aufzwingen, dann wird unser wirkliches Wesen sein, ein aufgezwungenes, falsches, gespieltes Wesen zu haben, in ständiger Unaufrichtigkeit zu leben. Aber ob wir uns nun unser Wesen von den andren aufzwingen lassen oder es selbst schaffen, in jedem Fall sind wir von der Existenz der andren abhängig, an sie gebunden, weil uns der andere durch seinen Blick, durch die Art, wie er uns sieht, nach der Vorstellung, die er sich von uns macht, auf ein bestimmtes Wesen festlegen will. Insofern bilden die andren zunächst unsere Hölle, weil sie uns dazu verdammen, etwas zu sein, was wir nicht sind, und uns damit unserer Freiheit berauben, uns zu dem zu machen, was wir wirklich sind.

Um dieses Problem geht es in Sartres zweitem öffentlich gespieltem Theaterstück, Geschlossene Gesellschaft. *Es wurde am 27. Mai 1944, noch unter deutscher Besatzung, in Paris uraufgeführt. Außer dem 1940 im deutschen Kriegsgefangenenlager in Trier aufgeführten Weihnachtsspiel* Bariona *war ihm 1943 das Stück* Die Fliegen *vorausgegangen. Damit begann Sartres Laufbahn eines erfolgreichen und vieldiskutierten Bühnenschriftstel-*

lers. Auf die Geschlossene Gesellschaft *folgten noch acht weitere Theaterstücke:* Tote ohne Begräbnis, Die respektvolle Dirne, Die schmutzigen Hände, Der Teufel und der liebe Gott, Kean, Nekrassov, Die Eingeschlossenen, Die Troerinnen.

Joseph Garcin, der Herausgeber einer pazifistischen Zeitung in Rio, kommt nach seinem Tod in die Hölle. Aber diese Hölle ist völlig anders, als er sie sich vorgestellt hatte. Ein Etagenkellner führt ihn in einen unbewohnten Raum.

Erste Szene
Garcin. Der Etagenkellner

Ein Salon im Second-Empire-Stil. Eine Bronzefigur auf dem Kamin.

GARCIN *tritt ein und sieht sich um*: Da sind wir also.

DER KELLNER: Da sind wir.

GARCIN: So ist das ...

DER KELLNER: So ist das.

GARCIN: Ich ... Ich nehme an, daß man sich auf die Dauer an die Möbel gewöhnen soll.

DER KELLNER: Das kommt ganz auf die Leute an.

GARCIN: Sind alle Zimmer so?

DER KELLNER: Wo denken Sie hin? Zu uns kommen Chinesen, Inder. Was sollen die denn mit einem Empire-Stuhl anfangen?

GARCIN: Und ich, was soll ich damit anfangen? Wissen Sie, wer ich war? Na ja, was macht das schon. Schließlich habe ich immer mit Möbeln gelebt, die ich nicht mochte, und in schiefen Situationen; das machte mir Spaß. Eine schiefe Situation in einem Louis-Philippe-Eßzimmer, toll, was?

DER KELLNER: Sie werden sehen: In einem Second-Empire-Salon ist es auch nicht so übel.

GARCIN: So? Gut. Gut, gut, gut. *Er sieht sich um.* Trotzdem, das hätte ich nicht erwartet ... Sie wissen bestimmt, was man da unten erzählt?

DER KELLNER: Worüber?

GARCIN: Na ... *Mit einer unbestimmten, weitausholenden Gebärde:* Über das alles.

DER KELLNER: Glauben Sie etwa diesen Blödsinn? Von Leuten, die nie ihren Fuß hierhergesetzt haben. Denn schließlich, wenn sie hierhergekommen wären ...

GARCIN: Richtig.

Sie lachen beide.

Garcin plötzlich wieder ernst werdend: Wo sind die Pfähle?

DER KELLNER: Was?

GARCIN: Die Pfähle, die Roste, die Ledertrichter?

DER KELLNER: Sie machen wohl Witze?

GARCIN *sieht ihn an*: So? Aha. Nein, ich mache keine Witze. *Pause. Er geht umher.* Keine Spiegel, keine Fenster, natürlich.

Nichts Zerbrechliches. *Mit plötzlicher Heftigkeit:* Und warum ist mir meine Zahnbürste abgenommen worden?

DER KELLNER: Da haben wir es. Die Menschenwürde macht sich wieder bemerkbar. Phantastisch.

GARCIN *schlägt wütend auf die Armlehne*: Bitte keine Vertraulichkeiten. Ich kenne meine Lage durchaus, aber ich dulde nicht, daß Sie ...

DER KELLNER: Schon gut! Entschuldigen Sie. Aber das ist einfach so, alle Gäste stellen dieselbe Frage. Sie kommen hereingerauscht: «Wo sind die Pfähle?» In dem Augenblick, das schwöre ich Ihnen, denken sie überhaupt nicht an ihre Toilette. Und dann, wenn man sie beruhigt hat, kommt die Zahnbürste. Aber um Gottes willen, können Sie denn nicht mal nachdenken? Denn wozu, frage ich Sie, wollen Sie sich denn die Zähne putzen?

GARCIN *beruhigt*: Ja, richtig, wozu? *Er sieht sich um.* Und wozu sollte man sich im Spiegel sehen? Aber die Bronzefigur, das ist natürlich was ganz andres ... Ich kann mir vorstellen, daß ich sie in bestimmten Augenblicken mit aufgerissenen Augen anstarren werde. Mit aufgerissenen Augen, was? Machen wir uns nichts vor, es gibt nichts zu verbergen; ich sage Ihnen, daß ich meine Lage durchaus kenne! Soll ich Ihnen erzählen, wie sich das abspielt? Man erstickt, man geht unter, man ertrinkt, nur die Augen bleiben über dem Wasser, und was sehen sie? Eine Barbedienne-Figur. Was für ein Alptraum! Na ja, man hat Ihnen sicher verboten, mir zu antworten, ich will Sie nicht weiter behelligen. Aber merken Sie sich, daß man mich nicht überrumpeln kann, behaupten Sie bloß nicht, daß Sie mich geschockt hätten; ich sehe der Situation ins Gesicht. *Er geht wieder umher.* Also keine Zahnbürste. Auch kein Bett. Denn man schläft natürlich nie?

DER KELLNER: Logisch!

GARCIN: Ich hätte wetten können. Wozu sollte man auch schlafen? Der Schlaf packt einen hinter den Ohren. Man merkt, daß einem die Augen zufallen, aber wozu schlafen? Man legt sich aufs Sofa, und ssst ... schon ist die Müdigkeit verflogen! Man braucht sich nur die Augen zu reiben und wieder aufzustehen, und schon fängt alles wieder an.

DER KELLNER: Was für eine blühende Phantasie Sie haben!

GARCIN: Halten Sie den Mund. Ich werde nicht schreien, ich werde nicht stöhnen, aber ich will der Situation ins Gesicht sehen. Ich will nicht von ihr überfallen werden, ohne daß ich sie hätte erkennen können. Blühende Phantasie? Also man hat nicht einmal das Bedürfnis nach Schlaf. Wozu auch schlafen, wenn man nicht müde ist? Großartig. Moment mal. Moment mal: Warum ist denn das so quälend? Warum ist denn das zwangsläufig quälend? Ich hab's: ein Leben ohne Unterbrechung.

DER KELLNER: Was für eine Unterbrechung?

GARCIN *macht ihn nach*: Was für eine Unterbrechung? *Mißtrauisch:* Sehen Sie mich an. Ich war sicher! Das erklärt die plumpe unausstehliche Aufdringlichkeit Ihres Blicks. Tatsächlich, sie sind gelähmt.

DER KELLNER: Wovon sprechen Sie denn?

GARCIN: Von Ihren Augenlidern. W i r nämlich machen die Augenlider auf und zu. Zwinkern nannte man das. Ein kleiner schwarzer Blitz, Vorhang zu, Vorhang auf: Das war die Unterbrechung. Das Auge wird feucht, die Welt verschwindet. Sie können sich gar nicht vorstellen, wie erholsam das war. Viertausend Pausen in einer Stunde. Viertausend kleine Fluchten. Und wenn ich sage viertausend ... Und jetzt? Ich werde also ohne Augenlider leben? Sehen Sie mich doch nicht so dämlich an! Ohne Augenlider, ohne Schlaf, das ist doch dasselbe. Ich werde nicht mehr schlafen können ... Aber wie kann ich mich dann ertragen? Versuchen Sie mal, sich das vorzustellen, los, strengen Sie sich an: Ich bin ein Widerspruchsgeist, verstehen Sie, und ich ... ich provoziere gern. Aber ich kann nicht pausenlos provozieren: Da unten gab es Nächte. Ich schlief. Ich hatte einen sanften Schlaf. Als Ausgleich. Ich gönnte mir einfache Träume. Eine Wiese ... Eine Wiese, sonst nichts. Ich träumte, daß ich darüberging. Ist eigentlich Tag?

DER KELLNER: Sie sehen doch, daß die Lampen an sind.

GARCIN: Natürlich. Das ist I h r Tag. Und draußen?

DER KELLNER *verdutzt*: Draußen?

GARCIN: Draußen! Hinter diesen Wänden?

DER KELLNER: Da ist ein Flur.

GARCIN: Und am Ende des Flurs?

DER KELLNER: Da sind andre Zimmer und andre Flure und Treppen.

GARCIN: Und dann?

DER KELLNER: Das ist alles.

GARCIN: Sie haben doch sicher mal einen freien Tag. Wo gehen Sie dann hin?

DER KELLNER: Zu meinem Onkel, der Oberkellner ist im dritten Stock.

GARCIN: Das hätte ich mir denken können. Wo ist der Schalter?

DER KELLNER: Es gibt keinen.

GARCIN: Man kann also das Licht nicht ausmachen?

DER KELLNER: Die Direktion kann den Strom abschalten. Aber ich erinnere mich nicht, daß sie es in diesem Stock irgendwann mal getan hätte. Strom ist bei uns umsonst.

GARCIN: Schön. Also man muß mit offenen Augen leben ...

DER KELLNER *ironisch*: Leben ...

GARCIN: Reiten Sie doch nicht auf einem Wort herum. Mit offenen Augen. Immer. Es wird heller Tag in meinen Augen sein. Und in meinem Kopf. *Pause.* Und wenn ich die Bronzefigur nach der elektrischen Lampe schmeiße? Geht sie dann aus?

DER KELLNER: Sie ist zu schwer.

GARCIN *packt die Bronzefigur und versucht, sie hochzuheben*: Sie haben recht. Sie ist zu schwer.

Schweigen.

DER KELLNER: Also wenn Sie mich jetzt nicht mehr brauchen, lasse ich Sie allein.

GARCIN *zuckt zusammen*: Sie gehen? Auf Wiedersehen. *Der Kellner wendet sich zur Tür.* Warten Sie! *Der Kellner dreht sich um.* Ist das da eine Klingel? *Der Kellner nickt.* Kann ich nach Ihnen klingeln, wenn ich will, und Sie müssen dann kommen?

DER KELLNER: Im Prinzip, ja. Aber sie hat ihre Mucken. Irgendwas klemmt an ihrem Mechanismus.

Garcin geht zur Klingel und drückt auf den Knopf. Es klingelt.

GARCIN: Sie geht!

DER KELLNER *erstaunt*: Sie geht. *Jetzt klingelt er.* Aber freuen Sie sich nicht zu früh, das wird nicht lange dauern. Also, stehe zu Diensten.

GARCIN *macht eine Gebärde, um ihn zurückzuhalten*: Ich ...

Der Kellner: Ja?

Garcin: Nein, nichts. *Er geht zum Kamin und nimmt das Papiermesser:* Was ist denn das?

Der Kellner: Das sehen Sie doch: ein Papiermesser.

Garcin: Gibt es denn Bücher hier?

Der Kellner: Nein.

Garcin: Wozu ist es dann da? *Der Kellner zuckt die Achseln.* Gut. Gehen Sie.

Der Kellner ab.

Inzwischen hat der Etagenkellner noch zwei weitere Personen in den Raum geführt und bekanntgegeben, daß nun niemand mehr kommen werde: die Postangestellte Inés Serrano und Estelle Rigault aus der Pariser Hautevolee. Alle drei sind sich im Leben nie begegnet und fragen sich verzweifelt, warum man sie zusammengebracht hat. Sie versuchen dahinterzukommen, indem sie sich erzählen, weshalb sie verdammt wurden. Als sie auch hier keinen Zusammenhang sehen, fangen sie an zu ahnen, daß in dieser Hölle kein Teufel nötig ist, weil jeder den anderen quälen wird. Jeder ist von dem Blick und der Meinung des anderen über ihn abhängig. Damit sie diese Situation umgehen könnten, hatte Garcin vorgeschlagen, daß jeder sich in eine Ecke zurückziehen und schweigen solle. Aber das gelingt ihnen nicht. Estelle will Garcin verführen, und Inés will Estelle verführen. Garcin versucht sein politisches Handeln als Pazifist zu rechtfertigen:

Schluß
der fünften Szene
Garcin. Estelle. Inés

Garcin *zu Estelle*: Du bist da? Also hör zu, du kannst mir einen Gefallen tun. Nein, schreck nicht zurück. Ich weiß, du findest es komisch, daß dich einer um Hilfe bittet, das bist du nicht gewohnt. Aber wenn du willst, wenn du dich bemühst, könnten wir uns vielleicht wirklich lieben? Sieh: Tausend Leute wiederholen, daß ich ein Feigling bin. Aber was sind schon tausend? Wenn es eine Seele gäbe, eine einzige, die mit all ihren Kräften versichert, daß ich nicht geflohen bin, daß ich nicht geflohen *sein kann*, daß ich Mut habe, daß ich anständig bin, ich ... ich bin sicher, dann wäre ich gerettet! Willst du an mich glauben? Du wärst mir teurer als ich selbst.

ESTELLE *lacht*: Idiot! Geliebter Idiot! Glaubst du denn, ich könnte einen Feigling lieben?

GARCIN: Aber du hast doch gesagt ...

ESTELLE: Ich hab mich über dich lustig gemacht. Ich liebe Männer, Garcin, richtige Männer, mit rauher Haut und starken Händen. Du hast nicht das Kinn eines Feiglings, du hast nicht den Mund eines Feiglings, du hast nicht die Stimme eines Feiglings, dein Haar ist nicht das eines Feiglings. Und wegen deines Mundes, deiner Stimme, deines Haars liebe ich dich.

GARCIN: Stimmt das? Stimmt das wirklich?

ESTELLE: Soll ich es schwören?

GARCIN: Dann bin ich gegen alle gefeit, gegen die von da unten und gegen die von hier. Estelle, wir werden aus der Hölle herauskommen. *Inés platzt heraus. Er unterbricht sich und sieht sie an:* Was gibt's denn?

INÉS *lacht*: Aber sie glaubt doch kein Wort von dem, was sie sagt: wie kannst du denn so naiv sein? «Estelle, bin ich ein Feigling?» Wenn du wüßtest, wie egal ihr das ist!

ESTELLE: Inés! *Zu Garcin*: Hör nicht auf sie. Wenn du mein Vertrauen willst, mußt du mir zunächst deins schenken.

INÉS: Aber ja, aber ja! Vertrau ihr doch. Sie braucht einen Mann, das kannst du glauben, einen Männerarm um ihre Taille, einen Männergeruch, eine Männerbegierde in Männeraugen. Alles andre ... Ha! Sie würde dir auch sagen, daß du Gott Vater bist, wenn dir das Spaß macht.

GARCIN: Estelle! Stimmt das? Antworte: Stimmt das?

ESTELLE: Was soll ich denn sagen? Ich verstehe nichts von diesem ganzen Zeug. *Sie stampft mit dem Fuß.* Wie mir das alles auf die Nerven fällt! Selbst wenn du ein Feigling wärst, würde ich dich lieben, so! Genügt dir das nicht?

Pause.

GARCIN *zu den beiden Frauen*: Ihr widert mich an!

Er geht zur Tür.

ESTELLE: Was machst du?

GARCIN: Ich gehe.

INÉS *schnell*: Du wirst nicht weit kommen: Die Tür ist zu.

GARCIN: Sie werden sie schon aufmachen müssen. *Er drückt auf den Klingelknopf. Die Klingel funktioniert nicht.*

ESTELLE: Garcin!

INÉS *zu Estelle*: Keine Angst; die Klingel ist kaputt.

GARCIN: Ich sage euch doch, daß sie aufmachen werden. *Er trommelt gegen die Tür:* Ich kann euch nicht mehr ausstehen, ich kann nicht mehr. *Estelle läuft zu ihm hin, er stößt sie zurück.* Geh weg! Du widerst mich noch mehr an als die da. Ich will nicht in deinen Augen versacken. Du bist klebrig! Du bist wabblig! Du bist ein Krake, du bist ein Sumpf. *Er schlägt gegen die Tür:* Aufmachen!

ESTELLE: Garcin, ich flehe dich an, geh nicht weg, ich werde nicht mehr mit dir sprechen, ich werde dich völlig in Ruhe lassen, aber geh nicht weg. Inés hat ihre Krallen gezeigt, ich will nicht mehr mit ihr allein bleiben.

GARCIN: Das ist deine Sache. Ich habe dich nicht gebeten zu kommen.

ESTELLE: Feigling! Feigling! Ja, es stimmt, daß du feige bist.

INÉS *geht zu Estelle*: Nun, mein Täubchen, du bist nicht zufrieden? Du hast mir ins Gesicht gespuckt, um ihm zu gefallen, und wir haben uns seinetwegen verkracht. Aber wenn er geht, der Störenfried, werden wir unter Frauen sein.

ESTELLE: Davon wirst du nichts haben; wenn diese Tür aufgeht, laufe ich weg.

INÉS: Wohin?

ESTELLE: Irgendwohin. Möglichst weit weg von dir.

Garcin hat aufgehört, gegen die Tür zu trommeln.

GARCIN: Aufmachen! Aufmachen! Ich nehme alles hin: Beinschrauben, Zangen, flüssiges Blei, Halseisen, alles, was brennt, alles, was quält, ich will richtig leiden. Lieber hundert Stiche, lieber Peitsche, Vitriol als dieses abstrakte Leiden, dieses Schattenleiden, das einen streift, das einen streichelt und das niemals richtig weh tut. *Er greift nach dem Türgriff und rüttelt daran.* Wollen Sie wohl aufmachen? *Die Tür geht plötzlich auf, und er fällt fast hin.* Hah!

Lange Stille.

INÉS: Nun, Garcin? Gehen Sie doch.

GARCIN *langsam*: Ich frage mich, warum diese Tür aufgegangen ist.

INÉS: Worauf warten Sie denn? Gehen Sie, schnell!

GARCIN: Ich gehe nicht weg.

INÉS: Und du, Estelle? *Estelle rührt sich nicht; Inés platzt heraus:* Also? Wer? Wer von den dreien? Der Weg ist frei, wer hält uns zurück? Ha! Das ist ja zum Totlachen! Wir sind unzertrennlich.

Estelle springt von hinten auf sie drauf.

ESTELLE: Unzertrennlich? Garcin! Hilf mir, hilf mir schnell. Wir ziehen sie nach draußen und schließen die Tür hinter ihr; dann wird sie schon sehen.

INÉS *schlägt um sich*: Estelle! Estelle! Ich flehe dich an, behalte mich. Nicht in den Flur, wirf mich nicht in den Flur!

GARCIN: Laß sie los!

ESTELLE: Du bist verrückt, sie haßt dich.

GARCIN: Ihretwegen bin ich geblieben.

Estelle läßt Inés los und sieht Garcin erstarrt an.

INÉS: Meinetwegen? *Pause.* Gut, machen Sie die Tür wieder zu. Es ist zehnmal heißer, seit sie offen ist. *Garcin geht zur Tür und macht sie wieder zu.* Meinetwegen?

GARCIN: Ja. Du weißt, was ein Feigling ist.

INÉS: Ja, das weiß ich.

GARCIN: Du weißt, was das Böse ist, die Schande, die Angst. Es hat Tage gegeben, wo du dir tief ins Herz gesehen hast – und das hat dich plötzlich fertiggemacht. Und am nächsten Tag wußtest du nicht mehr, was du davon halten solltest, es gelang dir nicht mehr, die Enthüllung des vergangenen Tages zu entziffern. Ja, du kennst den Preis des Bösen. Und wenn du sagst, daß ich ein Feigling bin, dann weißt du, wovon du sprichst, nicht?

INÉS: Ja.

GARCIN: Dich muß ich also überzeugen: Du bist von meiner Art. Konntest du dir vorstellen, daß ich weggehen würde? Ich konnte dich nicht hierlassen, triumphierend, mit all diesen Gedanken im Kopf; all diesen Gedanken, die mich betreffen.

INÉS: Du willst mich wirklich überzeugen?

GARCIN: Was bleibt mir sonst übrig? Ich höre sie nicht mehr, weißt du. Sie sind sicher fertig mit mir. Fertig. Die Angelegenheit ist abgeschlossen, ich bin nichts mehr auf der Erde, nicht einmal mehr ein Feigling. Inés, wir sind jetzt allein: Nur noch ihr beide könnt an mich denken. Sie zählt nicht. Aber du, du, die mich haßt, wenn du mir glaubst, rettest du mich.

INÉS: Das wird nicht leicht sein. Sieh mich an: Ich bin hartnäkkig.

GARCIN: Ich werde mir die nötige Zeit nehmen.

INÉS: Oh! Du hast alle Zeit. Alle Zeit.

GARCIN *faßt sie an den Schultern*: Hör zu, jeder hat sein Ziel, nicht wahr? Mir war Geld und Liebe egal. Ich wollte ein Mann sein. Ein harter. Ich habe alles auf dasselbe Pferd gesetzt. Kann man denn ein Feigling sein, wenn man die gefährlichsten Wege gewählt hat? Läßt sich ein Leben nach einer einzigen Tat beurteilen?

INÉS: Warum nicht? Du hast dreißig Jahre geträumt, daß du Mut hättest; und du ließest dir tausend kleine Schwächen durchgehen, weil dem Helden alles erlaubt ist. Wie bequem das war! Und dann, in der Stunde der Gefahr, hat man dir die Pistole auf die Brust gesetzt und ... du bist nach Mexiko gefahren.

GARCIN: Von einem solchen Heldentum habe ich nicht geträumt. Ich habe es gewählt. Man ist, was man will.

INÉS: Beweis es. Beweis, daß es kein Traum war. Nur Taten entscheiden über das, was man gewollt hat.

GARCIN: Ich bin zu früh gestorben. Man hat mir nicht die Zeit gelassen, meine Taten auszuführen.

INÉS: Man stirbt immer zu früh – oder zu spät. Und nun liegt das Leben da, abgeschlossen; der Strich ist gezogen, fehlt nur noch die Summe. Du bist nichts andres als dein Leben.

GARCIN: Schlange! Du hast für alles eine Antwort.

INÉS: Komm! Komm! Verlier nicht den Mut. Es sollte dir leichtfallen, mich zu überzeugen. Such nach Argumenten, streng dich an! *Garcin zuckt die Achseln.* Na? Na? Ich hatte dir gesagt, daß du verletzbar bist. Oh! Wie du jetzt büßen wirst. Du bist ein Feigling, Garcin, ein Feigling, weil ich es so will. Ich will es so, hörst du, ich will es! Und trotzdem, sieh doch, wie schwach ich bin, ein Hauch; ich bin nichts als der Blick, der dich sieht, als dieses farblose Denken, das dich denkt. *Er geht mit offenen Händen auf sie zu.* Ha! Sie öffnen sich, diese großen Männerhände. Aber was erhoffst du denn? Gedanken lassen sich mit Händen nicht fangen. Komm, du hast keine Wahl: Du mußt mich überzeugen. Ich halte dich gefangen.

ESTELLE: Garcin!
GARCIN: Was?
ESTELLE: Räche dich!
GARCIN: Wie?
ESTELLE: Küß mich, du wirst sie jaulen hören.
GARCIN: Das stimmt tatsächlich, Inés. Du hältst mich gefangen, aber ich dich auch.

Er beugt sich über Estelle. Inés stößt einen Schrei aus.

INÉS: Ha! Feigling! Feigling! Ja! Laß dich von Frauen trösten.
ESTELLE: Jaul nur, Inés, jaul nur!
INÉS: Was für ein schönes Paar! Wenn du seine große Flosse auf deinem Rücken sehen könntest, die das Fleisch und den Stoff knetet. Er hat feuchte Hände; er schwitzt. Er wird einen blauen Abdruck auf deinem Kleid hinterlassen.
ESTELLE: Jaul nur! Jaul nur! Drück mich stärker an dich.
GARCIN: Sie wird platzen.
INÉS: Aber ja, drück sie stärker, drück sie! Vermischt eure Körperwärme. Das ist was Schönes, die Liebe, nicht, Garcin? Das ist mild und tief wie der Schlaf, aber ich werde dich am Schlafen hindern.

Garcin macht eine Gebärde.

ESTELLE: Hör nicht auf sie. Nimm meinen Mund; ich gehöre ganz dir.
INÉS: Na los, worauf wartest du? Tu, was man dir sagt. Garcin, der Feigling, umarmt Estelle, die Kindesmörderin. Worum wollen wir wetten? Wird Garcin, der Feigling, sie küssen? Ich sehe euch, ich sehe euch; ich bin ganz allein eine Menge, die Menge, Garcin, die Menge, hörst du? *Murmelnd.* Feigling! Feigling! Feigling! Feigling! Du fliehst umsonst vor mir, ich lasse dich nicht los. Was suchst du auf ihren Lippen? Das Vergessen? Aber ich werde dich nicht vergessen. Mich mußt du überzeugen. Mich. Komm her, komm! Ich warte auf dich. Du siehst, Estelle, er lockert seine Umarmung, er gehorcht wie ein Hund ... Du wirst ihn nicht kriegen!
GARCIN: Wird es denn nie Nacht?
INÉS: Nie.
GARCIN: Du wirst mich immer sehen?
INÉS: Immer.

Garcin läßt Estelle los und macht einige Schritte im Zimmer.

Er nähert sich der Bronzefigur.

GARCIN: Die Bronzefigur ... *Er streichelt sie.* Tja, das ist der Moment. Die Bronzefigur ist da, ich betrachte sie, und ich begreife, daß ich in der Hölle bin. Ich sage euch, alles war vorgesehen. Sie hatten vorgesehen, daß ich vor diesem Kamin stehen und meine Hand auf diese Bronzefigur drücken würde, mit all diesen auf mich gerichteten Blicken. All diesen Blicken, die mich auffressen ... *Er dreht sich plötzlich um.* Ha! Ihr seid nur zwei? Ich dachte, ihr wärt mehr. *Er lacht.* Also das ist die Hölle. Ich hätte es nie geglaubt ... Wißt ihr noch: Schwefel, Scheiterhaufen, Rost ... Was für Albernheiten. Ein Rost ist gar nicht nötig, die Hölle, das sind die Anderen.

ESTELLE: Liebster!

GARCIN *stößt sie zurück*: Laß mich. Sie ist zwischen uns. Ich kann dich nicht lieben, wenn sie mich sieht.

ESTELLE: Ha! Dann wird sie uns eben nicht mehr sehen.

Sie nimmt das Papiermesser vom Tisch, stürzt sich auf Inés und sticht auf sie ein.

INÉS *wehrt sich lachend*: Was machst du, was machst du, bist du verrückt? Du weißt doch, daß ich tot bin.

ESTELLE: Tot?

Sie läßt das Messer fallen. Pause. Inés hebt das Messer auf und sticht wild auf sich ein.

INÉS: Tot! Tot! Tot! Weder Messer noch Gift, noch Strick. Es ist schon geschehen, verstehst du? Und wir sind für immer zusammen.

Sie lacht.

ESTELLE *lacht schallend*: Für immer, mein Gott, ist das komisch! Für immer!

GARCIN *sieht beide an und lacht*: Für immer! *Sie lassen sich jeder auf ein Sofa fallen. Langes Schweigen. Sie hören auf zu lachen und sehen sich an. Garcin steht auf.* Also machen wir weiter.

Vorhang

Das Sein und das Nichts
oder
Was ist Existentialismus?
(1943)

Da wir in unserem Berufsleben in der Regel versucht und gezwungen sind, darauf zu verzichten, uns unser Wesen, das mit unserer bloßen Existenz noch nicht gegeben ist, jeweils erst zu schaffen, können wir unsere berufliche Funktion nur als vorgegebene Rolle spielen, *weil wir sie nicht* sein *können. Wir spielen daher, sie zu sein, als existiere sie in der Art der Dinge, die sich ihr Wesen nicht selbst schaffen können. Aber es bleibt, daß wir das sind, was wir nicht sind, oder daß wir nicht das sind, was wir sind. Gegenüber dem bloßen Sein der Dinge sind wir also Nichts im kreativen Sinn, das heißt ein Nichts, das sich sein Sein erst schaffen muß. In seinem philosophischen Hauptwerk* Das Sein und das Nichts, *das 1943 erschien, aber erst nach dem Krieg weltbekannt wurde, beschreibt Sartre diesen Zustand am Beispiel eines Kellners und anderer Berufe:*

Beobachten wir einen Kellner im Café. Er hat lebhafte und eifrige Bewegungen, etwas allzu präzise, etwas allzu schnelle, er kommt mit einem etwas zu lebhaften Schritt auf die Gäste zu, er verbeugt sich mit etwas zuviel Beflissenheit, seine Stimme, seine Blicke drücken ein Interesse aus, das etwas zuviel Aufmerksamkeit für die Bestellung des Gastes enthält, nun kommt er zurück und versucht, durch seinen Gang die unbeugsame Starrheit irgendeines Automaten zu imitieren, während er gleichzeitig sein Tablett mit einer Art Seiltänzerkühnheit trägt, indem er es in einem fortwährend instabilen und fortwährend gestörten Gleichgewicht hält, das er mit einer leichten Bewegung des Arms und der Hand fortwährend wiederherstellt. Sein ganzes Verhalten wirkt auf uns wie ein Spiel. Er bemüht sich, seine Bewegungen aneinanderzureihen, als wären sie Mechanismen, die einander beherrschen, seine Mimik und sogar seine Stimme wirken wie Mechanismen; er legt sich die Behendigkeit und erbarmungslose Schnelligkeit der Dinge bei. Er spielt, er unterhält sich. Aber was spielt er? Man braucht ihn nicht lange zu beobachten, um sich darüber klarzuwerden: er spielt Kellner *sein*. Darin liegt nichts Überraschendes: das Spiel ist eine Art Sichzurechtfinden und Erkunden. Das Kind spielt mit seinem Körper, um ihn zu erforschen, um eine Bestandsaufnahme davon zu machen; der Kellner spielt mit seiner Stellung, um sie *zu realisieren*. Das ist für ihn ebenso notwendig wie für jeden Kaufmann: ihre Stellung ist ganz Zeremonie, das Publikum verlangt von ihnen, daß sie sie wie eine Zeremonie realisieren, es gibt den Tanz des Lebensmittelhändlers, des Schneiders, des Versteigerers, mit dem sie ihre Kundschaft davon überzeugen wollen, daß sie weiter nichts sind als ein Lebensmittelhändler, ein Versteigerer, ein Schneider. Ein Lebensmittelhändler, der träumt, ist für den Käufer beleidigend, weil er nicht mehr ganz ein Lebensmittelhändler ist. Die Höflichkeit verlangt, daß er sich in den Grenzen seiner Lebensmittelhändlerfunktion hält, wie der Soldat beim Strammstehen sich zum Soldat-Ding macht mit geradeaus gerichtetem Blick, der aber nicht sieht, der nicht mehr dazu da ist, zu sehen, denn die Vorschrift und nicht sein augenblickliches Interesse bestimmt den Punkt, den er zu fixieren hat (den «auf zehn Schritt fixierten» Blick). Das sind Vorkehrungen, die den Menschen in dem einsperren sollen, was er ist. Als ob wir in der ständigen Furcht lebten, daß er daraus entweicht, daß er plötzlich aus seiner Stellung herauskommt und sie umgeht. Aber parallel dazu kann ja der Kellner von innen her nicht unmittelbar Kellner sein, so wie dieses Tintenfaß Tintenfaß *ist* oder das Glas Glas ist. Er kann durchaus reflexive Urteile oder Begriffe über seine Stellung haben. Er weiß genau, was sie «bedeutet»: die Verpflichtung, um fünf Uhr aufzustehen, vor dem Öffnen des Lokals den Boden zu kehren, die Kaffeemaschine anzustellen usw. Er kennt die Rechte, die mit ihr verbunden sind: das Recht auf Trinkgeld, die gewerkschaftlichen Rechte usw. Aber alle diese Begriffe, alle diese Urteile verweisen auf das Transzendente. Es handelt sich um abstrakte Möglichkeiten, um Rechte und Pflichten, die einem «Rechtssubjekt» verliehen sind. Und es ist gerade dieses Subjekt, das *ich zu sein habe* und das ich überhaupt nicht bin. Nicht, daß ich es nicht sein möchte oder wollte, daß es ein anderer wäre. Vielmehr gibt es kein gemeinsames Maß zwischen seinem Sein und dem meinen. Es ist für die andern und für mich selbst eine «Vorstellung», das bedeutet, daß ich es nur *als Vorstellung* sein kann. Aber gerade wenn ich es mir vorstelle, bin ich es überhaupt nicht, ich bin von ihm getrennt wie das Objekt vom Subjekt, getrennt *durch nichts*, aber dieses Nichts isoliert mich von ihm, ich kann es nicht sein, ich kann nur *spielen, es zu sein,* das heißt mir einbilden, daß ich es sei. Und eben dadurch affiziere ich es mit Nichts. Ich mag noch so sehr die Funktionen eines Kellners erfüllen, ich kann es nur in neutralisierter Weise sein, so wie der Schauspieler Hamlet ist, indem ich mechanisch die *typischen Bewegungen* meines Berufs mache und mich über diese [...] Bewegungen als imaginären Kellner betrachte. Was ich zu realisieren versuche, ist ein An-sich-sein des Kellners, als ob es nicht einfach in meiner Macht stände, meinen beruflichen Pflichten und Rechten ihren Wert und ihre Dringlichkeit zu verleihen, als ob es nicht meine freie Wahl wäre, jeden Morgen um fünf Uhr aufzustehen oder im Bett zu bleiben, auf die Gefahr hin, entlassen zu werden. Als ob ich gerade dadurch, daß ich diese Rolle in der Existenz halte, sie nicht nach allen Richtungen transzendierte, mich nicht als ein *Jenseits* meiner Stellung konstituierte. Doch es besteht kein Zweifel, daß ich in gewissem Sinn Kellner *bin* – könnte ich mich nicht andernfalls ebensogut Diplomat oder Journalist nennen? Aber wenn ich es bin, dann kann das nicht in der Weise des An-sich-seins sein. Ich bin es in der Weise, *das zu sein, was ich nicht bin.* Es handelt sich übrigens nicht nur um die sozialen Stellungen; ich bin nie irgendeine meiner Haltungen, meiner Verhaltensweisen. Der Schönredner ist der, der reden *spielt,* weil er nicht *redend sein* kann: der aufmerksame Schüler, der aufmerksam *sein* will, den Blick auf den Lehrer geheftet, die Ohren weit geöffnet, erschöpft sich derartig, den Aufmerksamen zu spielen, daß er schließlich gar nichts mehr hört. Ständig von meinem Körper, von meinen Handlungen abwesend bin ich mir selbst zum Trotz jene «göttliche Abwesenheit», von der Valéry spricht. Ich kann weder sagen, daß ich hier *bin* noch daß ich nicht hier *bin*, so wie man sagt: «diese Streichholzschachtel *ist* auf dem Tisch»: das hieße mein «In-der-Welt-sein» mit einem «Umweltlich-sein» gleichsetzen. Noch daß ich stehend *bin*, noch daß ich sitzend *bin*: [...] Überall entgehe ich dem Sein, und dennoch bin ich.

Wenn die Existenz dem Wesen vorausgeht, das heißt, wenn die Tatsache, daß wir existieren, uns nicht von der Notwendigkeit entlastet, uns unser Wesen erst durch unser Handeln zu schaffen, dann sind wir damit, solange wir leben, zur Freiheit verurteilt. *Was heißt das? Kann man frei sein, wenn man gleichzeitig verurteilt ist? Mit dieser auf den ersten Blick unlogischen und paradoxen Formel versucht Sartre, unsere Situation als Mensch zu umschreiben.* Frei *sind wir, weil wir in jedem Augenblick unseres Lebens über alles, was wir tun oder nicht tun, frei entscheiden. Das heißt natürlich nicht, daß wir einfach tun und lassen können, was wir wollen. Doch im Rahmen unserer Möglichkeiten sind wir dennoch frei, für alle Probleme, die sich uns in unserer jeweiligen Situation stellen, eigene Lösungen zu finden.* Verurteilt *sind wir dazu, weil wir gar nicht umhin können, ständig über unser Leben zu entscheiden. Selbst wenn wir uns zur Untätigkeit, zur Passivität entschließen, bleibt das unser eigener Entschluß. Das bürdet uns eine totale Verantwortung auf: Durch jede unserer Entscheidungen entscheiden wir nicht nur über unser eigenes Leben, sondern auch über das Leben aller anderen Menschen. Denn mit jeder unserer Entscheidungen fügen wir allen möglichen Entscheidungen eine tatsächlich gefällte Entscheidung hinzu, die von nun an alle anderen Menschen bei ihrer Wahl zu berücksichtigen haben. Entscheide ich mich zum Beispiel für Kriegsdienstverweigerung in einem Land, wo ich kein Recht dazu habe, sondern diese Entscheidung mit Freiheitsentzug bezahlen muß, dann muß sich derjenige, der sich gegen die Kriegsdienstverweigerung entscheidet, wissentlich gegen die Lösung entscheiden, die ich gefunden habe.*

Sartres Philosophie ist in der Zeit vor dem Zweiten Weltkrieg herangereift, aber es ist kein Zufall, daß er sie ausgearbeitet hat, als er als einfacher französischer Soldat an der Front und in einem deutschen Kriegsgefangenenlager war. Diese Philosophie ist von der sein ganzes Leben prägenden Erfahrung des Faschismus und des Zweiten Weltkriegs bestimmt, in der alle vermeintlichen

Sicherheiten einer bürgerlichen Existenz zusammenbrachen und der Mensch ohne irgendwelche verbindlichen moralischen Verhaltensregeln absolut allein zu entscheiden hatte, ob er zum Beispiel selbst töten oder sich lieber töten lassen wollte. Daher ergeben sich aus Sartres Existentialismus strenge moralische Konsequenzen:

Die wesentliche Konsequenz unserer vorangehenden Ausführung ist, daß der Mensch, dazu verurteilt, frei zu sein, das Gewicht der gesamten Welt auf seinen Schultern trägt: er ist für die Welt und für sich selbst als Seinsweise verantwortlich. Wir nehmen das Wort «Verantwortlichkeit» in seinem banalen Sinn von «Bewußtsein davon, der unbestreitbare Urheber eines Ereignisses oder eines Gegenstands zu sein» [...], denn die schlimmsten Übel oder die schlimmsten Gefahren, die meine Person zu treffen drohen, haben nur durch meinen Entwurf einen Sinn; und sie erscheinen auf dem Grund des Engagements, das ich bin. Es ist also unsinnig, sich beklagen zu wollen, weil ja nichts Fremdes darüber entschieden hat, was wir fühlen, was wir erleben oder was wir sind. Diese absolute Verantwortlichkeit ist übrigens keine Hinnahme: sie ist das bloße logische Übernehmen der Konsequenzen unserer Freiheit. Was mir zustößt, stößt mir durch mich zu, und ich könnte weder darüber bekümmert sein noch mich dagegen auflehnen, noch mich damit abfinden. Übrigens, alles, was mir zustößt, ist *meins*: darunter ist zuallererst zu verstehen, daß ich als Mensch immer auf der Höhe dessen bin, was mir zustößt, denn was einem Menschen durch andere Menschen und durch ihn selbst zustößt, kann nur menschlich sein. Die grauenhaftesten Situationen des Krieges, die schlimmsten Foltern schaffen keinen unmenschlichen Sachverhalt: es gibt keine unmenschliche Situation; allein durch Furcht, Flucht oder Rückgriff auf magische Verhaltensweisen kann ich mich für das Unmenschliche *entscheiden*; aber eine solche Entscheidung ist menschlich, und ich werde die gesamte Verantwortung dafür tragen. Aber die Situation ist außerdem *meine*, weil sie das Bild von meiner freien Wahl meiner selbst ist, und alles, was sie mir bietet, ist *meins*, insofern mich das darstellt und symbolisiert. Bin ich es nicht, der ich, indem ich über mich entscheide, über den Widrigkeitskoeffizienten der Dinge entscheide bis hin zu ihrer Unvorhersehbarkeit? So gibt es keine *Zwischenfälle* in einem Leben; ein gesellschaftliches Ereignis, das plötzlich ausbricht und mich mitreißt, kommt nicht von außen; wenn ich in einem Krieg eingezogen werde, ist dieser Krieg *mein* Krieg, er ist nach meinem Bild, und ich verdiene ihn. Ich verdiene ihn zunächst, weil ich mich ihm immer durch Selbstmord oder Fahnenflucht entziehen konnte: diese letzten Möglichkeiten müssen uns immer gegenwärtig sein, wenn es darum geht, eine Situation zu betrachten. Da ich mich ihm nicht entzogen habe, habe ich ihn *gewählt*; das kann aus Schlappheit, aus Feigheit gegenüber der öffentlichen Meinung sein, weil ich bestimmte Werte sogar der Weigerung, in den Krieg zu ziehen, vorziehe (die Achtung meiner Nächsten, die Ehre meiner Familie usw.). Jedenfalls handelt es sich um eine Wahl. Diese Wahl wird in der Folge bis zum Ende des Kriegs fortgesetzt wiederholt werden; man muß also den Ausspruch von Jules Romains unterschreiben: «Im Krieg gibt es keine unschuldigen Opfer». Wenn ich also dem Tod oder der Entehrung den Krieg vorgezogen habe, dann geschieht alles so, als wenn ich die gesamte Verantwortung für diesen Krieg trüge. Gewiß, andere haben ihn erklärt, und man wäre vielleicht versucht, mich als bloßen Komplizen zu betrachten. Aber dieser Begriff der Komplizenschaft hat nur einen juristischen Sinn; hier hält er nicht stand; denn es hat *von mir* abgehangen, daß für mich und durch mich dieser Krieg nicht existiere, und ich habe entschieden, daß er existiert. Es hat keinerlei Zwang gegeben, denn Zwang könnte keinerlei Einfluß auf eine Freiheit haben; ich habe keinerlei Entschuldigung gehabt, denn wie wir in diesem Buch gesagt und wiederholt haben, ist es die Eigenart der menschlichen Realität, daß sie ohne Entschuldigung ist. Es bleibt mir also nur, diesen Krieg zu übernehmen. Aber außerdem ist es *meiner*, denn allein dadurch, daß er in einer Situation auftaucht, die ich sein mache, und daß ich ihn nur in ihr entdecke, indem ich mich für oder gegen ihn engagiere, kann ich jetzt die Wahl, die ich von mir selbst mache, nicht mehr unterscheiden von der Wahl, die ich von ihm mache: Diesen Krieg erleben heißt durch ihn mich wählen und durch meine Wahl meiner selbst ihn wählen. Es kann gar nicht in Frage kommen, ihn als «vier Jahre Ferien» oder als «Aufschub» oder als eine «Sitzungspause» zu betrachten, weil das Wesentliche meiner Verantwortlichkeit woanders liegt, in meinem Ehe-, Familien- und Berufsleben. Sondern in diesem Krieg, den ich gewählt habe, wähle ich mich Tag für Tag, und ich mache ihn zu meinem, indem ich mich mache. Wenn er vier leere Jahre sein soll, trage ich dafür die Verantwortung. Kurz, wie wir im vorangehenden Abschnitt ausgeführt haben, ist jede Person eine absolute Wahl ihrer selbst, ausgehend von einer Welt von Kenntnissen und Techniken, die von dieser Wahl zugleich angenommen und beleuchtet wird; jede Person ist etwas Absolutes, das sich eines absoluten Datums erfreut, welches zu einem anderen Datum völlig undenkbar ist. Es ist also müßig, sich zu fragen, was ich gewesen wäre, wenn dieser Krieg nicht ausgebrochen wäre, denn ich habe mich gewählt als ein möglicher Sinn der Epoche, die unmerklich zum Krieg führte; ich unterscheide mich nicht von eben dieser Epoche, ich könnte nicht ohne Widerspruch in eine andere Epoche versetzt werden. Also *bin ich* dieser Krieg, der die Periode, die ihm vorangegangen ist, einschränkt und begrenzt und verstehen läßt. In diesem Sinn muß man der eben zitierten Formulierung, «Im Krieg gibt es keine unschuldigen Opfer», zur genaueren Definition der Verantwortlichkeit [...] folgende hinzufügen: «Man hat den Krieg, den man verdient.» Total frei also, ununterscheidbar von der Periode, deren Sinn zu sein ich gewählt habe, ebenso tief für den Krieg verantwortlich, als wenn ich ihn selbst erklärt hätte, unfähig, etwas zu erleben, ohne es in *meine* Situation zu integrieren, mich ganz darin zu engagieren und sie mit meinem Siegel zu prägen, muß ich ohne Gewissensbisse und ohne Bedauern sein, wie ich ohne Entschuldigung bin, denn vom Augenblick meines Auftauchens zum Sein an trage ich das Gewicht der Welt für mich ganz allein, ohne daß irgend etwas noch irgend jemand es erleichtern könnte.

Doch diese Verantwortlichkeit ist von ganz besonderer Art. Man wird mir ja entgegenhalten: «Ich habe nicht verlangt, geboren zu werden», was eine naive Art ist, unsere Faktizität zu betonen. Ich bin ja für alles verantwortlich, außer für meine Verantwortlichkeit selbst, denn ich bin nicht die Begründung meines Seins. Alles geschieht so, als wenn ich gezwungen wäre, verantwortlich zu sein. Ich bin *verlassen* in der Welt, nicht in dem Sinn, daß ich preisgegeben und passiv bliebe in einem feindlichen Universum, wie die Planke, die auf dem Wasser treibt, sondern im Gegenteil in dem Sinn, daß ich mich plötzlich allein und ohne Hilfe finde, engagiert in einer Welt, für die ich die gesamte Verantwortung trage, ohne mich, was ich auch tue, dieser Verantwortlichkeit entziehen zu können, und sei es für einen Augenblick, denn selbst für mein Verlangen, die Verantwortlichkeit zu fliehen, bin ich verantwortlich; mich in der Welt passiv machen, mich weigern, auf die Dinge und auf die Anderen einzuwirken heißt immer noch mich wählen, und der Selbstmord ist ein Modus des In-der-Welt-seins unter anderen. Indessen finde ich eine absolute Verantwortung wieder, weil meine Faktizität, das heißt hier das Faktum meiner Geburt, direkt unfaßbar und sogar undenkbar ist, denn dieses Faktum meiner Geburt erscheint mir niemals roh [...]: ich schäme mich, geboren zu sein, oder ich wundere mich darüber, oder ich freue mich darüber, oder ich behaupte, indem ich versuche, mir das Leben zu nehmen, daß ich dieses Leben als schlecht erlebe und annehme. Also *wähle* ich in gewissem Sinn, geboren zu sein [...]; ich stoße immer nur auf meine Verantwortlichkeit, deshalb kann ich nicht fragen: «*Warum* bin ich geboren?», den Tag meiner Geburt verfluchen oder erklären, daß ich nicht verlangt habe, geboren zu werden, denn diese verschiedenen Haltungen gegenüber meiner Geburt, das heißt gegenüber dem *Faktum*, daß ich eine Anwesenheit in der Welt realisiere, sind eben nichts anderes als verschiedene Arten, diese Geburt in voller Verantwortlichkeit zu übernehmen und sie zur *meinen* zu machen [...], so daß letztlich meine Verlassenheit, das heißt meine Faktizität, lediglich darin besteht, daß ich dazu verurteilt bin, vollständig für mich selbst verantwortlich zu sein. [...]

Unter diesen Bedingungen, da sich mir ja jedes Ereignis der Welt nur als *Gelegenheit* (*genutzte, verpaßte, vernachlässigte* Gelegenheit usw.) entdecken kann oder, besser noch, da ja alles, was uns zustößt, als eine *Chance* angesehen werden kann, das heißt uns nur als Mittel zur Realisierung dieses Seins, das in unserem Sein in Frage steht, erscheinen kann, und da ja die anderen [...] ebenfalls nur *Gelegenheiten* und *Chancen* sind, erstreckt sich die Verantwortlichkeit des Für-sich auf die gesamte Welt als bevölkerte Welt. [...] Wer in der Angst seine Bedingung realisiert, in eine Verantwortlichkeit geworfen zu *sein*, die sich bis auf seine Verlassenheit zurückwendet, hat weder Gewissensbisse noch Bedauern, noch Entschuldigungen mehr; er ist nur noch eine Freiheit, die sich als völlig sie selbst entdeckt und deren Sein in eben dieser Entdeckung beruht. Aber [...] die meiste Zeit fliehen wir vor der Angst in die Unaufrichtigkeit.

Die Republik des Schweigens
oder
Freiheit und Verantwortlichkeit
(1944)

Daß Sartre mit seiner Formel: Wir sind zur Freiheit verurteilt *nicht einfach sagen wollte, jeder könne tun und lassen, was ihm Spaß macht, ohne Rücksicht auf die anderen – wie es nach dem Krieg von der existentialistischen Mode oft mißverstanden wurde –, sondern daß seine Freiheit immer eine für alle Menschen mitentscheidende und für ihn selbst oft tödliche Verantwortung verlangt, macht ein kurzer Text über die Résistance, die französische Widerstandsbewegung gegen die deutsche Besatzung im Zweiten Weltkrieg, deutlich:*

Niemals waren wir freier als unter der deutschen Besatzung. Wir hatten all unsere Rechte verloren und in erster Linie das Recht zu sprechen; jeden Tag warf man uns Schmähungen ins Gesicht, und wir mußten schweigen; massenweise verschleppte man uns als Arbeiter, als Juden, als politische Gefangene; überall an den Mauern, in den Zeitungen, auf der Leinwand begegneten wir dem abscheulichen und faden Gesicht, das unsere Unterdrücker uns von uns geben wollten: auf Grund all dessen waren wir frei. Da das Nazigift bis in unser Denken eindrang, war jeder richtige Gedanke eine Eroberung; da eine allmächtige Polizei versuchte, uns zum Schweigen zu zwingen, wurde jedes Wort kostbar wie eine Grundsatzerklärung; da wir verfolgt wurden, hatte jede unserer Gesten das Gewicht eines Engagements. Die oft grauenvollen Umstände unseres Kampfes versetzten uns endlich in die Lage, ungeschminkt und unverhüllt jene zerrissene, unhaltbare Situation zu durchleben, die man die *Conditio humana* nennt. Exil, Gefangenschaft und vor allem den Tod, den man in glücklichen Zeiten geschickt kaschiert, machten wir zu ständigen Ge-

genständen unserer Sorgen, wir lernten, daß das keine unvermeidbaren Unfälle, ja nicht einmal dauernde, aber äußere Bedrohungen sind: es galt, darin unser *Los*, unser Schicksal, die tiefe Quelle unserer menschlichen Realität zu sehen; jede Sekunde erlebten wir die volle Bedeutung des banalen kleinen Satzes: «Alle Menschen sind sterblich.» Und die Wahl, die jeder von sich traf, war echt, weil sie angesichts des Todes fiel, weil sie sich stets in der Form: «Lieber den Tod als ...» hätte ausdrücken lassen. Und ich spreche hier nicht von der Elite, welche die echten Widerstandskämpfer darstellten, sondern von allen Franzosen, die vier Jahre hindurch zu jeder Tages- und Nachtstunde *nein* gesagt haben. Gerade die Grausamkeit des Feindes trieb uns an die äußersten Grenzen unseres Menschseins und zwang uns dazu, uns jene Fragen zu stellen, die man in Friedenszeiten umgeht: alle von uns – und welcher Franzose war nicht das eine oder andere Mal in dieser Lage –, die einige Einzelheiten über die Résistance wußten, fragten sich voller Angst: «Wenn man mich foltert, werde ich durchhalten?» So stellte sich die eigentliche Frage der Freiheit, und wir standen am Rande der tiefsten Erkenntnis, die der Mensch von sich haben kann. Denn das Geheimnis eines Menschen ist nicht sein Ödipus- oder sein Minderwertigkeitskomplex, es ist die eigentliche Grenze seiner Freiheit; es ist seine Widerstandskraft gegen Martern und Tod. Denen, die im Untergrund arbeiteten, brachten die Umstände ihres Kampfes eine neue Erfahrung: sie kämpften nicht offen wie Soldaten; in der Einsamkeit verfolgt, in der Einsamkeit verhaftet, widerstanden sie den Folterungen in völliger Verlassenheit und Wehrlosigkeit: allein und nackt vor gutrasierten, gutgenährten, gutgekleideten Peinigern, die sich über ihr armseliges Fleisch lustig machten und denen ein befriedigtes Gewissen, eine maßlose gesellschaftliche Macht allen Anschein gaben, recht zu haben. Doch in ihrer tiefsten Einsamkeit verteidigten sie die anderen, alle anderen, alle Widerstandskameraden; ein einziges Wort genügte, zehn, hundert Verhaftungen herbeizuführen. Ist diese totale Verantwortung in der totalen Einsamkeit nicht die eigentliche Enthüllung unserer Freiheit? Diese Verlassenheit, diese Einsamkeit, dieses sehr große Risiko waren für alle dieselben, für die Anführer wie für die Gemeinen; für diejenigen, die Botschaften bei sich trugen, deren Inhalt sie nicht kannten, wie für diejenigen, die über den ganzen Widerstand entschieden, gab es ein und dieselbe Vergeltung: Gefängnishaft, Verschleppung, Tod. Es gibt keine Armee auf der Welt, wo man eine ähnliche Gleichheit der Risiken für den Soldaten und den Generalissimus antrifft. Und deshalb war die Résistance eine wirkliche Demokratie: für den Soldaten wie für den Anführer dieselbe Gefahr, dieselbe Verantwortung, dieselbe absolute Freiheit in der Disziplin. So ist in Dunkel und Blut die stärkste aller Republiken entstanden. Jeder ihrer Bürger wußte, daß er allen verpflichtet war und daß er nur auf sich zählen konnte; jeder von ihnen erfüllte in der völligen Verlassenheit seine geschichtliche Rolle. Gegen die Unterdrücker unternahm jeder von ihnen, unwiderruflich er selber zu sein, und dadurch, daß er sich in seiner Freiheit selbst wählte, wählte er die Freiheit aller. Diese Republik ohne Institutionen, ohne Armee, ohne Polizei mußte jeder Franzose erobern und jeden Augenblick gegen den Nazismus behaupten. Heute stehen wir am Anfang einer neuen Republik. Ist nicht zu wünschen, daß diese Republik im Tageslicht die strengen Tugenden der Republik des Schweigens und der Nacht bewahrt?

Klarstellung
oder
«Der Existentialismus ist ein Humanismus»
(1944)

Während der deutschen Besatzung wurde Sartres Philosophie von der Presse des mit den Nazis verbündeten Pétain-Regimes der unbesetzten Zone, das seinen Regierungssitz in Vichy hatte, scharf verurteilt. Zu Sartres großer Verwunderung stimmten nach der Befreiung Frankreichs auch die französischen Kommunisten, mit denen Sartre in der Résistance zusammengearbeitet hatte, in diese Verurteilung ein. Sie warfen Sartre vor, daß er sich von dem deutschen Philosophen Martin Heidegger hatte beeinflussen lassen, der die Nazis begeistert begrüßt hatte und in die NSDAP eingetreten war. Außerdem verwarfen sie seine Theorie der Freiheit, weil diese die ökonomischen und gesellschaftlichen Bedingungen, unter denen die Menschen leben, nicht berücksichtige. Schließlich behaupteten sie, daß er Gefallen daran habe, den Menschen von seiner schlimmsten Seite zu zeigen und sich mit Vorliebe im Dreck zu wälzen. Auf alle diese Vorwürfe gab Sartre 1944 in einer Klarstellung Punkt für Punkt eine Antwort:

Die heutige Presse veröffentlicht gern Artikel gegen den Existentialismus. [...] Ich weiß nicht, ob die Auseinandersetzung viele Leser interessieren wird: es mangelt nicht an dringenderen Sorgen. Wenn es aber unter denen, die in dieser Philosophie Denkprinzipien und Verhaltensregeln haben finden können und durch solche absurden Kritiken davon abgebracht worden sind, einen einzigen gäbe, den ich erreichen und aufklären könnte, dann lohnte sich die Mühe, für ihn zu schreiben. Ich weise allerdings darauf hin, daß ich nur in meinem Namen antworte: ich hätte Skrupel, andere Existentialisten in diese Polemik hineinzuziehen.

Was werfen Sie uns vor? Erstens, daß wir uns von Heidegger inspirieren lassen, einem deutschen Philosophen und Nazi. Zweitens, daß wir unter dem Namen Existentialismus einen Quietismus [1] der Angst propagieren. Versuchen wir nicht die Jugend zu verderben und sie vom Handeln abzubringen, indem wir sie dazu anstiften, eine vornehme Hoffnungslosigkeit zu kultivieren? Vertreten wir nicht nihilistische Lehren (der Beweis dafür ist für einen Leitartikler, daß ich ein Buch *Das Sein und das Nichts* betitelt habe. Man denke nur, das Nichts!), und das in diesen Jahren, wo alles erneuert oder noch getan werden muß, wo der Krieg noch andauert, wo jeder seine ganze Energie braucht, um ihn zu gewinnen und um den Frieden zu gewinnen? Schließlich ist Ihr dritter Vorwurf, daß der Existentialismus sich im Unrat gefällt und lieber die Bosheit der Menschen und ihre Niedertracht als ihre guten Gefühle zeigt.

[...] Ich werde auf Ihre Anschuldigungen Punkt für Punkt antworten.

Heidegger war Philosoph, lange bevor er Nazi war. Seine Zustimmung zum Hitlerismus erklärt sich durch Angst, vielleicht durch Karrierismus, sicher durch Konformismus: das ist nicht schön, ich gebe es zu. Doch das genügt, Ihr schönes Argument zu entkräften: «Heidegger», sagen Sie, «ist Mitglied der nationalsozialistischen Partei, also muß seine Philosophie eine Nazi-Philosophie sein.» Das stimmt nicht: Heidegger hat keinen Charakter, das ist die Wahrheit; können Sie daraus schließen, daß seine Philosophie eine Apologie der Feigheit ist? Wissen Sie denn nicht, daß die Menschen manchmal nicht auf der Höhe ihrer Werke sind? Und können Sie den *Gesellschaftsvertrag* verurteilen, weil Rousseau seine Kinder ausgesetzt hat? Und außerdem, was zählt schon Heidegger? Wenn wir unser eigenes Denken anläßlich dessen eines anderen Philosophen entdecken, wenn wir bei diesem Techniken und Methoden suchen, die uns zu neuen Problemen Zugang verschaffen können, heißt das dann, daß wir alle seine Theorien teilen? Marx hat seine Dialektik von Hegel

[1] Mystische Lehre, nach der die christliche Vollendung in der Liebe zu Gott und der Untätigkeit der Seele ohne äußere Werke besteht. Sartre meint hier eine allgemeine Passivität, die seinen Kritikern zufolge aus der Grundstimmung der Angst entstehen soll. *Anm. d. Hg.*

übernommen. Sagen Sie deshalb, *Das Kapital* sei ein preußisches Werk? Wir haben die beklagenswerten Ergebnisse der ökonomischen Autarkie erlebt: hüten wir uns, in die geistige Autarkie zu fallen.

In der Zeit der Besatzung haben die angepaßten Zeitungen bei ihrer Verdammung die Existentialisten und die Philosophen des Absurden in einen Topf geworfen. Ein kleiner Giftzwerg namens Albérès, der in der Pétain-Zeitung *Écho des Étudiants* schrieb, kläffte uns jede Woche an. In jener Periode verstand sich jene Art von Vermischung von selbst; je niederträchtiger und dümmer die Angriffe waren, desto mehr freuten wir uns darüber.

Aber warum haben *Sie* die Methoden der Vichy-Presse übernommen? Warum dieses Durcheinander, außer daß es dank dieser Vermischung leichter für Sie ist, diese beiden Philosophien gleichzeitig anzugreifen? Die Philosophie des Absurden ist kohärent und begründet. Albert Camus hat gezeigt, daß er das Zeug hat, sie allein zu verteidigen. Daher werde ich nur vom Existentialismus sprechen: Haben Sie ihn wenigstens Ihren Lesern erklärt? Dabei ist das ganz einfach.

In philosophischen Begriffen gesprochen hat jeder Gegenstand ein Wesen und eine Existenz. Ein Wesen, das heißt eine konstante Gesamtheit von Eigenschaften; eine Existenz, das heißt eine gewisse effektive Anwesenheit in der Welt. Viele glauben, erst komme das Wesen und dann die Existenz: daß zum Beispiel Erbsen entsprechend der Idee von Erbsen wüchsen und rund würden und daß Gurken deshalb Gurken seien, weil sie am Wesen der Gurke teilhaben. Diese Idee entspringt dem religiösen Denken: Wer ein Haus bauen will, muß ja tatsächlich genau wissen, welchen Gegenstand er schaffen will: das Wesen geht hier also der Existenz voraus; und für alle, die glauben, daß Gott die Menschen schuf, muß er es entsprechend der Idee getan haben, die er von ihnen hatte. Aber selbst jene, die nicht glauben, haben diese traditionelle Auffassung behalten, daß ein Gegenstand immer nur in Übereinstimmung mit seinem Wesen existiere, und das ganze 18. Jahrhundert hat gedacht, daß es ein allen Menschen gemeinsames Wesen gäbe, das man *Menschennatur* nannte. Der Existentialismus dagegen hält daran fest, daß beim Menschen – und nur beim Menschen – die Existenz dem Wesen vorausgeht.

Das bedeutet ganz einfach, daß der Mensch zunächst *ist* und erst danach dies oder das ist. Mit einem Wort, der Mensch muß sich sein eigenes Wesen schaffen; indem er sich in die Welt wirft, in ihr leidet, in ihr kämpft, definiert er sich allmählich; und die Definition bleibt immer offen; man kann nicht sagen, was *ein bestimmter* Mensch ist, bevor er nicht gestorben ist, oder was die Menschheit ist, bevor sie nicht verschwunden ist. Ist nun der Existentialismus faschistisch, konservativ, kommunistisch oder demokratisch? Die Frage ist absurd: auf dieser Allgemeinheitsstufe ist der Existentialismus überhaupt nichts, außer eine bestimmte Betrachtungsweise der menschlichen Fragen, die es ablehnt, dem Menschen eine für immer festgelegte Natur zuzuschreiben. Früher, bei Kierkegaard, ging er mit dem religiösen Glauben einher. Heute ist der französische Existentialismus eher von einem erklärten Atheismus begleitet, aber das ist absolut nicht notwendig. Ich kann nur sagen – ohne daß ich die Verwandtschaft allzu sehr betonen möchte –, daß er nicht weit von dem Menschenbild entfernt ist, das man bei Marx finden könnte. Stimmte Marx nicht jener Devise vom Menschen zu, die die unsere ist: *schaffen und schaffend sich schaffen und nichts anderes sein als das, zu dem man sich geschaffen hat.*

Wenn der Existentialismus den Menschen durch das Handeln definiert, so versteht sich von selbst, daß diese Philosophie kein Quietismus ist. In Wirklichkeit kann der Mensch nur handeln; seine Gedanken sind Entwürfe und Verpflichtungen, seine Gefühle Unternehmungen; er ist nichts anderes als sein Leben, und sein Leben ist die Einheit seiner Verhaltensweisen. Aber die Angst, wird man sagen. Nun, dieses etwas feierliche Wort bezieht sich auf eine ganz einfache und alltägliche Realität. Wenn der Mensch *nicht ist,* sondern *sich schafft,* und wenn er, indem er sich schafft, die Verantwortlichkeit für die ganze Gattung Mensch übernimmt, wenn es weder einen Wert noch eine Moral gibt, die *a priori* gegeben sind, sondern wenn wir in jedem Fall allein entscheiden müssen, ohne Stütze, ohne Führung und dennoch *für alle,* wie sollten wir da nicht Angst haben, wenn wir handeln müssen? Bei jeder unserer Taten geht es um den Sinn der Welt und den Platz des Menschen im Universum; selbst wenn wir es nicht wollen, schaffen wir durch jede unserer Taten eine allgemeine Werteskala, und angesichts einer so umfassenden

Verantwortlichkeit sollten wir nicht von Furcht ergriffen sein? Francis Ponge hat in einem sehr schönen Text gesagt, daß der Mensch die Zukunft des Menschen ist. Diese Zukunft ist noch nicht geschaffen, sie ist noch nicht entschieden: wir sind es, die sie schaffen werden, jede unserer Bewegungen trägt dazu bei, sie zu entwerfen: wer die furchtbare Mission, die jedem von uns gegeben ist, nicht voller Angst empfindet, der muß ein großer Pharisäer sein. Aber um uns entschiedener widerlegen zu können, haben *Sie* absichtlich Angst mit Neurasthenie gleichgesetzt; aus jener mannhaften Unruhe, von der der Existentialismus spricht, haben Sie irgendeine pathologische Furchtsamkeit gemacht. Um es ganz genau zu sagen: *Die Angst ist keineswegs ein Hindernis für das Handeln, sondern vielmehr dessen Voraussetzung, und sie ist eins mit dem Sinn jener erdrückenden Verantwortlichkeit aller gegenüber allen, die unsere Pein und unsere Größe ausmacht.* Was die Hoffnungslosigkeit angeht, so muß man das folgendermaßen verstehen: Es ist wahr, daß der Mensch unrecht hätte *zu hoffen*. Aber was heißt das anderes, als daß die Hoffnung das schlimmste Hemmnis für das Handeln ist. Darf man hoffen, daß der Krieg ganz allein und ohne uns zu Ende geht, daß die Nazis uns die Hand reichen, daß die Privilegierten der kapitalistischen Gesellschaft in der Begeisterung einer neuen «Nacht des 4. August»[2] ihre Privilegien aufgeben? Wenn wir all das hoffen, brauchen wir nur die Hände in den Schoß zu legen. Der Mensch kann nichts wollen, wenn er nicht zunächst begriffen hat, daß er auf nichts anderes als auf sich selber zählen kann, daß er allein ist, verlassen auf der Erde inmitten seiner unendlichen Verantwortlichkeiten, ohne Hilfe noch Beistand, ohne ein anderes Ziel als das, das er sich selbst geben wird, ohne ein anderes Schicksal als das, das er sich auf dieser Erde schmieden wird. Diese Gewißheit, diese intuitive Erkenntnis seiner Situation, das ist es, was wir Hoffnungslosigkeit nennen: es ist keine schöne romantische Verstörtheit, wie man sieht, sondern das nüchterne und klare Bewußtsein von der Lage des Menschen. *So wie die Angst sich nicht vom Sinn für die*

[2] In der Nacht des 4. August 1789 verzichteten die in der Nationalversammlung vertretenen Adligen und Kleriker in einer Art revolutionärem Rausch freiwillig auf ihre feudalen Privilegien. *Anm. d. Hg.*

Verantwortlichkeit unterscheidet, ist die Hoffnungslosigkeit eins mit dem Willen; mit der Hoffnungslosigkeit beginnt der wahre Optimismus: der Optimismus dessen, der nichts erwartet, der weiß, daß er keinerlei Recht hat und ihm nichts zukommt, der sich freut, auf sich allein zu zählen und allein zum Wohl aller zu handeln.

Kann man dem Existentialismus vorwerfen, daß er behauptet, der Mensch sei frei? Aber Sie brauchen diese Freiheit doch alle: Sie verdecken sie sich aus Heuchelei, und Sie greifen trotzdem ständig auf sie zurück; wenn Sie einen Menschen durch die Ursachen, durch seine soziale Situation, durch seine Interessen erklärt haben, empören Sie sich plötzlich über ihn und machen ihm bittere Vorwürfe wegen seines Verhaltens; und es gibt andere Menschen, die Sie dagegen bewundern und deren Taten Ihnen als Vorbilder dienen. Sie setzen also nicht die Bösen mit der Reblaus und die Guten mit den nützlichen Tieren gleich. Auch Sie verurteilen sie und loben sie, weil sie anders hätten handeln können, als sie es getan haben. Der Klassenkampf ist eine Tatsache, das unterschreibe ich voll und ganz: Aber wieso sehen Sie nicht, daß er sich auf der Ebene der Freiheit abspielt? Man nennt uns Sozialverräter: mit diesem Freiheitsbegriff hindern Sie den Menschen, seine Ketten abzuschütteln. Was für ein Blödsinn! Wenn wir sagen, daß ein Arbeitsloser frei ist, so wollen wir damit nicht sagen, daß er tun und lassen kann, was er will, und sich augenblicklich in einen reichen und friedlichen Bürger verwandeln. *Er ist frei, weil er immer wählen kann, ob er sein Los in Resignation hinnimmt oder sich dagegen auflehnt.* Natürlich wird es ihm nicht gelingen, aus dem Elend herauszukommen, aber mitten in diesem Elend, an dem er klebt, kann er wählen, in seinem Namen und im Namen aller anderen gegen alle Formen des Elends zu kämpfen; er kann wählen, der Mensch zu sein, der es ablehnt, daß das Elend das Los der Menschen sei. Ist man ein Sozialverräter, weil man manchmal an diese primären Wahrheiten erinnert? Dann ist auch Marx ein Sozialverräter, der sagte: «Wir wollen die Welt verändern» und der mit diesem einfachen Satz zum Ausdruck brachte, daß der Mensch Herr seines Schicksals ist. Also sind Sie alle Sozialverräter, denn das denken Sie ja auch, sobald Sie sich von einem Materialismus lösen, der seine Verdienste gehabt hat, aber veraltet ist. Und wenn Sie es nicht dächten, dann wäre der Mensch ein Ding, gerade ein bißchen Phosphor, Kohlenstoff und Schwefel, und es wäre nicht nötig, auch nur den kleinen Finger für ihn zu rühren.

Sie sagen, daß ich mich im Unrat wälze. [...] Darauf brauchte ich eigentlich nicht zu antworten, denn dieser Vorwurf trifft mich persönlich und nicht als Existentialisten. Aber Sie sind so rasch mit Verallgemeinerungen bei der Hand, daß ich mich doch wehren muß aus Angst, daß meine Schande auf die Philosophie abfärbt, die ich vertrete. Es gibt hier nur eines zu sagen: Ich mißtraue Leuten, die verlangen, die Literatur solle sie durch die Schilderung großer Gefühle erheben, die wünschen, daß das Theater ihnen das Schauspiel des Heldentums und der Reinheit biete. Im Grunde möchten sie davon überzeugt werden, daß es leicht sei, Gutes zu tun. Aber eben nicht: das ist nicht leicht. Die Vichy-Literatur und leider auch ein Teil der heutigen Literatur wollen uns das weismachen: Es ist ja so angenehm, mit sich selbst zufrieden zu sein. Aber das ist pure Lüge. Heldentum, Größe, Hingabe, Selbstverleugnung, zugegeben, daß es nichts Schöneres gibt und daß das letztlich der Sinn des menschlichen Handelns ist. Wenn Sie jedoch behaupten, um ein Held zu sein, brauche man nur [...] einer politischen Partei anzugehören, die Ihnen gefällt, harmlose Refrains zu singen und sonntags aufs Land zu fahren, entwerten Sie die Tugenden, die Sie zu verteidigen behaupten, und verhöhnen die Welt.

Habe ich genug gesagt, um verständlich zu machen, daß *der Existentialismus nicht ein grämlicher Genuß, sondern eine humanistische Philosophie des Handelns, der Anstrengung, des Kampfes, der Solidarität ist*? Wird man nach dieser Klarstellung unter der Feder der Journalisten immer noch Anspielungen auf die «Hoffnungslosigkeit unserer Snobs» und anderen Schwachsinn finden? Das wird man sehen. Ich möchte meinen Kritikern gerne sagen: Das hängt nur noch von Ihnen ab. Immerhin sind auch Sie frei: und Sie, die Sie für die Revolution kämpfen, wie wir es auch zu tun meinen, Sie können ebenso wie wir entscheiden, ob sie in gutem oder bösem Glauben geschehen wird. Der Fall des Existentialismus als eine abstrakte und von einigen Menschen ohne Macht vertretene Philosophie ist recht winzig und unwürdig: aber je nachdem, ob Sie weiterhin über ihn lügen oder ihm bei Ihren Angriffen gerecht werden, entscheiden Sie auch in diesem Fall wie in tausend andren Fällen, was der Mensch sein wird. Mögen Sie das begreifen und ein bißchen heilsame Angst deswegen empfinden.

Überlegungen zur Judenfrage
oder
Was ist Antisemitismus
(1946)

1946, nach der Ermordung von sechs Millionen Juden in den Konzentrationslagern der Nazis, versuchte Sartre die Gründe für den Antisemitismus herauszufinden. Er kam zu dem Schluß, daß der Antisemitismus eine mörderische Angst vor der eigenen Existenz ist und daß kein Mensch frei und in Sicherheit leben kann, solange auch nur ein einziger Jude auf der ganzen Welt um sein Leben fürchten muß:

Wenn jemand die Mißgeschicke des Landes oder seine eigenen Mißgeschicke ganz oder teilweise der Anwesenheit jüdischer Elemente im Gemeinwesen zuschreibt, wenn er vorschlägt, diesen Sachverhalt dadurch zu beheben, daß man die Juden einiger ihrer Rechte beraubt oder sie von bestimmten wirtschaftlichen oder sozialen Funktionen ausschließt oder aus dem Territorium vertreibt oder sie alle ausrottet, sagt man, er habe antisemitische *Anschauungen*. [...]

Ich weigere mich, eine Lehre, die ausdrücklich auf Einzelpersonen angewandt wird und ihre Rechte abzuschaffen oder sie auszurotten bestrebt ist, eine Anschauung zu nennen. [...]

Außerdem ist der Antisemitismus etwas ganz anderes als eine Denkweise. Er ist zunächst eine *Leidenschaft*. [...]

Ich habe Hunderte über die Gründe für ihren Antisemitismus befragt. Die meisten haben sich darauf beschränkt, mir die Fehler aufzuzählen, die die Tradition den Juden zuschreibt. «Ich hasse sie, weil sie eigennützig, intrigantenhaft, aufdringlich, schmierig, taktlos usw. sind.» – «Verkehren Sie denn wenigstens mit einigen?» – «Oh, ich werde mich hüten!» [...] Ein untalentierter junger Schauspieler behauptet, Juden hätten ihn daran gehindert, beim Theater Karriere zu machen, indem sie ihm nur untergeordnete Rollen gaben. Eine junge Frau sagt mir: «Ich habe unerträglichen Ärger mit Kürschnern, sie haben mich bestohlen, sie haben den Pelz verbrannt, den ich ihnen anvertraut hatte. Es waren natürlich alles Juden.» Aber warum hat sie sich entschlossen, die Juden anstatt die Kürschner zu hassen? Warum die Juden oder die Kürschner anstatt einen bestimmten Juden, einen bestimmten Kürschner? Weil sie bereits eine Neigung zum Antisemitismus hatte. Ein Kollege am Gymnasium sagt mir, die Juden «nervten» ihn wegen der tausend Ungerechtigkeiten, die «verjudete» soziale Körperschaften zu ihren Gunsten begingen. «Ein Jude hat in dem Jahr das Staatsexamen bestanden, als ich durchgefallen bin, und Sie können mir doch nicht weismachen, daß dieser Kerl, dessen Vater aus Krakau oder Lemberg kam, ein Gedicht von Ronsard oder eine Ekloge von Vergil besser versteht als ich.» Andererseits gibt er jedoch zu, daß er das Staatsexamen verachtet, daß das eine windige Angelegenheit sei und daß er sich nicht vorbereitet hatte. [...] Sein Denken bewegt sich auf zwei Ebenen, ohne daß ihn das im geringsten stört. Mehr noch, er wird seine vergangene Faulheit schließlich damit rechtfertigen, daß es wirklich zu blöde sei, sich auf eine Prüfung vorzubereiten, bei der Juden den guten Franzosen vorgezogen werden. Übrigens war er der siebenundzwanzigste auf der endgültigen Liste. Sechsundzwanzig waren vor ihm, davon hatten zwölf bestanden, und vierzehn waren durchgefallen. Hätte es ihm genützt, wenn man die Juden vom Examen ausgeschlossen hätte? Und selbst wenn er der erste der Nichtzugelassenen gewesen wäre, selbst wenn er durch Ausschluß eines der erfolgreichen Kandidaten seine Chance gehabt hätte, warum sollte man denn eher den Juden Weil als den Normannen Mathieu oder den Bretonen Arzell ausgeschlossen haben? Mein Kollege konnte sich nur deshalb empören, weil er schon vorher eine bestimmte Vorstellung vom Juden, seinem Wesen und seiner sozialen Rolle gehabt hatte. Und wenn er beschloß, daß es unter sechsundzwanzig glücklicheren Konkurrenten nur der Jude gewesen sein konnte, der ihm seinen Platz wegnahm, dann mußte er *a priori* bei seiner Lebensführung den emotionalen Argumenten den Vorzug gegeben haben. Es stimmt also keineswegs, daß die Erfahrung den Begriff Jude hervorbringt, sondern es ist vielmehr dieser Begriff, der die Erfahrung beleuchtet; wenn der Jude nicht existierte, würde der Antisemit ihn erfinden.

Gut, wird man sagen, aber muß man nicht [...] zugeben, daß sich der Antisemitismus durch bestimmte geschichtliche Tatsachen erklärt? Denn schließlich kommt er ja nicht einfach aus der Luft. Es wäre für mich leicht zu antworten, daß die Geschichte Frankreichs nichts über die Juden lehrt: sie sind bis 1789 unterdrückt worden; anschließend haben sie, soweit sie konnten, am Leben der Nation teilgenommen und dabei natürlich von der Freiheit der Konkurrenz profitiert, um den Schwachen den Platz wegzunehmen, aber nicht mehr und nicht weniger als die anderen Franzosen: sie haben kein Verbrechen gegen Frankreich oder Verrat begangen [...]. Da jedoch die Aufschlüsse, die die Geschichte über die Rolle der Juden gibt, wesentlich von den Auffassungen abhängen, die man von ihr hat, ist es, glaube ich, besser, aus einem anderen Land ein offensichtliches Beispiel für «jüdischen Verrat» zu nehmen und die Auswirkungen abzuschätzen, die dieser Verrat für den heutigen Antisemitismus hat haben können. Im Laufe der polnischen Aufstände, die das 19. Jahrhundert mit Blut bedeckten, zeigten die Warschauer Juden, die von den Zaren aus politischen Gründen geschont wurden, viel Zurückhaltung gegenüber den Aufständischen; da sie an den Erhebungen nicht teilgenommen hatten, konnten sie daher in einem durch die Repression ruinierten Land ihre Umsätze halten und sogar vergrößern. Ob die Tatsache stimmt, weiß ich nicht. Sicher ist, daß viele Polen daran glauben, und diese «geschichtliche Tatsache» trägt nicht wenig dazu bei, sie gegen die Juden einzunehmen. Aber wenn ich mir die Dinge näher ansehe, entdecke ich einen Teufelskreis: die Zaren, erfährt man, behandelten die polnischen Juden nicht schlecht, während sie gerne Pogrome gegen die russischen Juden anordneten. Diese so unterschiedlichen Verfahren hatten ein und dieselbe Ursache: die russische Regierung betrachtete die Juden in Rußland wie in Polen als nicht assimilierbar, und je nach den Bedürfnissen ihrer Politik ließ sie sie in Moskau und Kiew umbringen, weil sie das moskowitische Reich zu schwächen drohten; in Warschau begünstigten sie sie, um den Zwiespalt bei den Polen aufrechtzuerhalten. Diese dagegen äußerten nur Haß und Verachtung gegenüber den polnischen Juden, aber der Grund war der gleiche: auch für sie konnten sich die Juden nicht in das Gemeinwesen integrieren. Vom Zaren als Juden behandelt, von den Polen als Juden behandelt, gegen ihren Willen innerhalb einer fremden Gemeinschaft mit jüdischen Interessen ausgestattet – was Wunder, daß sich diese Minderheit entsprechend der Vorstellung verhalten hat, die man von ihnen hatte. Anders gesagt, wesentlich ist hier nicht die «geschichtliche Tatsache», sondern die Vorstellung, die sich die Akteure der Geschichte vom Juden machten. Und wenn die heutigen Polen den Juden ihr vergangenes Verhalten nachtragen, so sind sie durch eben diese Vorstellung dazu gebracht worden: wer den Enkeln die Sünden der Großväter vorwirft, der muß zunächst eine ganz primitive Auffassung von Verantwortlichkeit haben. Aber das reicht nicht aus: man muß sich auch eine bestimmte Vorstellung von den Kindern machen nach dem, was die Großeltern gewesen sind; was die Älteren getan haben, ist auch den Jüngeren zuzutrauen: man muß den jüdischen Charakter für erblich halten. So behandelten die Polen von 1940 die Israeliten als *Juden*, weil ihre Vorfahren von 1848 es mit ihren Zeitgenossen ebenso gemacht hatten. Und vielleicht hätte diese traditionelle Vorstellung unter anderen Umständen die heutigen Juden dazu veranlaßt, ebenso zu handeln wie die von 1848. Die *Idee*, die man sich vom Juden macht, scheint also die Geschichte zu bestimmen, nicht die «geschichtliche Tatsache», durch die diese Idee erst entsteht. Und wenn auch von «sozialen Tatsachen» die Rede ist, stoßen wir bei näherem Hinsehen auf denselben Teufelskreis: Es gibt zu viele jüdische Anwälte, sagt man uns. Aber beklagt man sich denn, daß es zu viele normannische Anwälte gäbe? Selbst wenn alle Bretonen Ärzte wären, würde man doch lediglich sagen, daß die Bretagne ganz Frankreich mit Ärzten versorgt. Oh, wird man einwenden, das ist überhaupt nicht dasselbe. Natürlich nicht, aber das liegt eben daran, daß wir die Normannen als Normannen und die Juden als Juden betrachten. Nach welcher Seite wir uns auch immer wenden, es ist die *Idee vom Juden*, die als das Wesentliche erscheint. […]

Ich habe eben darauf hingewiesen, daß sich der Antisemitismus als Leidenschaft darbietet. Jeder hat verstanden, daß es sich um Haß- oder Wutgelüste handelt. Aber gewöhnlich werden Haß und Wut *hervorgerufen*: ich hasse jemanden, der mich leiden läßt, der mich hänselt oder beschimpft. Wir haben gesehen, daß die antisemitische Leidenschaft ganz anders ist: sie geht den Tatsachen voraus, die sie entstehen lassen müßten, sie sucht sie, um sich dadurch zu nähren, sie muß sie sogar auf ihre Weise deuten, damit sie wirklich beleidigend werden. Und trotzdem, wenn man dem Antisemiten vom Juden spricht, zeigt er sich heftig gereizt. Wenn wir andererseits daran denken, daß wir einem Zorn immer *zustimmen* müssen, damit er sich äußern kann, und daß man, nach einem so treffenden Ausdruck, *sich erzürnt*, müssen wir zugeben, daß der Antisemit *gewählt* hat, nach der Weise der Leidenschaft zu leben. Es kommt nicht selten vor, daß man eher für ein leidenschaftliches Leben als für ein vernünftiges Leben optiert. Aber gewöhnlich liebt man die *Gegenstände* der Leidenschaft: Frauen, Ruhm, Macht, Geld. Da der Antisemit den Haß gewählt hat, müssen wir zwangsläufig schließen, daß er den leidenschaftlichen *Zustand* liebt. Gewöhnlich ist eine solche Affektion nicht sehr beliebt. [...]

Der vernünftige Mensch ist unter Stöhnen und Klagen auf der Suche, er weiß, daß bestimmte Überlegungen nur wahrscheinlich sind, daß sie durch andere Erwägungen angezweifelt werden können; er weiß nie ganz genau, wohin er geht; er ist «offen», er kann als Zauderer gelten. Aber es gibt Leute, die von der Dauerhaftigkeit eines Steins angezogen sind. Sie wollen massiv und undurchdringlich sein, sie wollen sich nicht verändern: Wohin würde sie eine Veränderung führen? Es handelt sich um eine Urangst vor sich selbst und um eine Angst vor der Wahrheit. Und was sie erschreckt, ist nicht der Inhalt der Wahrheit, den sie nicht einmal beargwöhnen, sondern die Form des Wahren, jenes Gegenstands unendlicher Annäherung. Als wenn ihre eigene Existenz ständig aufgeschoben wäre. Aber sie wollen zugleich und sofort existieren. Sie wollen keine erworbenen Anschauungen, sie wollen angeborene Anschauungen haben; da sie Angst vor dem Nachdenken haben, wollen sie eine Lebensweise annehmen, in der Nachdenken und Suchen nur eine untergeordnete Rolle spielen, in der man immer nur sucht, was man bereits gefunden hat, in der man immer nur wird, was man schon war. Das bietet nur die Leidenschaft. Nur eine starke gefühlsmäßige Voreingenommenheit kann eine überwältigende Sicherheit vermitteln, nur sie kann das Nachdenken zurückdrängen, nur sie kann für die Erfahrung undurchdringlich sein und ein ganzes Leben lang fortbestehen. Der Antisemit hat den Haß gewählt, weil der Haß ein Glaube ist; er hat von Anfang an gewählt, Wörter und Gründe zu entwerten. Wie er sich jetzt wohl fühlt; wie nichtig und müßig ihm die Diskussionen über die Rechte der Juden erscheinen: er hat sich von vornherein auf ein anderes Terrain begeben. [...]

Er hat sich zum Antisemiten gemacht, weil man das nicht ganz alleine sein kann. Der Satz: «Ich hasse die Juden» gehört zu denen, die man in einer Gruppe ausspricht; indem man ihn ausspricht, schließt man sich einer Tradition und einer Gemeinschaft an: der der Mittelmäßigen. Deshalb muß man daran erinnern, daß man nicht notwendig demütig oder gar bescheiden ist, weil man sich der Mittelmäßigkeit angeschlossen hat. Ganz im Gegenteil, es gibt einen leidenschaftlichen Stolz der Mittelmäßigen, und der Antisemitismus ist ein Versuch, die Mittelmäßigkeit als solche aufzuwerten, die Elite der Mittelmäßigen zu schaffen. Für den Antisemiten ist Intelligenz jüdisch, also kann er sie in aller Ruhe verachten, wie alle anderen Vorzüge, die der Jude besitzt: das sind Ersatzeigenschaften, die die Juden benutzen, um jene ausgeglichene Mittelmäßigkeit zu kompensieren, die ihnen immer fehlen wird [...].

Viele Antisemiten – vielleicht die Mehrheit – gehören dem städtischen Kleinbürgertum an; es sind Beamte, Angestellte, kleine Kaufleute, die nichts besitzen. Doch gerade indem sie sich gegen die Juden stellen, werden sie sich plötzlich bewußt, Eigentümer zu sein: indem sie sich den Juden als Dieb vorstellen, begeben sie sich in die beneidenswerte Position von Leuten, die bestohlen werden könnten. [...] Deshalb haben sie den Antisemitismus als ein Mittel gewählt, ihre Eigenschaft als Besitzende zu realisieren. Der Jude hat mehr Geld als sie? Um so besser: weil das Geld jüdisch ist, können sie es verachten, so wie sie die Intelligenz verachten. Sie haben weniger Besitz als der Junker aus dem Périgord oder der Großbauer aus der Beauce? Das zählt nicht: es wird ihnen genügen, einen rachsüchtigen Zorn gegen die jüdischen Diebe zu schüren, und sie werden sofort die Anwesenheit des ganzen Landes spüren [...] Daher könnte ich den Antisemitismus auch einen Snobismus der Armen nennen. Die meisten Reichen scheinen diese Leidenschaft ja eher zu benutzen, als sich ihr hinzugeben: sie haben Besseres zu tun. Sie breitet sich gewöhnlich in den Mittelklassen aus, eben gerade weil diese weder Land noch Schlösser, noch Häuser, sondern nur flüssiges Geld und einige Aktien besitzen. Es ist kein Zufall, daß das deutsche Kleinbürgertum von 1925 antisemitisch war. Dieses «Stehkragenproletariat» mußte sich vor allem vom wirklichen Proletariat unterscheiden. Von der Großindustrie ruiniert, von den Junkern verhöhnt, schlug sein Herz für die Junker und die Großindustriellen. Es gab sich mit demselben Eifer dem Antisemitismus hin, mit dem es bürgerliche Kleidung trug: *weil* die Arbeiter internationalistisch waren, weil die Junker Deutschland besaßen und es das auch besitzen wollte. Der Antisemitismus ist nicht nur die Freude am Haß; er verschafft auch positive Freuden: wenn ich den Juden als ein minderwertiges und schädliches Wesen behandle, behaupte ich damit, daß ich einer Elite angehöre. Und ganz im Unterschied zu den modernen Eliten, die auf Verdienst oder Arbeit beruhen, erinnert diese Elite in jedem Punkt an einen Geburtsadel. Ich brauche nichts zu tun, um meine Überlegenheit zu verdienen, und ich kann sie auch nicht verlieren. Sie ist ein für allemal gegeben: sie ist ein *Ding*. [...]

Wir sind jetzt in der Lage zu verstehen, was ein Antisemit ist. Es ist ein Mensch, der Angst hat. Nicht vor den Juden, natürlich: vor sich selbst, vor seinem Bewußtsein, vor seiner Freiheit, vor seinen Trieben, vor seinen Verantwortlichkeiten, vor der Einsamkeit, vor der Veränderung, vor der Gesellschaft und vor der Welt; vor allem, außer vor den Juden. Es ist ein Feigling, der sich seine Feigheit nicht eingestehen will; ein Mörder, der seine Mordlust verdrängt oder zensiert, ohne sie zügeln zu können, und der trotzdem nur *in effigie* oder in der Anonymität einer Menge zu töten wagt; ein Unzufriedener, der sich nicht aufzulehnen wagt aus Angst vor den Folgen seiner Auflehnung. Indem er sich zum Antisemitismus bekennt, übernimmt er nicht nur eine Anschauung, sondern er wählt sich als Person. Er wählt die Dauer und Undurchdringlichkeit des Steins, die totale Unverantwortlichkeit des Kriegers, der seinen Führern gehorcht, und er hat keinen Führer. Er wählt, nichts zu erwerben, nichts zu verdienen, sondern daß ihm alles von Geburt her gegeben sei – und er ist nicht adlig. Er wählt schließlich, daß das Gute ganz fertig sei, außer Frage stehe, unangreifbar sei, er wagt es nicht zu betrachten aus Angst, er würde es dann anfechten oder nach einem anderen suchen müssen. Der Jude ist hier nur ein Vorwand: woanders wird man sich des Negers, des Gelben bedienen. Seine Existenz ermöglicht es dem Antisemiten lediglich, seine Ängste im Keim zu ersticken, indem er sich einredet, daß sein Platz in der Welt schon immer festgelegt gewesen ist, daß er ihn erwartete und daß er traditionell das Recht hat, ihn einzunehmen. Mit einem Wort, der Antisemitismus ist die Furcht vor dem Menschsein. Der Antisemit ist der Mensch, der ein unerbittlicher Felsen, ein rasender Sturzbach, ein zerstörerischer Blitz sein will: alles andere, nur nicht ein Mensch.

Die Juden haben jedoch einen Freund: den Demokraten. Aber das ist ein schofliger Verteidiger. Er proklamiert zwar, daß alle Menschen die gleichen Rechte haben, er hat zwar die «Liga für Menschenrechte» gegründet. Aber schon seine Erklärungen zeigen die Schwäche seiner Position. Er hat sich im 18. Jahrhundert ein für allemal für das analytische Denken entschieden. Für die konkreten Synthesen, die ihm die Geschichte bietet, hat er keinen Sinn. Er kennt weder den Juden noch den Araber, noch den Neger, noch den Bürger, noch den Arbeiter: sondern nur den Menschen, der zu jeder Zeit und an jedem Ort sich selbst gleich ist. [...] Ein physikalischer Körper ist für ihn eine Summe von Molekülen, ein sozialer Körper eine Summe von Individuen. Und unter Individuum versteht er eine besondere Verkörperung der universalen Wesenszüge, die die Menschennatur ausmachen. So setzen der Antisemit und der Demokrat ihren Dialog unablässig fort, ohne sich jemals zu verstehen noch zu merken, daß sie nicht von denselben Dingen sprechen. Wenn der Antisemit dem Juden seinen Geiz vorwirft, wird der Demokrat antworten, daß er Juden kennt, die nicht geizig sind, und Christen, die es durchaus sind. Aber der Antisemit ist deshalb nicht überzeugt: er wollte ja sagen, daß es einen «jüdischen» Geiz gibt, das heißt einen von jener synthetischen Totalität beeinflußten, die die jüdische *Person* ist. Und er wird ohne Verlegenheit zustimmen, daß auch bestimmte Christen geizig sein können, denn für ihn sind christlicher Geiz und jüdischer Geiz nicht von derselben Natur. Für den Demokraten dagegen ist der Geiz eine bestimmte universelle und unveränderliche Natur, die zur Gesamtheit der Wesenszüge eines Individuums hinzutreten kann und in allen

Situationen gleich bleibt; es gibt nicht zwei Arten, geizig zu sein, man ist es, oder man ist es nicht. So verfehlt der Demokrat ebenso wie der Wissenschaftler das Einzelne: das Individuum ist für ihn nur eine Summe universeller Wesenszüge. Daraus folgt, daß seine Verteidigung des Juden den Juden als Menschen rettet und als Juden vernichtet. Im Unterschied zum Antisemiten hat der Demokrat keine Angst vor sich selbst: was er fürchtet, sind die großen kollektiven Formen, in denen er sich aufzulösen droht. So hat er sich für das analytische Denken entschieden, weil das analytische Denken diese synthetischen Realitäten nicht *sieht*. Unter diesem Gesichtspunkt fürchtet er, daß beim Juden ein «jüdisches Bewußtsein» erwacht, das heißt ein Bewußtsein für die israelitische Kollektivität, so wie er beim Arbeiter das Erwachen von «Klassenbewußtsein» fürchtet. Seine Verteidigung besteht darin, die Individuen zu überzeugen, daß sie im isolierten Zustand existieren. «Es gibt keinen Juden», sagt er, «es gibt keine Judenfrage.» Das bedeutet, daß er den Juden von seiner Religion, seiner Familie, seiner ethnischen Gemeinschaft trennen möchte, um ihn in den demokratischen Schmelztiegel zu stecken, aus dem er allein und nackt wieder herauskommen wird als ein individuelles und einsames Partikel, das allen anderen Partikeln gleicht. Das nannte man in den Vereinigten Staaten Assimilationspolitik. Die Einwanderungsgesetze haben den Bankrott dieser Politik und im Grunde den des demokratischen Gesichtspunkts registriert. Wie sollte es auch anders sein: für einen selbstbewußten und stolzen Juden, der auf seiner Zugehörigkeit zur jüdischen Gemeinschaft besteht, ohne deshalb die Bande zu verkennen, die ihn an eine nationale Gemeinschaft binden, besteht kein so großer Unterschied zwischen dem Antisemiten und dem Demokraten. Jener will ihn als Mensch zerstören und nur den Juden, den Paria, den Unberührbaren in ihm bestehen lassen; dieser will ihn als Juden zerstören und nur den Menschen in ihm bewahren, den abstrakten und universellen Gegenstand der Menschen- und Bürgerrechte. Noch beim liberalsten Demokraten läßt sich eine Spur Antisemitismus entdecken: er steht dem Juden in dem Maße feindlich gegenüber, wie es dem Juden einfällt, sich als Jude zu denken. Diese Feindseligkeit äußert sich in einer Art duldsamer und belustigter Ironie, wie wenn er von einem jüdischen Freund sagt, dessen jüdische Herkunft leicht erkennbar ist: «Er ist einfach *zu* jüdisch», oder wenn er erklärt: «Das einzige, was ich den Juden vorwerfe, ist ihr Herdentrieb: wenn man einen in ein Geschäft eintreten läßt, wird er zehn mitbringen.» Während der deutschen Besatzung war der Demokrat tief und ehrlich empört über die antisemitischen Verfolgungen, aber von Zeit zu Zeit seufzte er: «Die Juden werden mit einer Unverschämtheit und mit einem Rachedurst aus dem Exil zurückkommen, daß ich ein Wiederaufleben des Antisemitismus befürchte.» Im Grunde hatte er davor Angst, daß die Verfolgungen dazu beitrügen, dem Juden ein genaueres Bewußtsein von sich selbst zu geben.

Der Antisemit wirft dem Juden vor, Jude zu *sein*; der Demokrat würde ihm gern vorwerfen, sich als Jude zu *betrachten*. Zwischen seinem Gegner und seinem Verteidiger scheint der Jude ziemlich schlecht dazustehen [...]. Wir müssen uns also unsererseits die Frage stellen: Existiert der Jude? Und wenn er existiert, was ist er? Zunächst ein Jude oder zunächst ein Mensch? [...]

Was wir hier vorschlagen, ist ein konkreter Liberalismus. Darunter verstehen wir, daß alle, die durch ihre Arbeit zur Größe eines Landes beitragen, volles Staatsbürgerrecht in diesem Land haben. Was ihnen dieses Recht gibt, ist nicht der Besitz einer problematischen und abstrakten «Menschennatur», sondern ihre aktive Teilnahme am Leben der Gesellschaft. Das bedeutet also, daß die Juden, ebenso wie die Araber oder die Schwarzen, sobald sie sich mit dem nationalen Unternehmen solidarisieren, ein Kontrollrecht über dieses Unternehmen haben; sie sind Staatsbürger. Aber sie haben diese Rechte *in ihrer Eigenschaft* als Juden, Schwarze oder Araber, das heißt als konkrete Personen. In Gesellschaften, wo die Frau ein Stimmrecht hat, verlangt man ja von den Wählerinnen auch nicht, daß sie beim Gang zur Wahlurne ihr Geschlecht ändern: die Stimme der Frau zählt genauso wie die des Mannes, aber als Frau stimmt sie mit ihren Leidenschaften und Sorgen einer Frau, mit ihrem Charakter einer Frau. Wenn es um die legalen Rechte des Juden und um die verborgeneren, aber ebenso unentbehrlichen Rechte geht, die in keinem Gesetzbuch stehen, dann darf man ihm diese Rechte nicht zuerkennen, insofern ein möglicher Christ in ihm steckt, sondern insofern er ein französischer Jude ist: mit seinem Charakter, seinen Sitten, seinen Vorlieben, seiner Religion, wenn er eine hat, seinem Namen, seinen körperlichen Merkmalen müssen wir ihn akzeptieren. [...]

Aber der konkrete Liberalismus, den wir gerade definiert haben, ist ein Ziel; er kann sehr leicht zu einem bloßen Ideal werden, wenn wir nicht die Mittel zu seiner Durchsetzung bestimmen. Wir haben gezeigt, daß es nicht in Frage kommen kann, auf den Juden einzuwirken. Das Judenproblem ist aus dem Antisemitismus entstanden; den Antisemitismus muß man also aus der Welt schaffen, wenn man es lösen will. Die Frage läuft also auf folgendes hinaus: Wie kann man auf den Antisemitismus einwirken? Die gewöhnlichen Verfahren und insbesondere Propaganda und Aufklärung sind nicht zu mißachten: Es wäre zu wünschen, daß jedes Kind auf der Schule eine Erziehung erhält, die es ihm erlaubt, Leidenschaftsirrtümer zu umgehen. Es ist jedoch zu befürchten, daß die Ergebnisse rein individuelle sind. Ebenso darf man sich nicht davor fürchten, durch permanente Gesetze Äußerungen und Handlungen zu verbieten, die eine bestimmte Kategorie von Franzosen in Mißkredit bringen wollen. Aber machen wir uns keine Illusionen über die Wirksamkeit solcher Maßnahmen: Gesetze haben den Antisemiten niemals gestört und werden ihn niemals stören, weil er sich bewußt ist, einer mystischen Gesellschaft außerhalb der Legalität anzugehören. [...]

Wir stellen fest, daß der Antisemitismus eine leidenschaftliche Anstrengung ist, *gegen* die Spaltung der Gesellschaften in Klassen eine nationale Einheit zu verwirklichen. Die Fragmentierung der Gemeinschaft in einander feindliche Gruppen versucht man aus der Welt zu schaffen, indem man die gemeinsamen Leidenschaften auf eine Temperatur bringt, die die Barrieren schmelzen läßt. Und da diese Spaltungen weiter bestehen, da ihre wirtschaftlichen und gesellschaftlichen Ursachen nicht angetastet worden sind, strebt man danach, sie alle auf eine einzige zu reduzieren: die Unterscheidungen zwischen Reichen und Armen, zwischen arbeitenden Klassen und besitzenden Klassen, zwischen legaler Gewalt und okkulter Gewalt, zwischen Stadt und Land usw. usw. faßt man alle in der zwischen dem Juden und dem Nichtjuden zusammen. Das bedeutet, daß der Antisemitismus eine mythische und bürgerliche Vorstellung vom Klassenkampf ist und in einer klassenlosen Gesellschaft nicht existieren könnte. Er manifestiert die *Trennung* der Menschen und ihre Isolierung innerhalb der Gemeinschaft, den Konflikt der Interessen, die Zerstückelung der Leidenschaften. [...] Was heißt das anderes, als daß die sozialistische Revolution notwendig und ausreichend ist, um den Antisemiten aus der Welt zu schaffen; *auch* für die Juden werden wir die Revolution machen.

Und inzwischen? Denn schließlich ist es eine faule Lösung, die Klärung der Judenfrage der künftigen Revolution zu überlassen. Sie geht uns alle direkt an; wir sind alle mit dem Juden solidarisch, weil der Antisemitismus geradewegs zum Nationalsozialismus führt. Und wenn wir die Person des Juden nicht achten, wer soll uns dann achten? Wenn wir uns dieser Gefahren bewußt sind, wenn wir voller Scham unsere unfreiwillige Komplizenschaft mit den Antisemiten, die uns zu Henkern gemacht hat, erlebt haben, werden wir vielleicht langsam begreifen, daß wir nicht mehr und nicht weniger für den Juden kämpfen müssen als für uns. Ich erfahre, daß eine jüdische Liga gegen den Antisemitismus neuentstanden ist. [...] Aber wird diese Liga erfolgreich sein? Viele Juden – und nicht die schlechtesten – zögern aus einer Art Bescheidenheit, in sie einzutreten: «Weshalb soviel Wind?» sagte einer neulich zu mir. Und ziemlich ungeschickt, aber mit ehrlichem und tiefem Schamgefühl fügte er hinzu: «Der Antisemitismus und die Verfolgungen sind doch nicht so wichtig.» Diesen Widerwillen kann man ohne weiteres verstehen. Aber müssen *wir*, die wir keine Juden sind, ihn teilen? Der schwarze Schriftsteller Richard Wright sagte neulich: «Es gibt kein schwarzes Problem in den Vereinigten Staaten, es gibt nur ein weißes Problem.» Genauso sagen wir, daß der Antisemitismus kein jüdisches Problem ist: es ist *unser* Problem. Da wir nicht schuldig sind und Gefahr laufen, ebenfalls zu seinen Opfern zu werden, müssen wir völlig blind sein, wenn wir nicht sehen, daß er in erster Linie unsere Angelegenheit ist. Es ist nicht zuerst Sache der Juden, eine militante Liga gegen den Antisemitismus zu gründen, sondern unsere Sache. Natürlich wird eine solche Liga das Problem nicht aus der Welt schaffen. Aber wenn sie sich über ganz Frankreich erstreckte, wenn sie ihre offizielle Anerkennung durch den Staat erreichte, wenn ihre Existenz in anderen Ländern ähnliche Ligen hervorriefe, mit denen sie sich zusammenschlösse, um schließlich einen internationalen Verband zu bilden, wenn sie überall wirksam eingriffe, wo sie auf Ungerechtigkeiten hingewiesen wird, wenn sie durch die Presse, durch Propaganda und Aufklärung aktiv würde, könnte sie ein dreifaches Ergebnis erreichen: Erstens würde sie es den Gegnern des Antisemitismus ermöglichen, sich zu zählen und in einer aktiven Gemeinschaft zu vereinigen. Zweitens würde sie durch die Kraft der Anziehung, die eine organisierte Gruppe immer hat, eine große Zahl von Zögernden gewinnen, die über die Judenfrage *nichts* denken. Drittens würde sie einem Gegner, der gern dem legalen Land das reale Land entgegenhält, das Bild einer konkreten Gemeinschaft bieten, die jenseits der universalistischen Abstraktion der Legalität in einem konkreten Kampf engagiert ist. [...] Die Sache der Juden wäre zur Hälfte gewonnen, wenn ihre Freunde zu ihrer Verteidigung auch nur ein bißchen von der Leidenschaft und Ausdauer hätten, die ihre Feinde zu ihrem Verderben aufbringen. Um eine solche Leidenschaft zu wecken, darf man sich nicht an die Großmut der Arier wenden: bei den besten ist diese Tugend im Schwinden. Sondern man muß jedem von ihnen vor Augen halten, daß das Schicksal der Juden *sein* Schicksal ist. Kein Franzose wird frei sein, solange die Juden nicht im Besitz ihrer vollen Rechte sind. Kein Franzose wird in Sicherheit sein, solange noch ein Jude in Frankreich und *in der ganzen Welt* um sein Leben wird fürchten können.

Der Krieg und die Angst
oder
Mit der Gefahr eines Atomkriegs leben
(1946)

Seit dem Ende des Zweiten Weltkriegs ist durch den Abwurf der amerikanischen Atombomben auf die japanischen Städte Hiroshima und Nagasaki die gesamte Menschheit von der Gefahr eines Atomkriegs zwischen den beiden Großmächten USA und UdSSR bedroht, die von einem ständigen Wettrüsten verstärkt wird. Bereits 1946 warnte Sartre vor dem tödlichen Risiko einer Lähmung aller Widerstandskräfte durch die Angst vor der Gegenseite:

Dieser Krieg wird der Krieg der Angst sein. In der Angst kündigt er sich an. Die Leute lassen ihn unmerklich herankommen – mit einer Art Ekstase. Sie glauben daran wie an das Handlesen, wie an den Beichtvater, wie an alles, das ihnen erspart, ihr Schicksal selbst zu gestalten; sie lieben ihre Angst, weil sie sie mit sich selbst versöhnt, sie unterdrückt die menschlichen Fähigkeiten wie ein Niesen oder einen Durchfall; und diese Gefahr, die über ihrem Haupt schwebt, verdeckt ihnen den leeren Himmel: sie ist ein Dach. Inzwischen belauern sich die vom Schrecken beherrschten Regierungen gegenseitig. Wenn ein Staat aus Nervosität eine allzu schroffe Geste macht, springen ihm die anderen aus Nervosität an die Gurgel.

Dann wird der abstrakte Massenmord beginnen. Früher riskierte man sein Leben gegen das der anderen, man sah den toten Feind von nahem, man konnte seine Wunden berühren: heute wird man ohne Risiko aus größter Entfernung schießen, man wird für nichts sterben. In Washington, in Texas bereiten Techniker die Leichenberge von Baku, von Leningrad vor, ohne sie zu sehen. Ja ohne sie sich vorzustellen. Keine Helden, keine Märtyrer: eine Katastrophe bricht über gehetzte Tiere herein.

Ich glaube nicht an das Ende der Welt, und ich weiß nicht einmal, ob ich an diesen Krieg glaube. Zwanzig Jahre, fünfzig Jahre werden vielleicht verstreichen, bevor er stattfindet. Aber wenn wir in dieser ganzen Zeit nur fortfahren, auf ihn zu warten, wenn man fünfzig Jahre lang in der Angst dahindämmern muß, wenn wir uns einreden, daß man, um das Leben in Angriff zu nehmen, auf das Ende des nächsten Konflikts warten muß, dann werden wir die Atombombe zu drei Vierteln überflüssig gemacht haben: es wird keine Menschen mehr zu töten geben, das wird bereits geschehen sein.

Was ist Literatur?
oder
Von der Notwendigkeit des schriftstellerischen Engagements
(1947)

Das Programm seiner Zeitschrift Les Temps Modernes *trug Sartre den Vorwurf ein, er wolle Literatur und Kunst in den Dienst politischer Zwecke stellen und damit ihrer eigentlichen Natur berauben. Um diesen Vorwurf als Mißverständnis zu entlarven, schrieb Sartre unter dem Titel* Was ist Literatur? *ein ganzes Buch, in dem er ausführlich auf drei Fragen antwortete:* Was ist schreiben? Warum schreibt man? Für wen schreibt man? *und an Hand der* Situation des Schriftstellers im Jahre 1947 *darlegte, was unter dem Begriff* engagierte Literatur *zu verstehen sei:*

In jener Epoche [der dreißiger Jahre] haben die meisten Franzosen wie vor den Kopf geschlagen ihre Geschichtlichkeit entdeckt. Sie hatten zwar auf der Schule gelernt, daß der Mensch innerhalb der allgemeinen Geschichte spielt, gewinnt oder verliert, aber sie hatten das nicht auf ihren eignen Fall bezogen: sie dachten dunkel, daß es gut für die Toten wäre, historisch zu sein. Bei den vergangenen Leben überrascht ja, daß sie sich immer *am Vorabend* großer Ereignisse abspielen, die alle Voraussichten überschreiten, alle Erwartungen enttäuschen, alle Pläne umstürzen und ein neues Licht auf die verflossenen Jahre werfen. Es handelt sich da um eine Täuschung, eine ständige Eskamotage, als wenn die Menschen alle so wären wie Charles Bovary, der, als er nach dem Tod seiner Frau die Briefe entdeckte, die sie von ihrem Geliebten erhalten hatte, mit einem Schlag zwanzig *bereits erlebte* Jahre Eheglück hinter sich zusammenbrechen sah. Im Zeitalter des Flugzeugs und der Elektrizität meinten wir nicht solchen Überraschungen ausgesetzt zu sein, es schien uns nicht, daß wir *am Vorabend* von etwas stünden, wir hatten im Gegenteil den vagen Stolz, uns *am Morgen* nach der letzten Umwälzung der Geschichte zu fühlen. Selbst wenn wir uns manchmal wegen der Wiederaufrüstung Deutschlands beunruhigten, glaubten wir uns auf einem langen geraden Weg, hatten wir die Gewißheit, daß unsere Leben einzig und allein aus individuellen Umständen gewebt und von wissenschaftlichen Entdeckungen und glücklichen Reformen markiert würden. 1930 öffneten uns die Weltkrise, das Aufkommen des Nazismus, die Ereignisse in China und der Spanienkrieg die Augen; der Boden schien unter unseren Füßen zu wanken, und plötzlich begann *auch für uns* die große historische Eskamotage: jene ersten Jahre des großen Weltfriedens mußte man plötzlich als die letzten der Zwischenkriegszeit betrachten; in jeder Verheißung, die wir im Vorübergehen begrüßt hatten, mußte man eine Gefahr sehen, jeder Tag, den wir erlebt hatten, offenbarte sein wahres Gesicht: wir hatten uns ihm arglos überlassen, und er trieb uns auf einen neuen Krieg hin mit einer geheimen Geschwindigkeit, einer hinter lässigen Erscheinungsformen verborgenen Unerbittlichkeit, und wir hatten den Eindruck, daß unser individuelles Leben, das von unseren Anstrengungen, von unseren Vorzügen und von unseren Fehlern, von unserem Glück und von unserem Pech, vom guten und bösen Willen einer ganz kleinen Zahl von Personen abzuhängen schien, bis in seine kleinsten Details von dunklen kollektiven Kräften gesteuert wurde und daß seine privatesten Umstände den Zustand der ganzen Welt widerspiegelten. Damit fühlten wir uns plötzlich *situiert*: das Überfliegen, das unsere Vorläufer so gern praktizierten, war unmöglich geworden, es gab ein kollektives Geschick, das sich in der Zukunft abzeichnete und das *unser* Geschick wäre, das später unsere Generation zu datieren ermöglichen würde [...], etwas erwartete uns im zukünftigen Schatten, etwas, was uns vielleicht in der Erleuchtung eines letzten Augenblicks vor unserer Vernichtung uns selbst offenbaren würde; das Geheimnis unserer Gesten und unserer intimsten Ratschlüsse lag vor uns in der Katastrophe, mit der unsere Namen verbunden sein würden. Die Geschichtlichkeit flutete auf uns zurück; in allem, was wir berührten, in der Luft, die wir atmeten, auf der Seite, die wir lasen, auf der, die wir schrieben, selbst in der Liebe entdeckten wir so etwas wie einen Geschmack der Geschichte, das heißt eine bittere und vieldeutige Mischung aus Absolutem und Vorübergehendem. Was brauchten wir noch geduldig selbstzerstörerische Gegenstände zu konstruieren, wo doch jeder Moment unseres Lebens uns schon in der Zeit, da wir uns seiner erfreuten, auf subtile Weise eskamotiert war, wo doch jede *Gegenwart*, die wir überschwenglich als ein Absolutes erlebten, mit einem geheimen Tod geschlagen war, ihren Sinn außerhalb ihrer, für andre Augen zu haben schien, die noch nicht das Licht der Welt erblickt hatten, und schon in ihrer Anwesenheit *bereits vergangen* war. Was scherte uns im übrigen die surrealistische Zerstörung, die alles intakt läßt, wo doch eine Zerstörung durch Feuer und Eisen alles bedrohte, einschließlich des Surrealismus. Miró war es, glaube ich, der eine *Zerstörung der Malerei* malte. Aber die Brandbomben konnten sowohl die Malerei als auch ihre Zerstörung zerstören. Wir hätten auch nicht daran gedacht, die erlesenen Vorzüge des Bürgertums zu preisen: dazu hätte man glauben müssen, daß sie ewig seien, aber wußten wir, ob das französische Bürgertum morgen noch existieren würde? Ebensowenig wären wir auf die Idee gekommen, [...] die Mittel für ein redliches Menschenleben im Frieden zu lehren, wo doch unsere größte Sorge war, ob man im Krieg Mensch bleiben konnte. Der Druck der Geschichte offenbarte uns plötzlich die Interdependenz der Nationen – ein Zwischenfall in Schanghai war ein Einschnitt in unser Schicksal –, aber gleichzeitig versetzte er uns gegen unseren Willen in die nationale Kollektivität: man mußte bald zugeben, daß die Reisen unserer älteren Kollegen, ihr prächtiger Exotismus und all das Zeremoniell des großen Tourismus eine Täuschung waren: sie trugen überall Frankreich mit sich herum, sie reisten, weil Frankreich den Krieg gewonnen hatte und der Wechselkurs günstig war, sie folgten dem Franc, sie hatten wie er größeren Zugang in Sevilla und Palermo als in Zürich oder Amsterdam. Als wir selbst das Alter erreicht hatten, unsere Weltreise zu machen, hatte die Autarkie die großen Tourismusromane getötet, und dann hatten wir nicht mehr den Mut zu reisen: ihnen machte es Spaß, überall das Brandmal des Kapitalismus zu finden aus perverser Lust an der Uniformierung der Welt; wir hätten ohne besondere Mühe eine viel offensichtlichere Uniformität gefunden: überall Kanonen. Und dann hatten wir, ob Reisende oder nicht, angesichts des unser Land bedrohenden Konflikts begriffen, daß wir keine Weltbürger waren, weil wir nicht machen konnten, daß wir Schweizer, Schweden oder Portugiesen waren. Selbst das Schicksal unserer Werke war an das des gefährdeten Frankreichs gebunden: unsere älteren Kollegen schrieben für Seelen in Ferien, aber für das Publikum, an das *wir* uns wenden würden, waren die Ferien zu Ende: es bestand aus Menschen unserer Art, die sich wie wir auf den Krieg oder auf den Tod gefaßt machten. Diesen Lesern ohne Muße, die unablässig von einer einzigen Sorge eingenommen waren, konnte nur ein einziges Sujet entsprechen: von ihrem Krieg, von ihrem Tod hatten wir zu schreiben. Brutal in die Geschichte reintegriert, waren wir genötigt, eine Literatur der Geschichtlichkeit zu machen. [...]

[...] es ist weder unser Fehler noch unser Verdienst, wenn wir in einer Zeit gelebt haben, wo die Folter eine alltägliche Tatsache war. [...] Dachau, Auschwitz, alles bewies uns, daß das Böse kein Schein ist, daß die Erkenntnis der Ursachen es nicht aus der Welt schafft, daß es nicht dem Guten entgegengesetzt ist wie eine verworrene Idee einer klaren Idee, daß es nicht die Auswirkung von Leidenschaften ist, die man heilen, von einer Angst, die man überwinden, einer vorübergehenden Verstörtheit, die man entschuldigen, einer Unkenntnis, die man aufklären könnte, daß es in keiner Weise abgewendet, übernommen, reduziert, dem idealistischen Humanismus assimiliert werden könnte wie jener Schatten, von dem Leibniz schreibt, daß er für das Licht des Tages notwendig ist. Satan, hat eines Tages Maritain gesagt, ist rein. Rein, das heißt uneingeschränkt und unerbittlich. Wir haben jene entsetzliche, jene unreduzierbare Reinheit kennengelernt: sie trat in dem engen und fast sexuellen Verhältnis zwischen dem Peiniger und seinem Opfer zutage. Denn die Folter ist zunächst ein Erniedrigungsunternehmen: was auch immer die erduldeten Leiden sind, es ist das Opfer, das als letztes Mittel über den Moment entscheidet, wo sie unerträglich sind und wo man sprechen muß; die äußerste Ironie der Martern liegt da, wo der Leidende, wenn er redet, seinen Menschenwillen darauf verwendet, zu leugnen, daß er ein Mensch ist, sich zum Komplizen seiner Peiniger macht und sich aus eignem Antrieb in die Verworfenheit stürzt. Der Peiniger weiß das, er lauert auf dieses Versagen, nicht nur, weil er dadurch die gewünschte Information erhält, sondern weil es ihm einmal mehr beweist, daß er recht hat, die Folter anzuwenden, und daß der Mensch ein Tier ist, das man mit der Peitsche antreiben muß; so versucht er, die Menschlichkeit in seinem Nächsten zu vernichten. Auch in sich selbst als Rückwirkung: jene jammernde, schwitzende und besudelte Kreatur, die um Gnade bettelt und sich mit ohnmächtiger Bereitwilligkeit, mit dem Stöhnen einer verliebten Frau hingibt und alles ausliefert oder mit einem beflissenen Eifer ihre Verrätereien noch überbietet, weil ihr Bewußtsein, Böses zu tun, wie ein Stein an ihrem Hals hängt, der sie immer tiefer herabzieht, er weiß, daß sie nach seinem Bild geschaffen ist und daß er ebenso gegen sich selbst wie gegen sie wütet; wenn er für seinen Fall jener totalen Verkommenheit entrinnen will, so gibt es kein andres Mittel, als seinen blinden Glauben an eine eiserne Ordnung zu behaupten, die wie ein Korsett unsere abscheulichen Schwächen einzwängt, kurz, das Schicksal des Menschen in die Hände unmenschlicher Mächte zu legen. Es kommt ein Augenblick, wo Folterer und Gefolterter übereinstimmen: jener, weil er in einem einzigen Opfer symbolisch seinen Haß auf die gesamte Menschheit gestillt hat, dieser, weil er sein Vergehen nur ertragen kann, wenn er es bis zum Äußersten treibt, und weil er den Haß, den er gegen sich selbst hegt, nur erdulden kann, wenn er mit sich alle andren Menschen haßt. Später wird der Peiniger vielleicht gehängt werden; wenn das Opfer ihm entgeht, wird es sich vielleicht rehabilitieren; aber wer wird jene Messe auslöschen, bei der zwei Freiheiten die Kommunion der Zerstörung des Menschlichen begangen haben? Wir wußten, daß man sie fast überall in Paris zelebrierte, während wir aßen, während wir schliefen, während wir liebten; wir haben ganze Straßen schreien gehört, und wir haben begriffen, daß das Böse als Frucht eines freien und souveränen Willens absolut ist wie das Gute. Es kommt vielleicht der Tag, da eine glückliche Epoche, wenn sie sich über die Vergangenheit beugt, in diesem Leiden und in dieser Schande einen der Wege sieht, die zum Frieden führten. Aber wir waren nicht auf der Seite der gemachten Geschichte, wir waren, ich habe es gesagt, so *situiert*, daß jede erlebte Minute uns als unreduzierbar erschien. Wir kamen also gegen unseren Willen zu jener Schlußfolgerung, die den schönen Seelen schockierend erscheinen wird: das Böse läßt sich nicht aufwiegen.

Aber andrerseits haben die meisten Widerstandskämpfer, geschlagen, verbrannt, geblendet, zerbrochen, nicht gesprochen; sie haben den Kreis des Bösen gesprengt und das Menschliche neu behauptet, für sie, für uns, sogar für ihre Folterer. Sie haben es ohne Zeugen, ohne Hilfe, ohne Hoffnung, oft sogar ohne Glauben getan. Es ging für sie nicht darum, an den Menschen zu glauben, sondern es zu wollen. Alles verschwor sich, sie zu entmutigen: so viele Zeichen um sie herum, diese über sie gebeugten Gesichter, dieser Schmerz in ihnen, alles trug dazu bei, sie glauben zu machen, daß sie nur Insekten wären, daß der Mensch der unmögliche Traum der Kakerlaken und Kellerasseln wäre und daß sie wie alle Welt als Geschmeiß erwachen würden. Jener Mensch, es galt ihn zu erfinden mit ihrem gemarterten Fleisch, mit ihren gehetzten Gedanken, von denen sie bereits verraten wurden, ausgehend von nichts, für nichts, in der absoluten Zwecklosigkeit: denn innerhalb des Menschlichen kann man Mittel und Zwecke, Werte, Vorzüge unterscheiden, aber sie waren noch bei der Schöpfung der Welt, und sie hatten lediglich souverän darüber zu entscheiden, ob es darin etwas andres als das Tierreich gäbe. Sie schwiegen, und aus ihrem Schweigen entstand der Mensch. Wir wußten es, wir wußten, daß in jedem Augenblick des Tages an allen Ecken von Paris der Mensch hundertfach zerstört und wiederbehauptet wurde. Von diesen Martern verfolgt, verging keine Woche, da wir uns nicht fragten: «Wenn man mich folterte, was würde ich tun?» Und allein diese Frage trieb uns notwendig an die Grenzen unserer selbst und des Menschlichen, ließ uns zwischen dem *no man's land*, wo die Menschheit sich verleugnet, und der unfruchtbaren Wüste, aus der sie auftaucht und sich schafft, hin und her schwanken. Unsere unmittelbaren Vorläufer in der Welt, die uns ihre Kultur, ihre Weisheit, ihre Sitten und ihre Sprichwörter hinterlassen, die die Häuser, die wir bewohnen, gebaut und die Straßen mit den Statuen ihrer großen Männer gesäumt hatten, praktizierten bescheidene Tugenden und hielten sich in den gemäßigten Gegenden auf; ihre Vergehen ließen sie niemals so tief sinken, daß sie nicht unter sich größere Sünder entdeckten, noch ihre Verdienste so hoch emporsteigen, daß sie nicht über sich verdienstvollere Seelen erkannten; so weit sie sehen konnten, traf ihr Blick auf Menschen, sogar die Redensarten, die sie benutzten und die wir von ihnen gelernt haben – «Unter den Blinden ist der Einäugige König», «Ein Tor find't allemal noch einen größeren Toren, der seinen Wert zu schätzen weiß» –, sogar ihre Art, sich im Kummer zu trösten, indem sie sich sagten, daß es, was auch immer ihr Unglück war, schlimmeres gäbe, alles weist darauf hin, daß sie die Menschheit als ein natürliches und unendliches Milieu betrachteten, aus dem man niemals herauskommt und dessen Grenzen man niemals berühren kann; sie starben mit einem guten Gewissen und ohne jemals ihr Menschsein erforscht zu haben. Deshalb gaben ihnen ihre Schriftsteller eine Literatur *mittlerer Situationen*. Aber wir konnten es nicht mehr *natürlich* finden, Menschen zu sein, als unsere besten Freunde, wenn sie gefaßt wurden, nur zwischen Verkommenheit und Heldentum wählen konnten, das heißt zwischen den beiden Extremen des Menschseins, jenseits deren es nichts mehr gibt. Waren sie Feiglinge und Verräter, hatten sie alle Menschen über sich; waren sie Helden, hatten sie alle Menschen unter sich. In diesem letzten Fall, der am häufigsten war, empfanden sie die Menschheit nicht mehr als ein unbegrenztes Milieu, es war eine kleine Flamme in ihnen, die sie allein aufrechterhielten, sie war ganz und gar in dem Schweigen enthalten, das sie ihren Peinigern entgegensetzten; um sie herum war nur noch die große Polarnacht des Unmenschlichen und des Nichtwissens, die sie nicht einmal *sahen*, die sie aus der Eiseskälte schlossen, die sie durchdrang. Unsere Väter haben immer Zeugen und Vorbilder gehabt. Für diese gefolterten Menschen gab es keine mehr. Es war Saint-Exupéry, der im Laufe einer gefährlichen Mission gesagt hat: ich bin mein eigner Zeuge. Das galt auch für sie: die Angst beginnt für einen Menschen und die Verlassenheit und das Blutschwitzen, wenn er keinen andren Zeugen mehr als sich selbst haben kann; dann trinkt er den Schierlingsbecher bis zur Neige, das heißt, er erfährt sein Menschsein bis zum Ende. Wir sind zwar weit davon entfernt, alle diese Angst gespürt zu haben, aber sie hat uns umgetrieben als etwas, was uns drohte und uns bevorstand; fünf Jahre haben wir wie gebannt gelebt, und da wir unseren Schriftstellerberuf nicht leichtnahmen, spiegelt sich dieses Gebanntsein noch in unseren Schriften: wir haben angefangen, eine Literatur der extremen Situationen zu schreiben. [...]

[...] die Ereignisse kamen über uns wie Diebe, und es galt angesichts des Unverständlichen und Unerträglichen unseren Menschenberuf auszuüben, zu wetten, zu mutmaßen ohne Beweise, in Ungewißheit etwas zu unternehmen und ohne Hoffnung darauf zu beharren; man würde unsere Epoche erklären können, man würde nicht verhindern, daß sie für uns unerklärlich gewesen ist, uns nicht ihren bitteren Geschmack nehmen, jenen Geschmack, den sie für uns allein gehabt haben und der mit uns verschwinden wird. Die Romane unserer älteren Kollegen erzählten das Ereignis in der Vergangenheit, die chronologische Folge ließ die logischen und allgemeinen Beziehungen, die ewigen Wahrheiten ahnen; die kleinste Veränderung war bereits verstanden, man bot uns bereits durchdachtes Erlebtes. Vielleicht wird diese Technik in zwei Jahrhunderten einem Autor entsprechen, der beschlossen hat, einen historischen Roman über den Krieg von 1940 zu schreiben. Aber wenn *wir* über unsere zukünftigen Schriften nachzudenken anfingen, so waren wir überzeugt, daß keine Kunst wirklich die unsere sein könnte, wenn sie dem Ereignis nicht seine brutale Frische, seine Mehrdeutigkeit, seine Unvorhersehbarkeit, der Zeit ihren Lauf, der Welt ihre bedrohliche und übermächtige Opazität, dem Menschen seine lange Geduld beließe; wir wollten unser Publikum nicht mit seiner Überlegenheit über eine tote Welt ergötzen, und wir wünschten, es an der Gurgel zu packen: daß jede Figur eine Falle ist, daß der Leser darin gefangen und von einem Bewußtsein in ein andres geworfen wird wie von einem absoluten und unheilbaren Universum in ein andres ebenso absolutes Universum, daß er noch die Ungewißheit der Helden, ihre Unruhe teilt, von ihrer Gegenwart überwältigt, unter dem Gewicht ihrer Zukunft niedergebeugt, von ihren Wahrnehmungen und von ihren Gefühlen eingeschlossen wie von unübersteigbaren hohen Felswänden, daß er schließlich fühlt, daß jede ihrer Launen, daß jede Regung ihres Geistes die ganze Menschheit umfassen und, zu ihrer Zeit und an ihrem Ort, innerhalb der Geschichte und trotz der ständigen Eskamotage der Gegenwart durch die Zukunft, ein rückhaltloser Abstieg zum Bösen oder ein Aufstieg zum Guten sind, die keine Zukunft wird anfechten können. Das erklärt den Erfolg, den wir den Werken Kafkas und der amerikanischen Romanciers bereitet haben. Über Kafka ist alles gesagt worden: daß er die Bürokratie, die Fortschritte der Krankheit, die Lage der osteuropäischen Juden, die Suche nach der unzugänglichen Transzendenz, die Welt der Gnade, wenn die Gnade fehlt, beschreiben wollte. All das ist wahr, ich würde sagen, daß er das Menschsein hat beschreiben wollen. Aber für uns war besonders spürbar, daß in diesem ständig ablaufenden *Prozeß*, der jäh und schlecht endet, dessen Richter unbekannt und unerreichbar sind, in den müßigen Anstrengungen des Angeklagten, die Anklagepunkte zu erfahren, in dieser geduldig aufgebauten Verteidigung, die sich gegen den Verteidiger kehrt und zur Belastung wird, in dieser absurden Gegenwart, die die Figuren mit Eifer erleben und deren Schlüssel woanders sind, wir die Geschichte und uns selbst in der Geschichte wiedererkannten. Wir waren weit entfernt von Flaubert und von Mauriac: da war zumindest ein noch nicht dagewesenes Verfahren, geprellte, unterminierte und minuziös, erfinderisch bescheiden durchlebte Schicksale darzubieten, die unreduzierbare Wahrheit der Erscheinungen wiederzugeben und jenseits von ihnen eine andre Wahrheit ahnen zu lassen, die uns immer versagt sein wird. Kafka imitiert man nicht, schreibt man nicht neu: man mußte aus seinen Büchern eine kostbare Ermutigung schöpfen und woanders weitersuchen. [...]

Die Autoren des 18. Jahrhunderts haben dazu beigetragen, Geschichte zu machen, weil die historische Perspektive des Augenblicks die Revolution war und ein Schriftsteller sich auf die Seite der Revolution stellen kann und muß, wenn bewiesen ist, daß es kein andres Mittel gibt, eine Unterdrückung aufhören zu lassen. Aber der Schriftsteller von heute kann in gar keinem Fall einen Krieg billigen, weil die Gesellschaftsstruktur des Kriegs die Diktatur ist, weil dessen Resultate immer prekär sind und weil er in jedem Fall unendlich viel mehr kostet, als er einbringt, schließlich weil man die Literatur in ihn entfremdet, indem man sie der Gehirnwäsche dienen läßt. Weil unsere historische Perspektive der Krieg ist, weil man uns auffordert, zwischen dem angelsächsischen Block und dem sowjetischen Block zu wählen, und wir uns weigern, ihn mit dem einen wie mit dem andren vorzubereiten, sind wir aus der Geschichte herausgefallen und sprechen wir in der Wüste. Es bleibt uns nicht einmal mehr die Illusion, unseren Prozeß in der Berufung zu gewinnen: es wird keine Berufung geben, und wir wissen, daß das postume Schicksal unserer Werke weder von unserem Talent noch von unseren Bemühungen, sondern von den Resultaten des künftigen Konflikts abhängen wird: bei der Annahme eines sowjetischen Sieges werden wir totgeschwiegen werden, bis wir ein zweites Mal gestorben sind; bei der eines amerikanischen Sieges wird man die besten von uns in die Flaschen der Literaturgeschichte stecken und nicht mehr herauslassen. [...]

[...] man muß den guten Willen des Lesers *historisieren*, das heißt durch den formalen Aufbau unseres Werks wenn möglich seine Absicht hervorrufen, in jedem Fall den Menschen als absoluten Zweck zu behandeln, und durch das *Sujet* unserer Schrift seine Absicht auf seine Nächsten, das heißt auf die Unterdrückten unserer Welt, lenken. Aber wir werden nichts erreicht haben, wenn wir ihm nicht außerdem und im Stoff des Werks selbst zeigen, daß es ihm gerade unmöglich ist, in der zeitgenössischen Gesellschaft die konkreten Menschen als Zwecke zu behandeln. So wird man ihn an der Hand so weit führen, bis er sieht, daß er im Grunde die Ausbeutung des Menschen durch den Menschen aufheben will und daß das Reich der Zwecke, das er in der ästhetischen Intuition schlagartig gesetzt hat, nur ein Ideal ist, dem wir uns nur am Ende einer langen historischen Entwicklung nähern werden. Mit andren Worten, wir müssen seinen formalen guten Willen in einen konkreten und materiellen guten Willen verwandeln, durch bestimmte Mittel *diese Welt* zu ändern, um zum künftigen Aufkommen der konkreten Gesellschaft der Zwecke beizutragen. Denn in dieser Zeit ist ein guter Wille nicht möglich, oder er ist vielmehr nur die Absicht, den guten Willen möglich zu machen, und kann auch gar nichts andres sein. Von daher rührt eine besondere *Spannung*, die sich in unseren Werken manifestieren muß [...]. Denn ein ganzer Teil des Publikums, das wir gewinnen wollen, erschöpft seinen guten Willen noch in den Beziehungen von Person zu Person; und ein ganzer andrer Teil hat sich, weil er zu den unterdrückten Massen gehört, die Aufgabe gesetzt, durch alle Mittel eine materielle Verbesserung seiner Lage zu erreichen. Man muß also zugleich den einen beibringen, daß sich das Reich der Zwecke nicht ohne Revolution realisieren läßt, und den andren, daß die Revolution nur denkbar ist, wenn sie das Reich der Zwecke vorbereitet. Wenn wir uns in dieser ständigen Spannung halten können, wird sie die Einheit unseres Publikums realisieren. Mit einem Wort, wir müssen in unseren Schriften für die Freiheit der Person *und* die sozialistische Revolution militant sein. Man hat oft behauptet, daß sie unvereinbar wären: es ist an uns, ständig zu zeigen, daß sie einander einschließen. [...]

Zum *Beschreiben* und *Erzählen* ist keine Zeit mehr; ebenso können wir uns nicht mehr aufs *Erklären* beschränken. Beschreibung, und sei sie auch psychologisch, ist reiner kontemplativer Genuß; Erklärung ist Akzeptierung, sie entschuldigt alles; beide setzen voraus, daß das Spiel aus ist. Aber wenn die Wahrnehmung selbst Handeln ist, wenn für uns die Welt zeigen immer heißt sie in den Perspektiven einer möglichen Veränderung enthüllen, dann müssen wir in dieser Fatalismusepoche dem Leser in jedem konkreten Fall seine Macht, etwas zu tun und etwas aufzuheben, kurz, zu handeln, offenbaren. Die gegenwärtige Situation ist insofern revolutionär, als sie vollkommen unerträglich ist, aber sie bleibt Stagnation, weil die Menschen sich ihr eignes Schicksal haben nehmen lassen; Europa dankt vor dem künftigen Konflikt ab und versucht weniger, ihm zuvorzukommen, als sich im voraus in das Lager der Sieger zu begeben, Sowjetrußland glaubt sich allein und in die Enge getrieben wie ein Wildschwein mitten in einer ihm nachsetzenden Meute, Amerika, das die andren Nationen nicht fürchtet, gerät aus dem Lot durch sein eignes Gewicht; je reicher es ist, desto schwerer ist es, überlastet mit Fett und Hochmut läßt es sich mit geschlossenen Augen auf den Krieg hintreiben: wir dagegen schreiben nur für einige Menschen in unserem Land, für eine Handvoll andrer in Europa; aber es ist nötig, daß wir sie suchen, wo sie sind, das heißt verloren in ihrer Zeit wie Nadeln in einem Heuhaufen, und daß wir sie an ihre Möglichkeiten erinnern. Packen wir sie in ihrem Beruf, in ihrer Familie, in ihrer Klasse, in ihrem Land, und ermessen wir mit ihnen ihre Knechtschaft, aber nicht, um sie noch tiefer darin versinken zu lassen: zeigen wir ihnen, daß in der mechanischsten Geste des Arbeiters bereits die ganze Negation der Unterdrückung steckt; betrachten wir ihre Situation niemals als eine faktische Gegebenheit, sondern als ein

Problem, machen wir sichtbar, daß sie ihre Form und ihre Grenzen von einem unendlichen Horizont von Möglichkeiten hat, mit einem Wort, daß sie keine andre Gestalt als die hat, die sie ihr verleihen durch die Art, die sie gewählt haben, sie zu überschreiten; lehren wir sie, daß sie sowohl Opfer wie für alles verantwortlich sind, zugleich Unterdrückte, Unterdrücker und Komplizen ihrer eignen Unterdrücker, und daß man niemals trennen kann zwischen dem, was ein Mensch erleidet, dem, was er hinnimmt, und dem, was er will; zeigen wir, daß sich die Welt, in der sie leben, immer nur durch Bezug auf die Zukunft definiert, die sie vor sich entwerfen, und da die Lektüre ihnen ihre Freiheit offenbart, profitieren wir davon, um sie daran zu erinnern, daß diese Zukunft, in die sie sich stellen, um die Gegenwart zu beurteilen, keine andre ist als die, wo der Mensch mit sich selbst eins wird und durch das Heraufkommen des Reichs der Zwecke sich endlich als Totalität erreicht; denn nur das Vorgefühl der allgemeinen Gerechtigkeit erlaubt es, sich gegen eine einzelne Ungerechtigkeit zu empören, das heißt eben gerade, sie als Ungerechtigkeit zu konstituieren; lassen wir sie schließlich nicht in Unkenntnis darüber, wenn wir sie auffordern, ihre Epoche vom Gesichtspunkt des Reichs der Zwecke zu beurteilen, was an dieser Epoche die Verwirklichung ihrer Absicht begünstigt. [...] Es ist zu wünschen, daß die ganze Literatur moralisch und problematisch wird [...]. Moralisch – nicht moralisierend: daß sie einfach zeigt, daß der Mensch *auch* Wert ist und daß die Fragen, die er sich stellt, immer moralisch sind. Vor allem, daß sie in ihm den Erfinder zeigt. In gewisser Hinsicht ist jede Situation eine Mausefalle, Mauern überall: ich drückte mich schlecht aus, es gibt keine Auswege zu *wählen*. Ein Ausweg, der wird erfunden. Und indem jeder seinen eignen Ausweg erfindet, erfindet er sich selbst. Der Mensch ist jeden Tag zu erfinden. [...]

Nichts sichert uns, daß die Literatur unsterblich ist; ihre Chance heute, ihre einzige Chance, ist die Chance Europas, des Sozialismus, der Demokratie, des Friedens. Man muß auf sie setzen; wenn wir sie verlieren, wir Schriftsteller, dann ist es um uns geschehen. Aber auch um die Gesellschaft. Durch die Literatur geht die Kollektivität, wie ich gezeigt habe, zur Reflexion und zur Vermittlung über, sie erwirbt ein unglückliches Bewußtsein, ein unausgeglichenes Bild von sich selbst, das sie ständig zu verändern und zu verbessern sucht. Aber schließlich ist die Kunst des Schreibens nicht von unwandelbaren Dekreten der Vorsehung geschützt; sie ist, was die Menschen daraus machen, sie wählen sie, indem sie sich selbst wählen. Wenn sie in reine Propaganda oder in reine Unterhaltung umschlagen sollte, würde die Gesellschaft in den Schlamm des Unmittelbaren zurücksinken, das heißt in das gedächtnislose Leben der Hautflügler und der Bauchfüßler. Sicher, all das ist nicht so wichtig: die Welt kann sehr gut ohne Literatur auskommen. Aber sie kann noch besser ohne den Menschen auskommen.

Der Aufschub
oder
Warten auf den Krieg
(1945)

1945 veröffentlichte Sartre die ersten beiden Bände seines unvollendet gebliebenen Romanzyklus Die Wege der Freiheit. *Den ersten Band,* Zeit der Reife, *schrieb er unter dem Eindruck des Krieges an der Front um. Er schilderte darin wenige Tage aus dem Leben einiger Pariser Intellektueller und Bohemiens auf der Suche nach Selbstverwirklichung. Nachdem er im September 1939 eingezogen worden war, machte er die Erfahrung, die er in* Was ist Literatur? *beschrieben hatte:* «Die Geschichtlichkeit flutete auf uns zurück; in allem, was wir berührten, in der Luft, die wir atmeten, auf der Seite, die wir lasen, auf der, die wir schrieben, selbst in der Liebe entdeckten wir so etwas wie einen Geschmack der Geschichte, das heißt eine bittere und vieldeutige Mischung aus Absolutem und Vorübergehendem.» *Genau diesen Eindruck hat Sartre, als er sich an der Front aufs neue mit dem Schicksal seiner Figuren beschäftigt, und diesen «Geschmack der Geschichte» versucht er in fast unmerklicher Form in seinen Roman eingehen zu lassen.*

Im zweiten Band, Der Aufschub, *stürzt er seine Figuren in derselben Art in das Zeitgeschehen, wie er in den Krieg gestürzt worden war. Zeit der Handlung sind einige Tage vor und nach dem Münchner Abkommen vom 29. September 1938 zwischen Großbritannien (Chamberlain), Frankreich (Daladier), Deutschland (Hitler) und Italien (Mussolini), in dem die beiden westlichen Demokratien in der Annahme, damit den Frieden zu erhalten, ihre Zustimmung zur Abtretung des Sudetenlands an das Deutsche Reich geben und damit Hitler die Tschechoslowakei ausliefern. Dieses Münchner Abkommen, das von Hitler bereits am 15. März 1939 durch den Einmarsch deutscher Truppen nach Böhmen gebrochen wurde, führte letztlich zum Krieg und war also nur ein «Aufschub».*

In einer vom amerikanischen Schriftsteller Dos Passos angeregten Montagetechnik konfrontiert Sartre die Verhandlungen zwischen den Westmächten und Hitler mit einer Reihe von Einzelschicksalen seiner Figuren aus dem ersten Band und neuen Figuren in Frankreich, Deutschland und der Tschechoslowakei. So versucht er wiederzugeben, was er in dem Auszug aus Was ist Literatur? *beschrieben hatte:* «Die Ereignisse kamen über uns wie Diebe, und es galt, angesichts des Unverständlichen und Unerträglichen unseren Menschenberuf auszuüben, zu wetten, zu mutmaßen ohne Beweise, in Ungewißheit etwas zu unternehmen und ohne Hoffnung darauf zu beharren; man würde unsere Epoche erklären können, man würde nicht verhindern, daß sie für uns unerklärlich gewesen ist, [...] wenn *wir* über unsere zukünftigen Schriften nachzudenken anfingen, so waren wir überzeugt, daß keine Kunst wirklich die unsere sein könnte, wenn sie dem Ereignis nicht seine brutale Frische, seine Mehrdeutigkeit, seine Unvorhersehbarkeit, der Zeit ihren Lauf, der Welt ihre bedrohliche und übermächtige Opazität, dem Menschen seine lange Geduld ließe; wir wollten unser Publikum nicht mit seiner Überlegenheit über eine tote Welt ergötzen, und wir wünschten, es an der Gurgel zu packen: daß jede Figur eine Falle ist, daß der Leser darin gefangen und von einem Bewußtsein in ein andres geworfen wird wie von einem absoluten und unheilbaren Universum in ein andres ebenso absolutes Universum, daß er noch die Ungewißheit der Helden, ihre Unruhe teilt, von ihrer Gegenwart überwältigt, unter dem Gewicht ihrer Zukunft niedergebeugt, von ihren Wahrnehmungen und von ihren Gefühlen eingeschlossen wie von unübersteigbaren hohen Felswänden ...»

Freitag 23. September

Sechzehn Uhr dreißig in Berlin, fünfzehn Uhr dreißig in London. Das Hotel langweilte sich auf seinem Hügel, ausgestorben und feierlich, mit einem alten Mann darin.[1] In Angoulême, in

[1] Gemeint ist der britische Premierminister Sir Neville Chamberlain, der im Hotel Petersberg, auf der gegenüberliegenden Rheinseite von Bad Godesberg wohnte und sich am 22. und 23. September im Hotel

Marseille, in Gent, in Dover dachten sie: «Was tut er? Es ist drei Uhr durch, warum kommt er nicht herunter?» Er saß in dem Salon mit den halbgeschlossenen Jalousien, die Augen unter den buschigen Brauen waren starr, der Mund war leicht geöffnet, als dächte er an eine sehr ferne Erinnerung zurück. Er las nicht mehr, seine fleckige alte Hand, die noch die Blätter hielt, hing neben den Knien herab. Er wandte sich Horace Wilson[2] zu, fragte: «Wieviel Uhr ist es?» Und Horace Wilson sagte: «Halb fünf etwa.» Der alte Mann blickte mit seinen großen Augen auf, ließ ein kurzes, liebenswürdiges Lachen hören und sagte: «Es ist heiß.» Eine gleißende, knisternde, spätsommerliche Hitze war über Europa hereingefallen; die Hitze brannte den Menschen auf den Händen, tief in den Augen, in den Bronchien; sie warteten, entnervt von Hitze, Staub und Angst. In der Hotelhalle warteten die Journalisten. Im Hof warteten drei Chauffeure regungslos am Steuer ihrer Autos; auf der anderen Rheinseite, in der Halle des Hotels Dreesen, warteten regungslos schwarzgekleidete lange Preußen. Milan Hlinka[3] wartete nicht mehr. Er wartete seit zwei Tagen nicht mehr. Da war dieser schwüle finstere Tag gewesen, durchzogen von einer blitzartigen Gewißheit: ‹Sie haben uns im Stich gelassen!› Und dann war die Zeit einfach so weitergegangen, die Tage wurden nicht mehr um ihrer selbst willen gelebt, das waren nur noch morgige Tage, es würde nur noch morgige Tage geben.

Um fünfzehn Uhr dreißig wartete Mathieu[4] noch, am Rande einer grauenhaften Zukunft; im selben Augenblick, um sechzehn Uhr dreißig, hatte Milan keine Zukunft mehr. Der alte Mann stand auf, er ging mit steifen Knien, mit würdevollem, federndem Schritt durch den Raum. Er sagte: «Meine Herren!» und lächelte leutselig; er legte das Dokument auf den Tisch und strich die Blätter mit der Faust glatt; Milan hatte sich vor den

Dreesen in Bad Godesberg mit Hitler traf, um mit ihm über eine friedliche Lösung der Sudetenfrage zu sprechen. *Anm. d. Hg.*

2 Sir Horace Wilson, Industrieberater der britischen Regierung. *Anm. d. Hg.*

3 Hier springt die Handlung zum erstenmal an einen anderen Ort, in die Tschechoslowakei, zu Milan Hlinka, einem antifaschistischen Lehrer. *Anm. d. Hg.*

4 Mathieu Delarue, ein Pariser Gymnasiallehrer, ist die Hauptfigur des Romanzyklus *Wege der Freiheit*. *Anm. d. Hg.*

Tisch gestellt; die aufgeschlagene Zeitung bedeckte die ganze Breite des Wachstuchs. Milan las zum siebtenmal:

«Der Präsident der Republik und die Regierung haben nichts anderes tun können, als die Vorschläge der Großmächte in Hinblick auf eine grundsätzliche künftige Haltung anzunehmen. Es blieb uns nichts anderes übrig, da wir allein geblieben sind.» Nevile Henderson[5] und Horace Wilson waren an den Tisch getreten, der alte Mann wandte sich ihnen zu, er sah hilflos und hinfällig aus, er sagte: «Meine Herren, das ist alles, was wir tun können.» Milan dachte: ‹Es blieb nichts anderes übrig.› Dumpfer Lärm drang durch das Fenster, und Milan dachte: ‹Wir sind allein geblieben.›

Ein dünnes Stimmchen klang von der Straße herauf: «Heil Hitler!»

Milan lief zum Fenster:

«Na warte», schrie er. «Warte nur, wenn ich runterkomme!»

Es folgte eine überstürzte Flucht, Geklapper von Holzpantinen; am Ende der Straße drehte der Bengel sich um, kramte in seiner Schürze und schwenkte den Arm. Zwei harte Schläge gegen die Mauer.

«Es ist der kleine Liebknecht», sagte Milan, «er dreht seine Runde.»

Er lehnte sich hinaus: Die Straße war menschenleer, wie sonntags. Die Schoenhofs[6] hatten an ihrem Balkon rot-weiße Fahnen mit Hakenkreuzen aufgehängt. Alle Fensterläden des grünen Hauses waren geschlossen. Milan dachte: ‹Wir haben keine Läden.›

«Wir müssen alle Fenster aufmachen», sagte er.

«Warum?» fragte Anna.

«Wenn die Fenster zu sind, zielen sie auf die Scheiben.»

Anna zuckte die Achseln: «Wie du meinst», sagte sie.

Ihr Gesang und ihr Geschrei drangen in undeutlichen lauten Wellen herüber.

«Sie sind immer noch auf dem Platz», sagte Milan.

Er hatte die Hände auf das Fenstergeländer gelegt, er dachte: ›Alles ist aus.› Ein dicker Mann tauchte an der Straßenecke auf.

5 Sir Nevile Henderson ist der britische Botschafter in Berlin. *Anm. d. Hg.*
6 Die Schoenhofs sind Sudetendeutsche. *Anm. d. Hg.*

Er trug einen Rucksack und stützte sich auf einen Stock. Er sah müde aus, zwei Frauen gingen, unter riesigen Bündeln gebeugt, hinter ihm her.

«Die Jägerschmitts[7] kommen zurück», sagte Milan, ohne sich umzudrehen.

Sie waren am Montagabend geflohen, sie mußten in der Nacht von Dienstag auf Mittwoch über die Grenze gegangen sein. Jetzt kehrten sie hocherhobenen Hauptes zurück. Jägerschmitt näherte sich dem grünen Haus und ging die Steintreppe hinauf. Sein Gesicht war grau vor Staub und lächelte komisch. Er kramte in seinen Jackettaschen und zog einen Schlüssel heraus. Die Frauen hatten ihr Bündel abgesetzt und sahen ihm zu.

«Du kommst zurück, wenn die Gefahr vorbei ist!» rief Milan.

Anna sagte schnell: «Milan!»

Jägerschmitt hatte den Kopf gehoben. Er sah Milan, und seine hellen Augen funkelten.

«Du kommst zurück, wenn die Gefahr vorbei ist.»

«Ja, ich komme zurück», schrie Jägerschmitt. «Und du wirst weggehen!»

Er drehte den Schlüssel im Schloß und stieß die Tür auf; die beiden Frauen traten hinter ihm ein. Milan drehte sich um:

«Dreckige Feiglinge!» sagte er.

«Du provozierst sie», sagte Anna.

«Das sind Feiglinge», sagte Milan, «von der dreckigen Rasse der Deutschen. Vor zwei Jahren haben sie uns die Stiefel geleckt.»

«Trotzdem. Du darfst sie nicht provozieren.»

Der alte Mann hörte auf zu sprechen; sein Mund blieb halb offen, als gäbe er im stillen weiter Stellungnahmen zur Situation ab. In seinen großen runden Augen standen Tränen, er hatte die Brauen hochgezogen, er sah Horace und Nevile fragend an. Sie schwiegen, Horace machte eine abrupte Bewegung und wandte den Kopf ab; Nevile ging zum Tisch, nahm das Dokument, betrachtete es eine Weile und warf es unzufrieden wieder hin. Der alte Mann wirkte ratlos; er breitete zum Zeichen der Ohnmacht und der Gutwilligkeit die Arme aus. Er sagte zum fünftenmal: «Ich habe mich einer völlig unerwarteten Situation gegenübergesehen; ich dachte, wir würden in aller Ruhe die Vorschläge

7 Die Jägerschmitts sind ebenfalls Sudetendeutsche. *Anm. d. Hg.*

diskutieren, die ich mitgebracht hatte ...» Horace dachte: ‹Alter Fuchs! Wo nimmt er nur diese Großvaterstimme her?› Er sagte: «Gut, Exzellenz: In zehn Minuten sind wir im Hotel Dreesen.»

«Lerchen ist gekommen», sagte Anna. «Ihr Mann ist in Prag; sie ist unruhig.»

«Soll sie doch zu uns kommen.»

«Wenn du meinst, daß sie dann ruhiger ist», sagte Anna kurz auflachend. «Bei einem Verrückten wie dir, der sich ans Fenster stellt, um die Leute auf der Straße zu beschimpfen.»

Er sah ihr zartes, ruhiges Gesichtchen mit den abgespannten Zügen an, ihre schmalen Schultern, ihren ungeheuer dicken Bauch.

«Setz dich», sagte er. «Ich mag nicht, wenn du stehst.»

Sie setzte sich, sie faltete die Hände über dem Bauch; der Mann schwenkte Zeitungen und murmelte: «*Paris-Soir*, Spätausgabe. Ich habe noch zwei Stück, greifen Sie zu.» Er hatte so viel geschrien, daß er heiser geworden war. Maurice[8] nahm die Zeitung. Er las: «Premierminister Chamberlain hat Reichskanzler Hitler einen Brief übersandt, den dieser, wie man in britischen Kreisen annimmt, beantworten wird. Die Begegnung mit Herrn Hitler, die heute morgen stattfinden sollte, ist infolgedessen auf einen späteren Zeitpunkt verschoben worden.»

Zézette blickte über Maurice' Schulter in die Zeitung. Sie fragte: «Was Neues?»

«Nein. Immer noch dasselbe.»

Er blätterte um, und sie sahen ein dunkles Foto mit einer Art Schloß, so etwas wie im Mittelalter oben auf einem Hügel, mit Türmen, Glockentürmchen und Hunderten von Fenstern.

«Das ist Godesberg», sagte Maurice.

«Ist da der Chamberlain?» fragte Zézette.

«Anscheinend haben sie Polizeiverstärkung geschickt.»

«Ja», sagte Milan. «Zwei Gendarmen. Das macht insgesamt sechs. Sie haben sich in der Gendarmerie verbarrikadiert.»

Eine Ladung Schreie ergoß sich ins Zimmer. Anna erschauerte, aber ihr Gesicht blieb ruhig.

«Sollen wir anrufen?» sagte sie.

«Anrufen?»

8 Mit der Zeitung *Paris-Soir* und dem Paar Maurice und Zézette ist die Handlung wieder nach Frankreich gesprungen. *Anm. d. Hg.*

«Ja. In Prisecnice.»

Milan zeigte ihr, ohne zu antworten, die Zeitung: «Nach einer DNB-Meldung von Donnerstag soll die deutsche Bevölkerung der Sudetengebiete den Ordnungsdienst bis zur Sprachgrenze übernommen haben.»

«Vielleicht stimmt es nicht», sagte Anna. «Man hat mir gesagt, das wäre nur in Eger so.»

Milan schlug mit der Faust auf den Tisch: «Herr des Himmels! Wieder um Hilfe bitten.»

Er streckte die Hände aus; sie waren riesengroß und knotig, voll brauner Flecken und Narben: er war vor seinem Unfall Holzfäller gewesen. Er sah sie an und spreizte die Finger. Er sagte: «Sie sollen nur kommen. Zu zweien, zu dreien. Der Spaß dauert fünf Minuten, sag ich dir.»

«Sie werden zu sechshundert kommen», sagte Anna.

Milan senkte den Kopf; er fühlte sich allein.

«Horch!» sagte Anna.

Er horchte: Man hörte sie deutlicher, sie mußten sich in Bewegung gesetzt haben. Er zitterte vor Wut; er sah nicht mehr richtig klar, und sein Schädel tat ihm weh. Er ging zur Kommode und fing an zu schnaufen.

«Was machst du da?» fragte Anna.

Er hatte sich über die Kommodenschublade gebeugt, er schnaufte. Er bückte sich etwas tiefer und brummte, ohne zu antworten.

«Nicht doch», sagte sie.

«Was?»

«Nicht doch. Gib das her.»

Er drehte sich um: Anna war aufgestanden, sie stützte sich auf den Stuhl, sie sah aus, als wenn sie sich beengt fühlte. Er dachte an ihren Bauch; er reichte ihr den Revolver.

«Schon gut», sagte er. «Ich rufe in Prisecnice an.»

Er ging ins Erdgeschoß hinunter, in das Klassenzimmer, er machte die Fenster auf, dann griff er zum Telefon.

«Geben Sie mir die Präfektur in Prisecnice. Hallo?»

Sein rechtes Ohr hörte ein trockenes, schwankendes Knistern. Sein linkes Ohr hörte *sie*. Odette[9] lachte verwirrt: «Ich habe

9 Mit Odette springt die Handlung wieder kurz nach Frankreich. *Anm. d. Hg.*

nie so richtig gewußt, wo das liegt, die Tschechoslowakei», sagte sie und grub die Finger in den Sand. Nach einer Weile klickte es.

«Hä?» fragte eine Stimme.

Milan dachte: ‹Ich bitte um Hilfe!› Er umklammerte den Hörer mit aller Kraft.

«Hier Pravnitz», sagte er, «ich bin der Lehrer. Wir sind hier zwanzig Tschechen, drei deutsche Demokraten verstecken sich in einem Keller, die übrigen sind Henlein-Anhänger; sie sind von fünfzig Freikorpsleuten mobilisiert, die gestern abend über die Grenze gekommen sind und sie auf dem Platz zusammengetrommelt haben.[10] Der Bürgermeister ist auch dabei.»

Schweigen trat ein, dann sagte die Stimme unverschämt: «Bitte deutsch sprechen.»

«Schweinekopf!» schrie Milan auf deutsch.

Er hängte ein und ging stark hinkend die Treppe wieder hinauf. Sein Bein tat ihm weh. Er trat ins Zimmer und setzte sich.

«Sie sind da», sagte er.

Anna kam zu ihm, sie legte ihm die Hände auf die Schultern: «Mein Liebster», sagte sie.

«Die Schweine!» sagte Milan. «Sie haben alles verstanden, sie haben sich am anderen Ende der Leitung kaputtgelacht.»

Er zog sie zwischen seine Knie. Der ungeheuer dicke Bauch berührte seinen Bauch: «Jetzt sind wir ganz allein», sagte er.

«Ich kann es nicht glauben.»

Er hob langsam den Kopf und sah sie von unten nach oben an; sie war beim Arbeiten ernst und streng, aber das war bei ihr wie bei allen Frauen: Sie mußte immer zu jemandem Vertrauen haben.

«Da sind sie!» sagte Anna.

Die Stimmen klangen näher: Sie mußten durch die Hauptstraße ziehen. Von weitem hören sich Freudenschreie von Massen wie Entsetzensschreie an.

«Ist die Tür verbarrikadiert?»

[10] Konrad Henlein ist der Führer der Sudetendeutschen Partei, die die autonome Selbstverwaltung der sudetendeutschen Gebiete fordert. Am 17. September 1938 hatten die Sudetendeutschen Freikorps aufgestellt. *Anm. d. Hg.*

«Ja», sagte Milan. «Aber sie können durch die Fenster einsteigen oder hintenherum durch den Garten kommen.»

«Wenn sie raufkommen ...» sagte Anna.

«Du brauchst keine Angst zu haben. Sie können alles kaputtschlagen, ohne daß ich einen Finger rühre.»

Er fühlte plötzlich Annas warme Lippen auf seiner Backe: «Mein Liebster. Ich weiß, daß du es für mich tun wirst.»

«Nicht für dich. Du bist ich. Für das Kleine.»

Sie zuckten zusammen: Es hatte geklingelt.

«Geh nicht ans Fenster», rief Anna.

Er stand auf, er ging ans Fenster. Die Jägerschmitts hatten alle Fensterläden geöffnet; die Hitlerfahne hing über der Tür. Als er sich hinauslehnte, sah er einen winzigen Schatten.

«Ich komme runter», rief er.

Er ging durchs Zimmer.

«Es ist Marikka», sagte er.

Er ging die Treppe hinunter, machte auf. Knallkörper, Schreie, Musik über den Dächern: Es war ein Festtag. Er sah die leere Straße entlang, und ihm wurde schwer ums Herz.

«Was willst du hier?» fragte er. «Heute ist keine Schule.»

«Meine Mama schickt mich», sagte Marikka. Sie trug ein Körbchen mit Äpfeln und Margarinebroten.

«Deine Mutter ist verrückt; du gehst sofort wieder nach Hause.»

«Sie sagt, Sie würden mich nicht zurückschicken.»

Sie reichte ihm einen zusammengefalteten Zettel. Er faltete ihn auf und las: «Vater und Georg haben den Kopf verloren. Bitte behalten Sie Marikka bis zum Abend bei sich.»

«Wo ist dein Vater?» fragte Milan.

«Er hat sich hinter die Tür gestellt, mit Georg. Sie haben Äxte und Gewehre.» Sie fügte ein bißchen wichtigtuerisch hinzu: «Mama hat mich über den Hof rausgelassen, sie sagt, bei Ihnen wäre ich besser aufgehoben, weil Sie vernünftig sind.»

«Ja», sagte Milan. «Ja. Ich bin vernünftig. Komm mit rauf.»

Siebzehn Uhr dreißig in Berlin, sechzehn Uhr dreißig in Paris. Leichtes Tief über Nordschottland. Herr von Dörnberg[11] erschien auf der Treppe des Grand Hotel, die Journalisten umring-

[11] Herr von Dörnberg ist der deutsche Protokollchef. *Anm. d. Hg.*

ten ihn, und Pierryl fragte: «Kommt er bald herunter?» Herr von Dörnberg hielt ein Blatt Papier in der rechten Hand; er hob die Linke und sagte: «Es ist noch nicht entschieden, ob Herr Chamberlain den Führer im Laufe des Abends treffen wird.» [...]

Montag 26. September

[...] acht Uhr dreißig, gleich betritt er den Sportpalast.[12] Ich bin in Juan-les-Pins, ich bin in Berlin, aber *meine Augen sind hier. Irgendwo* hielt ein langes schwarzes Auto vor einer Tür, Männer in Braunhemden stiegen aus. *Irgendwo* im Nordosten, rechts von ihm und hinter ihm: Aber *hier* war dieses Tuch, das ihm die Sicht nahm. Speckige, beringte Finger zogen es flink an den Ecken, es verschwand. Mathieu sah eine liegende Thermosflasche und Stöße von Butterbroten: Er hatte Hunger. Ich bin in Juan-les-Pins, ich bin in Berlin, ich bin in Paris, ich habe kein Leben mehr, ich habe kein Schicksal mehr. Aber *hier* habe ich Hunger. Hier, neben dieser dicken Dunkelhaarigen und diesem kleinen Mädchen. Er stand auf, griff nach seinem Koffer im Gepäcknetz, machte ihn auf und holte tastend Odettes Paket heraus. Er setzte sich wieder hin, nahm sein Messer und schnitt die Bindfäden durch; er hatte es sehr eilig mit dem Essen, als müßte er rechtzeitig fertig sein, um Hitlers Rede zu hören. Er kommt herein; ein ungeheures Geschrei läßt die Fensterscheiben erzittern, es legt sich, er streckt die Hand aus. *Irgendwo* waren zehntausend Männer in Waffen mit geradeaus gerichtetem Kopf, erhobenem Arm. *Irgendwo*, hinter ihm, beugte sich Odette über ein Radiogerät. Er spricht, er sagt: «Deutsche Volksgenossen», und schon gehört seine Stimme ihm nicht mehr, sie ist international geworden. Man hört sie in Brest-Litowsk, in Prag, in Oslo, in Tanger, in Cannes, in Morlaix, auf dem großen weißen Schiff der Compagnie Paquet, das zwischen Casablanca und Marseille fährt.

[12] Hitler hält am 26. September 1938 im Berliner Sportpalast eine Rede, die auf der ganzen Welt mit Sorge verfolgt wird: Wird Hitler Kompromisse machen, oder wird es Krieg geben? Mathieu, Jacques und Odette, Boris und Lola, Mimile und Robert, die jüdische Familie Birnenschatz, Ella und Ivy, Gomez, sie alle hören an verschiedenen Orten diese Rede Hitlers. *Anm. d. Hg.*

«Bist du sicher, daß du Stuttgart hast?» fragte Odette. «Man hört nichts.»

«Pst, pst», machte Jacques. «Ja, ich bin sicher.»

Lola blieb vor dem Eingang des Casinos stehen.

«Dann bis später», sagte sie zu ihm.

«Sing schön», sagte Boris.

«Ja. Wo gehst du hin, Liebling?»

«Ich gehe in die *Bar basque*», sagte Boris. «Da sind Freunde, die kein Deutsch können und die mich gebeten haben, ihnen Hitlers Rede zu übersetzen.»

«Brr», machte Lola schaudernd, «du wirst dich nicht gerade amüsieren.»

«Ich übersetze gern», sagte Boris.

Er spricht! Mathieu strengte sich gewaltig an, *ihn zu hören*, und dann fühlte er sich hohl und ließ alles bleiben. Er aß; ihm gegenüber biß das kleine Mädchen in ein Marmeladebrot; man hörte nur das ruhige Keuchen der Lokomotive, es war ein süßer, in sich geschlossener Abend. Mathieu wandte die Augen ab und blickte durch das Fenster aufs Meer. Der runde rosa Abend wölbte sich darüber. Und doch durchdrang eine Stimme dieses Ei aus Zucker. Sie ist überall, der Zug rast hinein, und sie ist im Zug, unter den Füßen der Göre, in den Haaren der Dame, in meiner Tasche, wenn ich ein Radio hätte, würde ich sie im Gepäcknetz oder unter der Bank erklingen lassen. Sie ist da, gewaltig, sie übertönt den Lärm des Zugs, läßt die Scheiben erzittern – und ich höre sie nicht. Er war müde, er erblickte in der Ferne ein Segel auf dem Wasser und dachte nur noch daran.

«Hörst du!» sagte Jacques triumphierend. «Hörst du!»

Ein gewaltiges Dröhnen kam plötzlich aus dem Apparat. Odette trat einen Schritt zurück, es war fast unerträglich. ‹Wie viele es sind›, dachte sie. ‹Wie sie ihn bewundern!› Dort, Tausende von Kilometern entfernt, Zehntausende von Verdammten. Und ihre Stimmen erfüllten das ruhige Familienwohnzimmer – und es war Odettes Schicksal, das sich dort abspielte.

«Da ist er», sagte Jacques, «da ist er.»

Der Sturm legte sich allmählich; man vernahm nasale, harte Stimmen, und dann wurde es still, und Odette begriff, daß er gleich sprechen würde. Boris stieß die Bartür auf, und der Wirt gab ihm ein Zeichen, sich zu beeilen.

«Schnell, schnell», sagte er, «es geht gleich los.»

Sie standen zu dritt auf die Theke gestützt: Da war der Marseiller, Charlier, der Drucker aus Rouen, und dann ein grobschlächtiger, kräftiger Großer, der Nähmaschinen verkaufte und Chomis hieß.

«Tag», sagte Boris leise.

Sie begrüßten ihn schnell, und er ging zum Apparat. Er schätzte sie, weil sie es nicht gescheut hatten, ihr Abendessen abzukürzen, um sich unangenehme Sachen ins Gesicht sagen zu lassen. Das waren harte Burschen, die den Dingen ins Gesicht sahen.

Er hatte sich mit beiden Händen auf den Tisch gestützt, er sah das unermeßliche Meer, er hörte das Meeresrauschen. Er hob die rechte Hand, und das Meer wurde still. Er sagte: «Deutsche Volksgenossen und -genossinnen!

Es gibt eine Grenze, an der die Nachgiebigkeit aufhören muß, weil sie sonst zur verwerflichen Schwäche würde. Zehn Millionen Deutsche befanden sich außerhalb der Reichsgrenze in zwei großen, geschlossenen Siedlungsgebieten: Deutsche, die zum Reich als ihrer Heimat zurückwollten! Ich hätte kein Recht, vor der deutschen Geschichte zu bestehen, wenn ich sie einfach gleichgültig preisgeben wollte. Ich hätte dann auch kein moralisches Recht, der Führer dieses Volkes zu sein. Ich habe genug Opfer des Verzichts auf mich genommen. Hier war die Grenze, über die ich nicht hinwegkonnte.

Wie richtig das war, ist durch die Abstimmung in Österreich bewiesen worden. Damals wurde ein glühendes Bekenntnis abgelegt, ein Bekenntnis, wie die andere Welt sich das sicher nicht erhofft hatte. Allein wir haben es ja erlebt: Für Demokratien ist eine Volksabstimmung in dem Augenblick überflüssig oder sogar verderblich, in dem sie nicht zu dem Resultat führt, das sie sich selbst erhoffen. Trotzdem wurde dieses Problem gelöst zum Glück des ganzen großen deutschen Volkes. Und nun steht vor uns das letzte Problem, das gelöst werden muß und *gelöst werden wird.*»

Das Meer brandete zu seinen Füßen auf, und er betrachtete eine Weile, ohne zu sprechen, seine riesigen Wellen. Odette preßte die Hand auf die Brust, das gab ihr jedesmal einen Stich ins Herz, dieses Brüllen. Sie beugte sich zum Ohr von Jacques, der immer noch mit gespanntester Aufmerksamkeit die Stirn runzelte, obwohl Hitler seit einigen Sekunden nicht mehr sprach. Sie fragte ohne große Hoffnung: «Was sagt er?»

Jacques behauptete, Deutsch zu verstehen, weil er drei Monate in Hannover verbracht hatte, und seit zehn Jahren hörte er sich im Radio gewissenhaft alle Berliner Reden an, er hatte sogar die *Frankfurter Zeitung* abonniert, wegen der Börsenberichte. Aber die Auskünfte, die er über das gab, was er gelesen oder gehört hatte, blieben immer sehr vage. Er zuckte die Achseln: «Immer dasselbe. Er hat von Opfern und vom Glück des deutschen Volkes gesprochen.»

«Ist er bereit, Opfer zu bringen?» fragte Odette lebhaft. «Heißt das, daß er Konzessionen machen würde?»

«Ja, nein ... Weißt du, das ist ganz ungewiß geblieben.»

Er streckte die Hand aus, und Karl hörte auf zu schreien: das war ein Befehl. Er wandte sich nach rechts und nach links und murmelte: «Hört zu! Hört zu!» Ihm war, als ginge ihm der Befehl des Führers durch und durch und nähme in seinem Mund Gestalt an. «Hört zu!» sagte er. «Hört zu!» Er war nur noch ein fügsames Instrument, ein Resonator: Vor Freude zitterte er von Kopf bis Fuß. Alles verstummte, der ganze Saal versank in Schweigen und in Dunkelheit; Heß, Göring und Goebbels waren verschwunden, niemand war mehr auf der Welt außer Karl und seinem Führer. Der Führer sprach vor der großen roten Hakenkreuzfahne, er sprach für Karl, für ihn allein. Eine Stimme, eine einzige Stimme auf der Welt. Er spricht für mich, er denkt für mich, er entscheidet für mich. Mein Führer.

«Es ist die letzte territoriale Forderung, die ich in Europa zu stellen habe, aber es ist die Forderung, von der ich nicht abgehe und die ich, so Gott will, verwirklichen werde.»

Er machte eine Pause. Da begriff Karl, daß er schreien durfte, und er schrie aus Leibeskräften. Alles fing an zu schreien, und Karls Stimme schwoll an, stieg auf bis zur Decke und ließ die Scheiben erzittern. Er glühte vor Freude, er hatte zehntausend Münder und fühlte sich historisch.

«Halt's Maul! Halt's Maul», schrie Mimile in den Apparat. Er drehte sich zu Robert um und sagte: «Hör dir das an! Was für eine Bande von Idioten! Diese Leute sind erst froh, wenn sie zusammen brüllen können. Die scheinen sich alle auf dieselbe

Weise zu amüsieren. Die haben in Berlin große Schuppen, da passen zwanzigtausend Mann rein, da versammeln sie sich sonntags, sie singen im Chor und trinken Bier dazu.»

Der Apparat brüllte immer noch.

«Ach komm!» sagte Robert. «Wir drehen ihm die Luft ab!»

Sie drehten am Knopf, die Stimmen erstarben, und es schien ihnen plötzlich, als träte das Zimmer aus dem Schatten, es war da, umgab sie, klein und still, der Weinbrand stand in Reichweite, sie hatten nur an einem Knopf zu drehen brauchen, und dieses ganze Geschrei von Verdammten war in seinen Kasten zurückgekehrt, ein schöner, gemäßigter Abend war zum Fenster hereingekommen, ein französischer Abend; sie waren unter Franzosen.

«Dieser tschechische Staat begann mit einer einzigen Lüge. Der Vater dieser damaligen Lüge hieß Beneš[13].»

Begeisterungsstürme im Apparat.

«Dieser Herr Beneš trat damals in Versailles auf und versicherte zunächst, daß es eine tschechoslowakische Nation gebe.»

Heiterkeit im Apparat. Die Stimme fuhr gehässig fort: «Er mußte diese Lügen erfinden, um der dürftigen Zahl seiner eigenen Volksgenossen einen etwas größeren und damit berechtigteren Umfang zu geben. Und die in geographischen und völkischen Hinsichten stets nicht sehr ausreichend bewanderten angelsächsischen Staatsmänner haben es damals nicht für notwendig befunden, diese Behauptungen des Herrn Beneš nachzuprüfen. Da dieser Staat nicht lebensfähig schien, nahm man kurzerhand dreieinhalb Millionen Deutsche entgegen ihrem Selbstbestimmungsrecht und ihrem Selbstbestimmungswillen.»

Der Apparat schrie: «Pfui! Pfui! Pfui!»

Monsieur Birnenschatz schrie: «Lügner! Man hat sie nicht aus Deutschland genommen, diese Deutschen!» Ella sah ihren Vater an, der, ganz rot vor Entrüstung, in seinem Sessel eine Zigarre rauchte, sie sah ihre Mutter und ihre Schwester Ivy an und haßte sie beinah: ‹Wie können sie sich das nur anhören!›

13 Eduard Beneš ist der Staatspräsident der Tschechoslowakischen Republik. *Anm. d. Hg.*

«Da auch das nicht genügte, mußte noch über eine Million Magyaren hinzukommen, dann Karpato-Russen und endlich noch mehrere hunderttausend Polen.

Das ist dieser Staat, der sich später dann Tschechoslowakei nannte – entgegen dem Selbstbestimmungsrecht der Völker, entgegen dem klaren Wunsch und Willen der vergewaltigten Nationen. Wenn ich hier zu Ihnen spreche, dann empfinde ich selbstverständlich das Schicksal aller dieser Unterdrückten; ich empfinde mit dem Schicksal der Slowaken, der Polen, der Ungarn, der Ukrainer. Sprecher bin ich natürlich nur für das Schicksal meiner Deutschen.»

Ein ungeheurer Schrei erfüllte den Raum. Wie können sie sich das nur anhören? Und dieses Heil! Heil! Davon wurde ihr übel. ‹Schließlich *sind wir Juden*›, dachte sie ärgerlich, ‹wir brauchen uns unseren Henker nicht anzuhören. Er, das geht ja noch, ich habe ihn immer sagen hören, daß die Juden nicht existierten. Aber sie›, dachte sie, während sie ihre Mutter ansah, ‹*sie* weiß, daß sie Jüdin ist, sie fühlt es und bleibt hier sitzen.› Madame Birnenschatz, die gern prophetisch war, hatte zwei Tage zuvor noch ausgerufen: «Das bedeutet Krieg, Kinder, und zwar einen *verlorenen* Krieg, das jüdische Volk kann nur noch seinen Bettelsack schnüren.» Jetzt döste sie mitten im Geschrei, schloß dann und wann die geschminkten Augen, und ihr großer dunkler Kopf mit den pechschwarzen Haaren schwankte hin und her. Die Stimme fuhr den Sturm übertönend fort:

«Nun setzt das Schamlose ein. Dieser Staat, der nur eine Minderheit als Regierung besitzt, zwingt die Nationalitäten, eine Politik mitzumachen, die sie eines Tages dazu verpflichtet, auf die eigenen Brüder zu schießen.»

Sie stand auf. Diese heiseren Worte, die sich mühsam einer immer dem Husten nahen Kehle entrangen, waren Messerstiche. Er hat Juden gefoltert: Während er spricht, ringen Tausende von ihnen in den Konzentrationslagern mit dem Tode, und man läßt zu, daß seine Stimme sich bei uns zu Hause aufplustert, in diesem Salon, in dem uns gestern noch der Cousin Dachauer mit seinen verbrannten Augenlidern besucht hat.

«Herr Beneš verlangt vom Deutschen: Wenn ich gegen Deutschland Krieg führe, hast du gegen die Deutschen zu schießen. Und wenn du das nicht willst, bist du ein Staatsverräter, dann lasse ich dich selbst erschießen. Und dasselbe fordert er auch vom Ungarn, vom Polen.»

Die Stimme war da, gewaltig, die Stimme des Hasses; der Mann war dicht bei Ella. Die große Ebene Deutschlands, die Berge Frankreichs waren eingesunken, er war ganz dicht bei ihr, ohne Abstand, er tobte in seiner Schachtel, er sieht mich an, er sieht mich. Ella drehte sich nach ihrer Mutter, nach Ivy um: aber sie hatten einen Sprung rückwärts gemacht. Sie konnte sie noch sehen, aber nicht berühren. Paris war auch außer Reichweite gerückt, das Licht, das durch die Fenster drang, fiel tot auf den Teppich. Ein unmerkliches Abrücken der Menschen und der Dinge hatte stattgefunden, sie war mit dieser Stimme allein auf der Welt.

«Ich habe am 20. Februar dieses Jahres im Reichstag erklärt, daß im Leben der zehn Millionen Deutschen außerhalb unserer Grenzen eine Änderung eintreten muß. Herr Beneš hat es nun auch anders gemacht. Er setzte mit einer noch radikaleren Unterdrückung ein.»

Er sprach unter vier Augen zu ihr, von Angesicht zu Angesicht, mit wachsender Gereiztheit und dem Wunsch, ihr angst zu machen, ihr weh zu tun. Sie blieb gebannt sitzen, sie ließ das Bakelit nicht aus den Augen. Sie hörte nicht, was er sagte, aber seine Stimme zerriß sie.

«Noch größerer Terror ... die Zeit von Auflösungen ...»

Sie wandte sich abrupt ab und verließ den Raum. Die Stimme verfolgte sie in die Diele, undeutlich, erstickt, immer noch giftig; Ella ging schnell in ihr Zimmer und schloß die Tür hinter sich ab. Drüben, im Salon, drohte er noch. Aber sie hörte nur noch ein verworrenes Gemurmel. Sie ließ sich auf den Stuhl fallen: gab es denn niemanden, keine Mutter eines gemarterten Juden, keine Frau eines ermordeten Kommunisten, die einen Revolver nahm und ihn niederschoß? Sie ballte die Fäuste, sie dachte, daß sie, wäre sie Deutsche, die Kraft hätte, ihn umzubringen.

Mathieu stand auf, holte eine von Jacques' Zigarren aus seinem Regenmantel und stieß die Abteiltür auf.

«Meinetwegen brauchen Sie keine Hemmungen zu haben», sagte die Marseillerin, «mein Mann raucht Pfeife: ich bin's gewohnt.»

«Vielen Dank», sagte Mathieu, «aber ich habe Lust, mir ein bißchen die Beine zu vertreten.»

Er hatte vor allem Lust, sie nicht mehr zu sehen. Auch die Kleine und den Korb nicht. Er ging ein paar Schritte durch den Gang, blieb stehen, zündete seine Zigarre an. Das Meer war blau und ruhig, er glitt am Meer entlang, er dachte: ‹Was stößt mir zu?› *So war die Antwort dieses Mannes dann erst recht: ‹Niederschießen, verhaften, einkerkern› für all jene, die ihm irgendwie nicht passen*, er wollte sich Mühe geben und verstehen. Nie war ihm etwas zugestoßen, was er nicht verstanden hätte; das war seine einzige Kraft, seine einzige Verteidigung, sein höchster Stolz. Er sah das Meer an und dachte: ‹Ich verstehe nicht, *so kam dann meine Forderung in Nürnberg. Diese Forderung war ganz klar: zuerst* stößt es mir zu, daß ich in den Krieg gehe›, sagte er sich. Das schien nicht besonders schwierig zu sein, und doch war es keineswegs klar. Was ihn persönlich anging, war alles einfach und deutlich: Er hatte gespielt und verloren, sein Leben lag hinter ihm, verpfuscht. Ich hinterlasse nichts, ich trauere niemandem nach, nicht einmal Odette, nicht einmal Ivich, ich bin niemand. Blieb das Ereignis an sich. *Ich habe es ausgesprochen, daß jetzt das Selbstbestimmungsrecht für diese dreieinhalb Millionen endlich – fast zwanzig Jahre nach den Erklärungen des Präsidenten Wilson – in Kraft treten muß*, alles, was ihn bisher getroffen hatte, war als Mann zu verkraften gewesen, die kleinen Ärgernisse und die Katastrophen, er hatte sie kommen sehen, er hatte ihnen ins Auge gesehen. Als er hingegangen war, um das Geld aus Lolas Zimmer zu holen, hatte er die Scheine gesehen, er hatte sie berührt, er hatte den Duft eingeatmet, der im Zimmer schwebte; und als er Marcelle hatte sitzenlassen, sah er ihr in die Augen, während er mit ihr sprach; er hatte immer nur mit sich selbst Schwierigkeiten gehabt; er konnte sich sagen: ‹Ich habe recht gehabt, ich habe unrecht gehabt›; er konnte sich beurteilen. Jetzt war es unmöglich geworden, *und wieder hat Herr Beneš seine Antwort gegeben: Neue Tote, neue Einkerkerungen, neue* Er dachte: ‹Ich gehe in den Krieg›, und das bedeutete nichts. Etwas war ihm zugestoßen, was über ihn hinausging. Der Krieg ging über ihn hinaus. ‹Es ist nicht so sehr, daß er über mich hinausgeht, als daß er *nicht da ist*. Wo ist er? Überall: Er entsteht überall, der Zug rast in den Krieg, Gomez landet im Krieg, jene

Feriengäste in weißer Leinenkleidung gehen im Krieg spazieren, es gibt keinen Herzschlag, der ihn nicht nährt, kein Bewußtsein, in dem er nicht vorkommt. Und doch ist er wie die Stimme Hitlers, die diesen Zug erfüllt und die ich nicht hören kann: *Ich habe Herrn Chamberlain gegenüber eindeutig erklärt, was wir jetzt als einzige Möglichkeit einer Lösung ansehen*; ab und zu glaubt man, man würde ihn gleich berühren, auf irgend etwas, in der Sauce eines Rinderfilets, man streckt die Hand aus, er ist nicht mehr da: übrig bleibt nur ein Stück Fleisch in Sauce. Ach!› dachte er. ‹Man müßte überall zugleich sein.›

Mein Führer, mein Führer, du sprichst, und ich bin zu Stein verwandelt, ich denke nicht mehr, ich will nichts mehr, ich bin nur noch deine Stimme, ich würde am Ausgang auf ihn warten, ich würde auf sein Herz zielen, allein ich bin in erster Linie Sprecher der Deutschen, und für diese Deutschen habe ich nun geredet und versichert, daß ich nicht gewillt bin, tatenlos und ruhig zuzusehen, wie dieser Wahnsinnige in Prag glaubt, ich werde dieser Märtyrer sein, ich bin nicht in die Schweiz gefahren, jetzt kann ich nichts anderes mehr tun, als dieses Martyrium auszuhalten, ich schwöre, ich bin dieser Märtyrer, ich schwöre, ich schwöre, ich schwöre, pst, machte Gomez, wir hören uns die Rede des Hampelmanns an.

Saint Genet, Komödiant und Märtyrer
oder
«Über die schöne Literatur als Mord betrachtet»
(1952)

Ein Findelkind zeigt von frühester Kindheit an böse Instinkte, bestiehlt die armen Bauern, die es adoptiert haben. Obwohl es bestraft wird, beharrt es auf seinem Verhalten, flieht aus der Erziehungsanstalt, in die es gesteckt werden mußte, stiehlt und plündert mehr denn je und prostituiert sich obendrein. Es lebt im Elend von Bettelei, Diebstahl, schläft mit jedem und verrät jeden, aber nichts kann seinen Eifer entmutigen: diesen Augenblick wählt es, um sich wissentlich dem Bösen zu verschreiben; es beschließt, bei jeder Gelegenheit das Schlimmste zu tun, und als es gemerkt hat, daß das schlimmste Vergehen keineswegs darin besteht, Böses zu tun, sondern das Böse zu manifestieren, schreibt es im Gefängnis abscheuliche Werke, die die Apologie des Verbrechens sind und gegen das Gesetz verstoßen. Genau aus diesem Grund wird es aus der Verworfenheit, dem Elend, dem Gefängnis herauskommen. Seine Bücher werden gedruckt und gelesen, ein Regisseur, der mit dem Kreuz der Ehrenlegion ausgezeichnet wurde, inszeniert in seinem Theater eines seiner Stücke, das zum Mord anstiftet; der Präsident der Republik erläßt ihm die Strafe, die es für seine letzten Delikte noch verbüßen mußte, gerade weil es sich in seinen Büchern rühmte, sie begangen zu haben; und als man ihm eines seiner ehemaligen Opfer vorstellt, sagt dieses: «Sehr geehrt, mein Herr. Machen Sie nur weiter so.»

Man wird diese Geschichte für unwahrscheinlich halten: und doch ist genau das Genet passiert.

Jean Genet, dessen Fall Sartre hier im Stil einer «Geschichte für eine Anthologie des schwarzen Humors» zusammengefaßt hat und dessen Gedichte, Romane und Theaterstücke von 1942 bis

1951 ohne Verlagsangabe veröffentlicht und heimlich unter dem Ladentisch gehandelt werden, hat ein noch größeres Glück: Als 1951 der renommierte Verlag Gallimard beschließt, Genets gesammelte Werke – wenn auch in gereinigter Fassung – offiziell herauszubringen, bittet er Sartre darum, diesen Autor, mit dem er persönlich befreundet war, durch eine Einführung für die Literatur salonfähig zu machen. Diese Einführung – die zugleich Sartres Philosophie, Moral und Literaturkritik in ihrer kühnsten und avantgardistischsten Ausformung enthält – wächst zu einem Buch von 578 Seiten an und macht den bis dahin nur als Geheimtip bekannten Jean Genet schlagartig zu einem Klassiker der literarischen Moderne, der mit seiner äußerst kunstvollen poetischen Prosa eines der subversivsten Werke hinterlassen hat. Aber dieses Glück erweist sich als zwiespältig: Abgesehen von den Stücken Le balcon, Les nègres *und* Les paravents *und einigen politisch engagierten Texten bricht Genets literarische Produktion nach Sartres Buch über ihn ab:*

Was ist er, ehe er schreibt? Ein ganz kleiner, belangloser Dreck, ein Ungeziefer, das unbemerkt zwischen den Dielenlatten herumläuft. Er hat das Gefühl, daß er der ganzen Gesellschaft Abscheu einflößt, aber er weiß auch, daß dieser Abscheu rein virtuell ist und im übrigen auf den Dieb *im allgemeinen* abzielt, auf *irgendeinen* Delinquenten und nicht auf Jean Genet. Die Gesellschaft verurteilt zwar den Diebstahl, aber sie verurteilt ihn, ohne dabei an ihn zu denken, mittels eines speziellen Organs, dessen Amt gerade darin besteht, die diffuse Repression durch die systematische und allgemeine Repression zu ersetzen, kurz, den *Skandal zu vertuschen*. Die Schandtaten des Schuldigen kommen dem Gerechten *niemals* zu Ohren; der Gerechte denkt *niemals* an den Schuldigen; als Bürger einer Demokratie ist allein er zum Strafen befugt, und die richterliche Gewalt geht, wie alle Gewalten, von ihm aus: aber er hat seine Funktionen an die Bullen, an die Richter, an die Wärter delegiert und kümmert sich nicht weiter darum. Die Verachtung, die diese Beamten in seinem Namen Genet bezeigen, ist keine wirkliche Verachtung: sie ist zerstreut, professionell wie das Lächeln des Verkäufers; sie werden dafür bezahlt. Als anonymer Gegenstand eines abstrakten und meist virtuellen Abscheus wird Genet in Wirklichkeit von allen ignoriert, vergessen: er windet sich in einer Lichtsäule,geblendet durch den starren Blick, den die Gesellschaft seit seiner Kindheit auf ihn senkt, dieser Blick durchdringt ihn bis in die Seele und verbrennt alle seine Gedanken; er ist öffentlich, niemals allein mit sich. Aber *gleichzeitig* weiß er, daß *niemand* ihn anblickt, daß niemand, außer einigen Bullen, seine Existenz zur Kenntnis nimmt. Am liebsten riefe er ihnen zu: «Seht mich an, ich bin ein Verbrecher, *ihr* habt mich doch verurteilt.» Niemand hört ihn, Leute kommen und gehen, er ruft nach ihnen; vergebliche Mühe; schließlich wird er glauben, er sei unsichtbar. Wenn er seit seiner Kindheit davon träumt, ihnen *ernstlich* Abscheu einzuflößen, so um spüren zu können, daß er für jemanden existiert, und um diese Phantomzeugen in ein reales Publikum zu verwandeln. Er möchte den toten Blick, der ihn umhüllt, zum Funkeln bringen, und da die Beziehung, die ihn in seinem geheimsten Ratschluß konstituiert, eine Beziehung zu allen ist, möchte er endlich seine Dimension-für-die-Anderen aktualisieren. Wer ihn sieht, verachtet ihn, aber niemand sieht ihn: wie wohltuend es sein muß, gesehen zu werden: [...]

Wird es ihm gelingen? Werden seine unerlaubten Werke den Skandal provozieren können, wo doch seine Diebstähle, schwerwiegendere und härter bestrafte Delikte unbemerkt geblieben sind?

Ja, weil die Gesellschaft sich leichter mit einer bösen Tat als mit einem bösen Wort abfindet. Für die Spezialisten, Richter, Kriminologen und Soziologen gibt es keine *bösen* Taten: es gibt nur strafbare Taten. Für den Mann auf der Straße gibt es zwar welche, aber es sind immer die Anderen, die sie begehen. Den ersten will Genet enthüllen, daß das Böse existiert; den zweiten, daß es seine Wurzeln in ihnen selbst hat.

Für die ersten ist das *Faktum Diebstahl* in einer gegebenen Gesellschaft normal. Durch ihre Spezialorgane stiehlt die Gesellschaft dem Dieb seinen Diebstahl. «Die Gesellschaft versucht, die Elemente, die sie zu verderben trachten, zu eliminieren oder unschädlich zu machen. Es sieht so aus, als wolle sie den moralischen Abstand zwischen Vergehen und Züchtigung oder, besser, den Übergang vom Vergehen zur Vorstellung der Züchtigung verringern. Ein solches Kastrationsunternehmen läuft von selbst.»

Kaum ist das Delikt begangen, wird es erfaßt, verallgemeinert, in Statistiken eingeordnet und Kriminologen, Psychiatern und Soziologen übergeben, deren Aufgabe es ist, den Delinquenten auszuschalten. Als Genet 1934 Nazi-Deutschland durchquert, hat er «das Gefühl, in einem von Banditen organisierten Lager umherzugehen»; überzeugt davon, daß das Bewußtsein des gewissenhaftesten Deutschen «Schätze von ... Bosheit» enthält, macht er folgende erstaunliche Bemerkung: «Das ist ein Volk von Dieben ... Wenn ich hier stehle, vollbringe ich keine besondere Tat, die mich besser realisieren könnte: ich gehorche der gewohnten Ordnung. Ich zerstöre sie nicht. Ich begehe nicht das Böse, ich störe nichts. Der Skandal ist unmöglich. Ich stehle im Leerlauf.» Und er sehnt sich danach, «in ein Land zurückzukehren, in dem die Gesetze der üblichen Moral Gegenstand eines Kults sind». Aber kaum hat er seinen Fuß nach Frankreich gesetzt, entdeckt er, daß die Situation des Diebs dieselbe ist wie in Deutschland, wenn auch aus anderen Gründen: in einer moralischen Gesellschaft wie in einer Gemeinschaft von Räubern ist stehlen «der gewohnten Ordnung (gehorchen)»: ist die Kriminalität nicht ebenso konstant wie die Geburten- oder Eheschließungsrate? Wenn Genet diese Ordnung «zerstören» sollte, müßte er den jährlichen Prozentsatz des Verbrechens aus eigener Kraft derart verändern, daß er das Symptom eines pathologischen Zustands daraus machte: nur dann erschiene es den Statistikern als ein Virus, kurz, als eine soziale Krankheit. Aber das ist ein absurder Traum: als *normales* Produkt der gesellschaftlichen Unangepaßtheit trägt der Dieb, weit davon entfernt, den *normalen* Durchschnitt der Kriminalität durch seine Diebstähle zu modifizieren, zu seiner Erhaltung bei; man stiehlt nicht gegen die Statistik. In Frankreich wie in Nazi-Deutschland «stört er nicht», begeht er nicht das Böse, «stiehlt er im Leerlauf». In Frankreich wie in Nazi-Deutschland «ist der Skandal unmöglich» oder vielmehr fängt sich die Kollektivität sofort wieder, wenn ein Mörder zufällig eine kleine, lokale Erregung hervorruft; mit ihrem Repressionsapparat schreitet sie zur physischen Liquidierung des Schuldigen und betraut gleichzeitig die Wissenschaftler damit, seine moralische Liquidierung vorzunehmen. Durch die wissenschaftliche Erkenntnis gewinnt die Gesellschaft von sich selbst und ihren Mitgliedern ein reflexives Bewußtsein: sie sieht sich, beschreibt sich und sieht in dem Dieb eines ihrer zahllosen Produkte; sie erklärt ihn durch allgemeine Faktoren. Wenn sie ihre Arbeit beendet hat, bleibt nichts mehr von ihm übrig. Das kollektive Gewissen beruhigt sich, und der Delinquent, der doppelt mystifiziert, körperlich und seelisch besiegt ist, versinkt im Ozean der Durchschnitte. Genet begreift nun, daß man die Berechnungen der Statistiker nicht durchkreuzt. Da sie über die Gesellschaft reflektieren, muß man sich auf eine höhere Reflexionsebene stellen und aus dem Verbrechen, das sie analysiert haben, den Rückstand herauslösen, der ihnen entgeht. [...]

Aber, wird man vielleicht sagen, für verbotene Werke wie für Delikte gibt es doch Diagramme und Durchschnittswerte: sie machen einen normalen und relativ konstanten Prozentsatz der literarischen Produktion aus. Könnten wir Genet nicht festnageln, wenn wir nachwiesen, daß seine Bücher nur dazu beitragen, diesen jährlichen Prozentsatz zu erhalten? Nein: denn wenn Genets Diebstähle auch *klassifizierbar* sind, seine Bücher sind es keineswegs. Der pornographische Roman entspricht wie der erbauliche Roman einer gesellschaftlichen Nachfrage, befriedigt die Bedürfnisse einer bestimmten Kundschaft. Alle anstößigen Schriften sind nach demselben Muster und nach erprobten Rezepten angefertigt; abgesehen von Orten und Personennamen ändert sich nichts; und wenn die Handlung die gleiche bleibt, so deshalb, weil der Kunde keine Abwechslung wünscht: er will träumen, wenn er immer wieder dieselbe Lust in derselben Reihenfolge genießt. All das ist weiter nicht so beunruhigend: diese Erzeugnisse schmeicheln den Manien einiger Sonderlinge, und ihre stereotype Dürftigkeit langweilt den angepaßten Bürger. Genets Werke sind nicht langweilig, und doch richten sie sich, weit davon entfernt, einer spezialisierten Kundschaft gefallen zu wollen, an alle und wollen allen mißfallen. Mit allen Mitteln der Kunst verfaßt, bestimmt ihr Wert sie dazu, sich dem Objektiven Geist zu integrieren, während ihre Obszönität sie zwingt, verboten zu bleiben. Schön und unangenehm, von der Polizei verfolgt und von der Kritik gefeiert, gehören sie weder zur «Spezialliteratur» noch zur offiziellen Literatur: öffentlich verboten, sind diese Paradoxe unklassifizierbar und beunruhigen durch ihre Einzigartigkeit.

Außerdem wendet sich Genet weder an den Kriminologen noch an den Soziologen, sondern an jenen «Durchschnittsfranzosen», der sich selbst mit der Bezeichnung anständiger Mensch schmückt: denn dieser ist es, der die Vorstellung des Bösen bewahrt, während Wissenschaft und Recht sich davon freizumachen suchen, er ist es, der, von Wünschen verzehrt, die seine Moral verurteilt, sich von seiner negativen Freiheit befreit hat, indem er sie wie ein Feuergewand über die Mitglieder einer minoritären Gruppe warf, deren Handlungen er von seinen eigenen Versuchungen her interpretiert. Was für ein Fang! Der Gerechte weiß die Unschuld so gut zu spielen, daß er auf sein eigenes Spiel hereinfällt: böse Gedanken bleiben ihm fremd, da sie *per definitionem* die Gedanken des anderen sind; er begegnet ihnen in der Erfahrung mit betrübter Bestürzung und erkennt sie gerade daran, *daß sie Andre sind*, daß *er* die Niederträchtigkeit, sie zu bilden, nicht besessen hätte. Von den Gedanken, die in ihm aufkommen, weiß er dagegen mit Gewißheit, daß sie gut sind: sie haben eine Durchsichtigkeit, eine anheimelnde Gutmütigkeit, die auf Anhieb Vertrauen einflößt. Kurz, er weiß nicht, was das Böse ist: das Leben muß es ihn lehren, und selbst dann betrachtet er es mit Überraschung, ohne es jemals ganz zu begreifen: müßte er, um volles Verständnis dafür zu haben, nicht gleichzeitig und in seinen eigenen Augen er selbst und der Andere sein?

Als Opfer und Helfershelfer des anständigen Menschen seit seiner Kindheit, rächt sich Genet endlich: er wird die Wiedervergeltungsstrafe auf ihn anwenden. Man wird diesen Unschuldigen zwingen, den Anderen in sich selbst zu entdecken, die unanständigen Gedanken des Anderen als seine eigenen zu erkennen, kurz, entsetzt die Erfahrung seiner eigenen Bosheit zu machen [...].

Dieser Dieb beschloß, zu schreiben, um den Ruhm des Verbrechers kennenzulernen: die schlaue Gesellschaft billigt ihm den eines Dichters zu. In der Verschwiegenheit unserer vier Wände verdammt sich jeder von uns, wenn er Genet liest, jeder von uns erfährt, solange er liest, in seinem Innern eine tiefe Zerrissenheit: die Liebe, die wir für den guten Schriftsteller hegen, wird von dem Entsetzen getrübt, das der Böse einflößt. Aber sowie der Leser wieder unter den anderen Gerechten ist, gewinnt er seine Sicherheit zurück: sie beschließen gemeinsam, Genet *um seines Talentes willen* und *trotz* seinen Verbrechen zu achten. Sie werden die Kunst bewundern, während sie das Sujet verurteilen, als könnten Form und Inhalt jemals getrennt werden. Er brüllt ihnen entgegen: mein Talent ist mein Verbrechen. Aber es ist nutzlos. Sie bestehen darauf, einen kapriziösen Dichter in ihm zu sehen, der sein Genie dazu verwendet hat, das Laster zu besingen, wenn es nicht ein Unglücklicher ist, dessen Gehässigkeit man entschuldigen muß, weil er so viel gelitten hat. In einer Hinsicht ist das nicht falsch: und wir haben nichts anderes gesagt: die Unmöglichkeit zu leben hat Genet gemacht. Nur haben wir gezeigt, daß er beschlossen hat, das Böse zu tun, daß er unentschuldbar sein wollte und daß er sich in seinen eigenen Augen durch diesen Beschluß definierte: er will weder bemitleidet noch als singendes Wrack toleriert werden, sondern die Anerkennung seiner Menschenwürde, die er sich selbst gemacht hat. Schließlich gibt es andere, die willentlich die Augen vor den Obszönitäten, Sophismen und Provokationen seiner Bücher schließen und so tun, als sähen sie in ihm nicht diesen infernalischen Heiligen, der er sein möchte, sondern ganz einfach einen Heiligen, einen *wirklichen* Oblaten, der das ganze menschliche Leiden verkörpert. Und wieder enthält diese Einstellung ein Stück Wahrheit: *in einer Hinsicht* ist jedes Leiden immer das ganze Leiden. Aber das ist voreilig: denn Genets Unglück hat ein besonderes Gesicht, das diese schönen Seelen verkennen. Es ist das schreiende und entsetzliche Unglück eines Verdammten. So erfährt er die Bitterkeit, niemals *für das, was er ist*, genommen zu werden.

Außerdem verändern sich die Gerechten, wenn sie ihn akzeptieren: denn man kann nicht *zugleich* vollkommen gerecht sein und diese kriminellen Werke lesen. Der ideale Gerechte liest gar nicht; jede Literatur ist ihm verdächtig. Wenn irgendein anständiger Mensch Genets Talent *anerkennt*, so weil er einen «weiten Geist» hat oder in seinem Bewußtsein als Gerechter verwirrt worden ist. Im ersten Fall verkörpert er jene «Toleranz», die die Tugend ist, die Genet am meisten verabscheut und die er in *L'enfant criminel* angeprangert hat. Im zweiten Fall geht er fehl, er enthüllt durch seine Verwirrung, daß er nicht ganz aus einem Guß ist: er ist bereits weniger gerecht; seine heilige «Aura» flakkert und erlischt. Wer Genet anerkennen sollte, hat ihn nicht anerkannt. Wer ihn anerkannt hat, sollte ihn gar nicht anerkennen. Gibt es sie denn überhaupt, die Gerechten? In seiner Jugend mußte er manchmal einen unerträglichen Zweifel zerstreuen: «Und wenn ich nicht *der einzige* wäre, der das Böse tut?» Jetzt kann er sich die Wahrheit nicht mehr verbergen: der böse Wille ist die am weitesten verbreitete Sache auf der Welt. *Man* lügt, *man* stiehlt, *man* tötet. Es ist wahr, daß man es ablehnt, gewisse Grenzen zu überschreiten, daß man gewisse Hemmungen behält und daß es für Mord wie für Diebstahl strenge Regeln gibt: zum Beispiel hat ein Vater das Recht, sein Kind zu töten, den Kindern aber ist es untersagt, ihre Väter zu töten. Trotzdem: wenn der Gerechte nicht ganz und gar gerecht ist, ist der Ungerechte nicht ganz und gar ungerecht. Gute und Böse verschwinden gemeinsam.

Der Kolonialismus ist ein System
oder
Widerstand gegen den Algerienkrieg
(1956)

Nach der Landung amerikanischer Truppen in der französischen Kolonie Algerien versprachen die Alliierten den Algeriern die Unabhängigkeit nach Beendigung des Zweiten Weltkrieges. Als die algerische Bevölkerung im Mai 1945 den Sieg der Alliierten in der Hoffnung auf die versprochene Unabhängigkeit mit Massendemonstrationen feierte, gingen die Franzosen gegen diese Demonstrationen vor: 45 000 Algerier wurden dabei getötet. Nachdem die französische Regierung die Beendigung der französischen Kolonialherrschaft und die Gewährung der Unabhängigkeit Algeriens abgelehnt hatte, begann die Nationale Befreiungsfront (FLN) 1954 einen Guerrillakrieg gegen die Franzosen. Als die Franzosen 1958 eine einlenkende Politik ankündigten, kam es zum Aufstand der französischen Armee in Algerien unter General Massu. Er löste eine französische Staatskrise aus, an der die IV. Republik zugrunde ging und die de Gaulle als Staatspräsidenten der V. Republik an die Macht brachte. Obwohl die rechtsradikale Organisation der Geheimarmee *(OAS) durch Terroranschläge – denen zum Beispiel Sartre 1961 und 1962 nur durch Zufall entging – Verhandlungen mit der seit 1958 bestehenden algerischen Exilregierung zu verhindern versuchte, erkannte Frankreich 1962 die Unabhängigkeit Algeriens an.*

Als im Verlauf dieses Algerienkriegs in Frankreich bekannt wurde, daß die französische Armee mit Massenterror und Folter den Widerstand der algerischen Bevölkerung zu brechen versuchte, kam es seit 1955 zu einem zunehmenden Widerstand französischer Linker gegen den Algerienkrieg. Sartres Freund Francis Jeanson und andere gingen schließlich zur direkten Unterstützung der algerischen Nationalen Befreiungsfront über. Zusammen mit anderen Personen des öffentlichen Lebens unter-

zeichnete Sartre im August 1960 das «Manifest der 121» über das Recht zur Befehlsverweigerung und Fahnenflucht im Algerienkrieg. Beim Prozeß gegen die Mitglieder der Organisation von Francis Jeanson zur Unterstützung der algerischen Nationalen Befreiungsfront im September 1960 wurde Sartres aufsehenerregender Brief an das Militärtribunal verlesen, in dem er die Ankläger zu Angeklagten machte und gegenüber den Zielen dieser Organisation seine volle Zustimmung begründete.

Am 27. Januar 1956 hielt Sartre eine Rede auf einer vom «Aktionskomitee der Intellektuellen gegen die Fortsetzung des Krieges in Nordafrika» einberufenen Versammlung für den Frieden in Algerien, in der er den Kolonialismus als System analysierte.

Ich möchte Sie warnen vor dem, was man die «neokolonialistische Mystifikation» nennen könnte.

Die Neokolonialisten meinen, es gäbe gute Kolonialherren und sehr böse Kolonialherren. Durch die Schuld der bösen Kolonialherren sei die Lage der Kolonien verdorben worden.

Die Mystifikation besteht in folgendem: Sie werden durch Algerien geführt, man zeigt Ihnen bereitwillig das Elend des Volkes, das gräßlich ist, man erzählt Ihnen von den Demütigungen, die die bösen Kolonialherren den Moslems zufügen. Und dann, wenn Sie sehr entrüstet sind, fügt man hinzu: «Und deshalb haben die besten Algerier zu den Waffen gegriffen: sie haben's nicht mehr ausgehalten.» Wenn man es geschickt angestellt hat, kehren wir zurück mit der Überzeugung:

1. Daß das Algerienproblem in *erster Linie* ein wirtschaftliches ist. Es geht darum, durch wohlüberlegte Reformen neun Millionen Menschen Brot zu geben.

2. Daß es in zweiter Linie ein *soziales* ist: die Zahl der Ärzte und der Schulen muß vergrößert werden.

3. Daß es, schließlich, ein *psychologisches* ist: Sie werden sich an de Man erinnern und seinen «Minderwertigkeitskomplex» der Arbeiterklasse.[1] Mit diesem hatte er zugleich auch den Schlüssel zum «Eingeborenencharakter» gefunden: schlecht be-

[1] Henri de Man, *Zur Psychologie des Sozialismus*, 1926. *Anm. d. Hg.*

handelt, schlecht ernährt, des Lesens und Schreibens unkundig, leidet der Algerier an einem Minderwertigkeitskomplex gegenüber seinen Herren. Wenn man diese drei Faktoren beeinflußt, kann man ihn beschwichtigen: wenn er genug zu essen, wenn er eine Arbeit hat und wenn er lesen kann, wird er sich nicht mehr schämen müssen, ein Untermensch zu sein, und wir werden zur alten französisch-arabischen Brüderlichkeit zurückfinden.

Vor allem aber wollen wir da nicht die *Politik* hineinmengen. Die Politik, das ist etwas Abstraktes. Was nützt einem das Wahlrecht, wenn man vor Hunger stirbt? Die, die uns mit freien Wahlen kommen, mit einer verfassunggebenden Versammlung, mit der algerischen Unabhängigkeit, das sind Provokateure und Unruhestifter, die das Problem nur verwirren.

So wird argumentiert. Die Führer der FLN haben darauf erwidert: «Selbst wenn wir glücklich wären unter den französischen Bajonetten, würden wir kämpfen.» Sie haben recht. Und vor allem muß man weiter gehen als sie: unter den französischen Bajonetten kann man nur unglücklich sein. Es ist wahr, daß die Mehrheit der Algerier in unerträglichem Elend lebt; aber es ist ebenso wahr, daß die notwendigen Reformen weder von den guten Kolonialherren noch vom «Mutterland» selbst durchgeführt werden können, solange es seine Souveränität in Algerien zu wahren beabsichtigt. Diese Reformen werden Angelegenheit des algerischen Volkes selbst sein, wenn es seine Freiheit errungen hat.

Denn die Kolonialherrschaft ist weder ein Zusammenspiel von Zufällen noch das statistische Ergebnis tausender individueller Unternehmen. Sie ist ein System, das um die Mitte des 19. Jahrhunderts errichtet wurde, gegen 1880 Früchte zu tragen begann, nach dem Ersten Weltkrieg in seine Verfallsphase geriet und sich heute gegen die kolonisierende Nation kehrt.

Das ist es, was ich Ihnen am Beispiel Algeriens zeigen möchte, dem leider deutlichsten und augenfälligsten Beispiel des Kolonialsystems. Ich möchte Ihnen die Härte des Kolonialismus, die ihm innewohnende Zwangsläufigkeit zeigen, aufzeigen, wie er uns genau dahin führen mußte, wo wir sind, und wie die reinste Absicht, wird sie in diesem Teufelskreis geboren, auf der Stelle faul wird.

Denn es ist nicht wahr, daß es gute Kolonialherren gäbe und

andere, die böse sind: es gibt Kolonialherren[2], das ist alles. Wenn wir das begriffen haben, werden wir verstehen, warum die Algerier recht haben, *zunächst politisch* den Kampf gegen dieses wirtschaftliche, soziale und politische System aufzunehmen, und warum ihre Befreiung und die *Befreiung Frankreichs* nur aus der Zerschlagung der Kolonialherrschaft hervorgehen kann.

Das System hat sich nicht selbst errichtet. Die Julimonarchie und die Zweite Republik wußten eigentlich mit dem eroberten Algerien wenig anzufangen.

Man hatte vor, es in eine Ansiedlungskolonie zu verwandeln. Bugeaud plante eine Kolonialherrschaft nach dem Vorbild der Römer. Die entlassenen Soldaten der Afrika-Armee sollten große Ländereien bekommen. Sein Versuch wurde nicht weitergeführt.[3]

Dann wollte man den Überschuß der europäischen Länder, die ärmsten Bauern Frankreichs und Spaniens, nach Afrika ableiten; man errichtete für dieses «Gesindel» einige Dörfer rund um Algier, Constantine und Oran. Die Mehrzahl wurde durch Krankheiten dahingerafft.

Nach dem Juni 1848 versuchte man, arbeitslose Arbeiter, deren Gegenwart die «Ordnungskräfte» beunruhigte, dort anzusiedeln – besser gesagt: hinzuzufügen. Von den 20000 Arbeitern, die nach Algerien transportiert wurden, kamen die meisten durch Fieber und Cholera um; die Überlebenden setzten ihre Rückführung nach Frankreich durch.

So stagnierte das koloniale Unternehmen: es nahm Gestalt an während des Zweiten Kaiserreichs, auf Grund der industriellen und wirtschaftlichen Expansion. Schlag auf Schlag entstehen die großen Gesellschaften:

1863: Société de Crédit Foncier Colonial et de Banque;

[2] Zu den Kolonialherren zähle ich nicht die kleinen Beamten und die europäischen Arbeiter, die zugleich Opfer wie schuldlose Nutznießer des Systems sind.

[3] Die Eroberung Algeriens durch die Franzosen begann 1830. Von 1839 bis 1847 erobert General Bugeaud im Kampf gegen den algerischen Emir Abd-el-Kader ganz Algerien. Bugeaud wird 1840 Gouverneur von Algerien. *Anm. d. Hg.*

1865: Société Marseillaise de Crédit;
Compagnie des Minerais de fer de Mokta;
Société Générale des Transports maritimes à vapeur.

Diesmal ist es der Kapitalismus selbst, der zum Kolonialisten wird. Zum Theoretiker dieses neuen Kolonialismus wird Jules Ferry[4]:

«Für Frankreich, das stets von Kapital überfloß und es in beträchtlichen Mengen ins Ausland exportierte, ist es von Interesse, die koloniale Frage unter diesem Blickwinkel zu betrachten. Sie ist für Länder, die wie das unsere durch die Natur ihrer Industrie auf einen großen Export angewiesen sind, die eigentliche, die Frage der Absatzmärkte ... Dort, wo die politische Vorherrschaft besteht, dort besteht auch die Vorherrschaft der Produkte, die ökonomische Vorherrschaft.»

Sie sehen, nicht Lenin ist es, der als erster den kolonialen Imperialismus definiert hat, sondern Jules Ferry, diese «große Gestalt» der Dritten Republik.

Und Sie sehen auch, daß dieser Minister mit den «Fellachen» von 1956 übereinstimmt: er proklamiert jenes «Zuerst die Politik!», das sie ein Dreivierteljahrhundert später gegen die Kolonialherren aufgreifen.

Zuerst die Widerstände brechen, die Kader zerschlagen, unterwerfen, terrorisieren.

Erst dann wird das Wirtschaftssystem etabliert.

Und worum geht es? Darum, Industrien in den unterworfenen Ländern zu schaffen? Keineswegs: das Kapital, von dem Frankreich «überfließt», wird nicht in unterentwickelten Ländern investiert; die Rentabilität wäre nicht gewährleistet, die Profite würden zu lange auf sich warten lassen; man müßte alles erst aufbauen, alles erst entwickeln. Und selbst wenn sich das machen ließe, wozu sollte es gut sein, eine Konkurrenz für die Produktion des Mutterlandes aus dem Boden zu stampfen? Ferry sagt es klipp und klar: das Kapital wird in Frankreich bleiben; es wird einfach in neue Industrien investiert, die ihre Fertigwaren dem kolonisierten Land verkaufen werden. Die unmittelbare Folge war die Zollunion von 1884. Diese Union besteht noch immer: sie sichert einer auf dem internationalen Markt durch

4 Ministerpräsident von 1880–1881 und 1883–1885. *Anm. d. Hg.*

ihre überhöhten Preise gehandikapten französischen Industrie auf dem algerischen Markt eine Monopolstellung.

Aber *wem denn* gedachte diese neue Industrie ihre Erzeugnisse zu verkaufen? Den Algeriern? Unmöglich: woher hätten die das Geld dafür nehmen sollen? In Ergänzung zu diesem Kolonialimperialismus muß in den Kolonien Kaufkraft geschaffen werden. Und natürlich sind es die Kolonisatoren, die sämtliche Vorteile genießen werden und die man zu potentiellen Käufern machen wird. Der Kolonisator ist zunächst ein künstlicher Käufer, aus dem Boden gestampft von einem Kapitalismus auf der Suche nach neuen Absatzmärkten.

Schon 1900 betonte Peyerimhoff diesen neuen Wesenszug der «offiziellen» Kolonialherrschaft:

«Das Eigentum des Kolonisators ist diesem, mittelbar oder unmittelbar, durch den Staat gratis zuteil geworden, oder er hat erlebt, wie täglich um ihn herum Konzessionen erteilt wurden; unter seinen Augen hat die Regierung den individuellen Interessen Opfer gebracht, die spürbar größer sind als jene, zu denen sie sich in älteren und wirtschaftlich voll erschlossenen Ländern bereitfände.»

Hier zeichnet sich in aller Schärfe die andere Seite des kolonialen Diptychons ab: um Käufer sein zu können, muß der Kolonisator Verkäufer sein. An wen wird er verkaufen? An die Franzosen im Mutterland. Und was kann er verkaufen, wenn es keine Industrie gibt? Nahrungsmittel und Rohstoffe. Jetzt wird unter der Ägide des Ministers Ferry und des Theoretikers Leroy-Beaulieu der koloniale Status konstituiert.

Und welches sind die «Opfer», die der Staat dem Kolonisator bringt, diesem Liebling der Götter und Exporteure? Die Antwort ist einfach: er opfert ihm das Eigentum der Moslems.

Denn es ist in der Tat so, daß die Naturprodukte des kolonisierten Landes aus dem Boden wachsen und daß dieser Boden der «eingeborenen» Bevölkerung gehört. In manchen wenig bevölkerten Gebieten mit großen unbebauten Flächen ist der Raub weniger augenfällig: was man sieht, ist die militärische Okkupation, die Zwangsarbeit. Aber in Algerien war bei der Ankunft der französischen Truppen *aller fruchtbare Boden kultiviert*. Die angebliche «Erschließung» beruhte also auf einer Beraubung der Einwohner, die ein Jahrhundert währte: die Geschichte Algeriens ist die fortschreitende Konzentration des europäischen Grundbesitzes auf Kosten des algerischen Besitzes.

Alle Mittel waren recht.

Anfangs nutzt man den geringsten Ausbruch von Widerstand, um zu konfiszieren oder zu sequestrieren. Bugeaud pflegte zu sagen: Hauptsache, die Erde ist gut; wem sie gehört, ist gleichgültig.

Die Revolte von 1871 war von großem Nutzen: den Besiegten wurden Hunderttausende Hektar Land genommen.

Doch mußte man befürchten, damit nicht auszukommen. Da haben wir geruht, den Moslems ein schönes Geschenk zu machen: wir haben ihnen unser Bürgerliches Gesetzbuch beschert.

Und warum soviel Großzügigkeit? Weil das Stammeseigentum zumeist Kollektivbesitz war und man es zerstückeln wollte, um den Spekulanten Gelegenheit zu geben, es nach und nach aufzukaufen.

1873 beauftragte man Untersuchungskommissare, die großen Gemeinschaftsbesitzungen in ein Puzzle individueller Grundstücke umzuwandeln. Zu jedem Erbteil stellten sie Anteilscheine aus, die sie an jedermann abgaben. Manche dieser Anteilscheine waren fiktiv: in dem Duar Harrar hatte der Untersuchungskommissar 55 Anwärter auf 8 Hektar Land entdeckt.

Es genügte einen dieser Anwärter zu bestechen, und er verlangte die Aufteilung. Der französische Rechtsgang, kompliziert und konfus, wie er war, ruinierte sämtliche Teilbesitzer, und die europäischen Spekulanten konnten das Ganze für ein Butterbrot aufkaufen.

Gewiß, es ist bei uns vorgekommen, daß arme Bauern, ruiniert durch die Konzentration der Ländereien und die Mechanisierung, ihre Äcker verkauften und sich dem städtischen Proletariat anschlossen: immerhin wirkte sich das unerbittliche Gesetz des Kapitalismus hier aus, ohne daß die Betroffenen buchstäblich beraubt worden wären. In Algerien hat man vorsätzlich, zynisch den Moslems ein fremdes Recht aufgezwungen, weil man wußte, daß dieses Recht ihnen nicht entsprach und daß es die inneren Strukturen der algerischen Gesellschaft vernichten mußte. Wenn sich die Operation im 20. Jahrhundert mit der blinden Zwangsläufigkeit eines ökonomischen Gesetzes fortgesetzt hat, so deshalb, weil der französische Staat künstlich und brutal in einem feudalen Agrarland die Lebensbedingungen des kapitalistischen

Liberalismus geschaffen hatte. Doch hinderte das noch kürzlich einige Sprecher in der Nationalversammlung nicht, die erzwungene Übernahme unseres Rechts durch Algerien als «eine der Wohltaten der französischen Zivilisation» zu rühmen.

Hier die Resultate jener Operation:

1850 besaßen die Kolonisatoren 115000 Hektar Land. 1900 waren es 1600000 Hektar, 1950 schließlich 2703000 Hektar.

Heute gehören 2703000 Hektar den europäischen Besitzern. Der französische Staat besitzt 11 Millionen Hektar, die als «Domänengüter» bezeichnet werden; 7 Millionen Hektar hat man den Algeriern gelassen. Kurz, ein Jahrhundert hat genügt, sie um zwei Drittel ihres Landes zu bringen. Das Gesetz der Konzentration hat sich übrigens teilweise gegen die kleinen europäischen Landbesitzer ausgewirkt. Heute haben 6000 Großgrundbesitzer ein Bruttoeinkommen von über 12 Millionen; einige erreichen die Milliardengrenze. Das Kolonialsystem hat sich eingerichtet: der französische Staat überläßt den Kolonisatoren das Land der Araber, um ihnen eine Kaufkraft zu schaffen, die es den Industriellen des Mutterlandes ermöglicht, ihnen ihre Erzeugnisse zu verkaufen, und die Kolonisatoren verkaufen an die Märkte des Mutterlandes die Früchte dieses geraubten Landes.

Von nun an kräftigt sich das System von selbst; es dreht sich im Kreis; wir werden alle seine Auswirkungen aufzeigen und es immer unerbittlicher werden sehen.

1. Indem man den Grundbesitz *französierte* und zerstükkelte, zerbrach man die Struktur der alten Stammesgesellschaft, ohne irgend etwas an deren Stelle zu setzen. Diese Zerschlagung der Kader wurde systematisch gefördert: in erster Linie, weil sie die Widerstandskräfte beseitigte und die Kollektivkräfte durch einen Flugsand von Individuen ersetzte; dann, weil sie Arbeitskräfte freisetzte (wenigstens solange die Landwirtschaft nicht mechanisiert war): nur das Vorhandensein dieser Arbeitskräfte kann die Transportkosten aufwiegen; sie allein garantieren die Rentabilität der kolonialen Unternehmen gegenüber der Wirtschaft des Mutterlandes, deren Produktionskosten ständig sinken. So hat die Kolonialherrschaft die algerische Bevölkerung in ein riesiges Landproletariat verwandelt. Man hat von den Algeriern sagen können: es sind die gleichen Menschen wie

1830, und sie arbeiten auf den gleichen Landgütern; nur sind sie, statt diese zu besitzen, die Sklaven derer, die sie besitzen.

2. Wenn wenigstens der anfängliche Raub keinen *kolonialen* Charakter gehabt hätte, so könnte man vielleicht hoffen, daß eine mechanisierte Agrarproduktion es den Algeriern selbst ermöglichen würde, die Erzeugnisse ihres Bodens zum niedrigstmöglichen Preis zu kaufen. Aber die Algerier sind nicht die Kunden der Kolonisatoren und können es nicht sein. Der Kolonisator muß exportieren, um seine Importe bezahlen zu können: er produziert für den französischen Markt. Er wird durch die Logik des Systems dazu gebracht, die Bedürfnisse der Eingeborenen denen der Franzosen in Frankreich zu opfern.

Zwischen 1927 und 1932 hat der Weinbau 173000 Hektar dazugewonnen, wovon mehr als die Hälfte den Moslems weggenommen wurde. Die Moslems aber trinken keinen Wein. Auf den Feldern, die man ihnen stiehlt, haben sie Getreide für den algerischen Markt angebaut. Diesmal nimmt man ihnen nicht nur das Land weg: indem man dort Weinstöcke pflanzt, beraubt man die algerische Bevölkerung ihres Hauptnahrungsmittels. Eine halbe Million Hektar, aus den besten Ländereien herausgeschnitten und ausschließlich dem Weinbau vorbehalten, sind für die islamischen Massen unproduktiv und so gut wie verschwunden.

Und was soll man zu den Zitrusfrüchten sagen, die man in allen Lebensmittelläden der Moslems findet? Glauben Sie, die Fellachen essen Orangen zum Nachtisch?

Folglich weicht der Getreideanbau von Jahr zu Jahr weiter nach Süden, zur Sahara hin zurück. Man hat natürlich Leute gefunden, die bereit waren zu beweisen, daß dies eine Wohltat der Franzosen sei: wenn die Anbaugebiete sich verschieben, so deshalb, weil unsere Ingenieure das Land bis an die Grenze der Wüste bewässert haben. Diese Lügen mögen die leichtgläubigen oder gleichgültigen Bewohner des Mutterlandes täuschen: aber der Fellache weiß sehr wohl, daß der Süden nicht bewässert ist; wenn er gezwungen ist, dort zu leben, so einfach deshalb, weil Frankreich, sein Wohltäter, ihn aus dem Norden verjagt hat. Der fruchtbare Boden liegt in der Ebene, rings um die Städte; den Kolonisierten hat man die Wüste überlassen.

Das Ergebnis ist eine fortwährende Verschlimmerung der

Lage: der Getreideanbau hat seit siebzig Jahren nicht zugenommen. Während dieser Zeit hat sich die algerische Bevölkerung verdreifacht. Und wer diesen Geburtenüberschuß zu den Wohltaten Frankreichs zählen möchte, sei daran erinnert, daß es die ärmsten Völker sind, die die höchste Geburtenziffer haben. Sollen wir von den Algeriern verlangen, daß sie unserem Land dafür danken, daß es ihren Kindern erlaubt hat, im Elend zur Welt zu kommen, als Sklaven zu leben und Hungers zu sterben? Für diejenigen, die Zweifel an dieser Darstellung haben sollten, hier einige *amtliche* Zahlen:

Im Jahre 1871 verfügte jeder Einwohner über 5 Zentner Getreide;

1901 über 4 Zentner;

1940 über 2 1/2 Zentner;

1945 über 2 Zentner.

Gleichzeitig hatte die Knappheit an Einzelbesitztümern zur Folge, daß die Gemeinschaftsweidegebiete und das Wegegeld abgeschafft wurden. Im Süden, am Rande der Sahara, wohin die arabischen Viehzüchter abgedrängt wurden, kann sich das Vieh einigermaßen halten. Im Norden ist es verschwunden.

Vor 1914 besaß Algerien 9 Millionen Stück Vieh;

1950 hat es nur noch 4 Millionen.

Heute wird die landwirtschaftliche Produktion wie folgt geschätzt:

- die Moslems produzieren für 48 Milliarden Francs;
- die Europäer für 92 Milliarden.

Neun Millionen Menschen liefern ein Drittel der landwirtschaftlichen Produktion. Und vergessen wir nicht, daß nur dieses Drittel ihnen zur Verfügung steht; das übrige geht nach Frankreich. Sie müssen sich also mit ihren primitiven Geräten und ihrem schlechten Boden selbst ernähren. Vom Anteil der Moslems muß man – wenn man den Getreideverbrauch mit nur 2 Zentner pro Person ansetzt – 29 Milliarden für den Eigenverbrauch abziehen. Das äußert sich in den Budgets der meisten Familien durch die Unmöglichkeit, die Ausgaben für die Ernährung zu begrenzen. Die Lebensmittel verschlingen all ihr Geld; es bleibt nichts für Kleidung und Wohnung, für den Kauf von Saatgut oder Geräten.

Und der einzige Grund für diese fortschreitende Verelendung ist, daß die schöne koloniale Landwirtschaft sich wie ein Krebsgeschwür mitten im Land eingerichtet hat und alles zerfrißt.

3. Die Konzentration der Besitzungen zieht die Mechanisierung der Landwirtschaft nach sich. Das Mutterland ist hocherfreut, seine Traktoren an die Kolonisatoren verkaufen zu können. Während die Produktivität der auf schlechten Boden abgedrängten Moslems sich um ein Fünftel verringert hat, wird die der Kolonisatoren mit jedem Tag größer, und zwar ausschließlich zu ihrem eigenen Nutzen: die Weingüter von 1 bis 3 Hektar Größe, auf denen die Modernisierung des Anbaus schwierig, wenn nicht unmöglich ist, bringen 44 Hektoliter pro Hektar. Die Weingüter von über 100 Hektar bringen 60 Hektoliter pro Hektar.

Nun verursacht die Mechanisierung die technologische Arbeitslosigkeit: die Landarbeiter werden durch die Maschine ersetzt. Das hätte zwar auch beträchtliche, doch nur begrenzte Auswirkungen, wenn Algerien eine Industrie besäße. Aber das Kolonialsystem verbietet ihm das. Die Arbeitslosen strömen in die Städte, wo man sie für ein paar Tage bei Aufschließungsarbeiten beschäftigt, und dann bleiben sie dort, da sie nicht wissen, wohin sie gehen sollen: dieses verzweifelte Subproletariat wächst von Jahr zu Jahr. 1953 gab es nur 143000 amtlich registrierte Arbeitnehmer, die mehr als 90 Tage, das heißt an einem von vier Tagen, gearbeitet hatten. Nichts zeigt besser die zunehmende Härte des Kolonialsystems: zuerst wird das Land besetzt, dann eignet man sich den Grundbesitz an und beutet die ehemaligen Besitzer zu Hungerlöhnen aus. Und endlich wird mit der Mechanisierung auch diese billige Arbeitskraft noch zu teuer; man nimmt zuletzt dem Eingeborenen auch noch das Recht auf Arbeit. Dem Algerier bleibt nur noch, *im eigenen Land*, einem Land, das in voller Blüte steht, zu verhungern.

Wissen denn die Franzosen, die darüber zu klagen wagen, daß Algerier Franzosen die Arbeitsplätze wegnehmen, wissen sie, daß 80 Prozent dieser Algerier die Hälfte ihres Lohns ihrer Familie schicken und daß anderthalb Millionen Menschen, die in den Duars geblieben sind, ausschließlich von dem Geld leben, das ihnen diese 400000 freiwillig ins Exil Gegangenen schicken? Und auch das ist eine der harten Konsequenzen des Systems: die

Algerier sind gezwungen, in Frankreich die Arbeit zu suchen, die Frankreich ihnen in Algerien verweigert.

90 Prozent der Algerier unterliegen einer methodischen und rigorosen kolonialen Ausbeutung: von ihrem Grund und Boden vertrieben, auf unfruchtbares Land abgedrängt, gezwungen, für ein Spottgeld zu arbeiten, hält sie die Angst vor der Arbeitslosigkeit von Aufständen ab; die Streikenden fürchten, daß man Arbeitslose als Streikbrecher einsetzen werde. Infolgedessen ist der Kolonisator König, er gesteht den Arbeitern nichts von dem zu, was in Frankreich der Druck der Massen den Arbeitgebern hat entreißen können: keine gleitende Lohnskala, keine Tarifverträge, keine Familienbeihilfen, keine Kantinen, keine Arbeiterwohnungen. Vier Mauern aus getrocknetem Lehm, Brot, Feigen und zehn Arbeitsstunden pro Tag: hier ist der Lohn wirklich und offenkundig das zur Erhaltung und Reproduktion der Arbeitskraft notwendige Minimum.

So sieht es aus. Kann man wenigstens einen Ausgleich für dieses von den europäischen Usurpatoren systematisch herbeigeführte Elend in dem finden, was man die nicht direkt meßbaren Güter nennt – Aufschließungsarbeiten und Bauarbeiten der öffentlichen Hand, Hygiene, Bildungswesen? Hätten wir diesen Trost, so könnte man vielleicht noch hoffen: vielleicht auf wohldurchdachte Reformen ... Doch nein: das System ist unerbittlich. Da Frankreich vom ersten Tag an die Algerier enteignet und zurückgedrängt, da es sie als einen nicht assimilierbaren Block behandelt hat, ist alles, was Frankreich in Algerien getan hat, nur zum Vorteil der Kolonisatoren geschehen.

Ich spreche gar nicht von den Flugplätzen und Häfen: wozu nützen sie dem Fellachen, wenn er nicht in die Armutsviertel von Paris gehen will, um dort vor Hunger und Kälte zu krepieren?

Aber die Straßen? Sie verbinden die großen Städte mit den europäischen Besitzungen und den Militärstützpunkten. Nur sind sie nicht angelegt worden, damit die Algerier in ihren Wohnstätten erreichbar wurden.

Der Beweis?

In der Nacht vom 8. zum 9. September 1954 verwüstet ein Erdbeben Orléansville und die Region Ba-Chélif.

Die Zeitungen melden: 39 tote Europäer, 1370 tote französische Moslems.

400 dieser Toten aber wurden erst drei Tage nach der Katastrophe *entdeckt*. Manchen Duars ist erst sechs Tage später erste Hilfe geleistet worden. Die Entschuldigung der Rettungsmannschaften spricht den Leistungen der Franzosen das Urteil: «Was wollen Sie? Sie lagen zu weit ab von den Straßen.»

Die Hygiene wenigstens? Das öffentliche Gesundheitswesen? Nach dem Erdbeben von Orléansville wollte die Verwaltung Untersuchungen über die Lebensbedingungen in den Duars anstellen. Die, die sie aufs Geratewohl auswählte, lagen 30 oder 40 Kilometer von der Stadt entfernt und wurden nur *zweimal im Jahr* von dem zuständigen Arzt besucht.

Was unsere berühmte Kultur betrifft – wer weiß, ob die Algerier besonders begierig waren, sie zu erwerben? Fest steht jedenfalls, daß wir sie ihnen vorenthalten haben. Ich will nicht sagen, daß wir so zynisch verfuhren wie jener Südstaat der USA, wo ein bis zum Beginn des 19. Jahrhunderts gültiges Gesetz *bei Strafe* verbot, die schwarzen Sklaven lesen zu lehren. Aber schließlich wollten wir doch aus unseren «islamischen Brüdern» ein Volk von Analphabeten machen. Noch heute zählt man 80 Prozent des Lesens und Schreibens Unkundige in Algerien. Es ginge noch an, hätten wir ihnen nur den Gebrauch unserer Sprache verboten. Aber es gehört notwendigerweise zum Kolonialsystem, daß es den Kolonisierten den Zugang zur Geschichte zu versperren sucht; da nationale Forderungen sich in Europa stets auf die Einheit der Sprache gestützt haben, wurde den Moslems der Gebrauch ihrer eigenen Sprache verwehrt. Seit 1830 wird die arabische Sprache in Algerien als Fremdsprache angesehen; man spricht sie noch, doch ist sie nur mehr virtuell eine Schriftsprache. Das ist nicht alles: um die Araber in der Zersplitterung zu halten, hat die französische Verwaltung ihre Religion konfisziert; sie rekrutiert die Verweser des Islam aus von ihr bezahlten Kreaturen. Sie hat den primitivsten Aberglauben unterstützt, weil Aberglaube uneins macht. Die Trennung von Kirche und Staat ist ein republikanisches Privileg, ein nur dem Mutterland zustehender Luxus. In Algerien kann sich die französische Republik nicht erlauben, republikanisch zu sein. Sie konserviert die Unbildung und die Glaubensvorstellungen des Feudalismus, beseitigt aber gleichzeitig die Strukturen und Bräuche, durch die ein lebender Feudalismus *trotz allem* eine menschliche Gesellschaft ist; sie oktroyiert ein individualistisches und liberales Recht, um die Kader und die Dynamik der algerischen Kollektivität zu zerschlagen, aber sie behält Duodezfürsten bei, die ihre Macht nur von ihr beziehen und die für sie regieren. Mit einem Wort, sie *fabriziert* «Eingeborene», indem sie jene aus der archaischen Kollektivität herausreißt und in ihnen gleichzeitig *in der Vereinzelung des liberalen Individualismus* eine Mentalität herausbildet oder konserviert, deren Archaismus doch nur in Verbindung mit dem Archaismus der Gesellschaft fortleben kann. Sie schafft *Massen*, hindert sie aber, ein bewußtes Proletariat zu werden, indem es sie durch die Karikatur ihrer eigenen Ideologie mystifiziert.

Und hier komme ich auf unseren Gesprächspartner vom Anfang zurück, auf unseren Realisten mit dem weichen Herzen, der uns umfassende Reformen vorschlug mit den Worten: «Zuerst die Wirtschaft!» Ich antworte ihm: Ja, der Fellache stirbt vor Hunger, ja, ihm fehlt es an allem, an Land, an Arbeit und an Wissen; ja, die Krankheiten setzen ihm hart zu; ja, der gegenwärtige Zustand in Algerien läßt sich mit dem schlimmsten Elend im Fernen Osten vergleichen. Und dennoch ist es nicht möglich, mit den wirtschaftlichen Veränderungen zu beginnen, weil das Elend und die Verzweiflung der Algerier das unmittelbare und zwangsläufige Ergebnis des Kolonialismus sind und man sie niemals bezwingen wird, solange der Kolonialismus andauert. Das wissen *alle* denkenden Algerier. Und alle stimmen überein mit diesem Wort eines Moslems: «Ein Schritt vorwärts, zwei Schritte zurück. Da habt ihr die Kolonialreform.»

Denn das System macht von selbst und mühelos alle Neuordnungsversuche zunichte: es kann sich nur erhalten, indem es mit jedem Tag härter, unmenschlicher wird.

Angenommen, das Mutterland will eine Reform durchführen. Dann gibt es drei Möglichkeiten:

1. Die Reform schlägt automatisch zum Vorteil des Kolonisators und *nur* des Kolonisators aus.

Um die Erträge zu steigern, hat man Talsperren und ein ganzes System von Bewässerungsanlagen gebaut. Aber natürlich kann das Wasser nur das Land in den Tälern tränken. Nun ist aber dieses Land stets das fruchtbarste Algeriens gewesen, und die Europäer haben es an sich gerissen. In der Begründung der Lex

Martin heißt es, daß drei Viertel des bewässerten Landes den Europäern gehören. Aber bewässern Sie mal den Süden am Rande der Sahara!

2. Man verfälscht sie derart, daß sie wirkungslos bleibt.

Der Status Algeriens ist in sich selbst monströs. Hoffte die französische Regierung, die islamischen Massen täuschen zu können, als sie ihnen das Zweiklassenwahlrecht aufoktroyierte? Jedenfalls hat man ihr nicht einmal die Zeit gelassen, ihre Täuschung zu Ende zu führen. Die Kolonisatoren wollten dem Eingeborenen nicht einmal die Möglichkeit geben, sich täuschen zu lassen. Das war ihnen schon zuviel: sie zogen die offene Wahlfälschung vor. Und von ihrem Standpunkt aus hatten sie vollkommen recht: will man Leute ermorden, empfiehlt es sich, sie vorher zu knebeln. Es ist der Kolonialismus, der sich in ihnen gegen den Neokolonialismus wendet, um dessen gefährliche Konsequenzen zu verhindern.

3. Man legt sie mit dem stillen Einverständnis der Verwaltung auf Eis.

Die Lex Martin sah vor, daß die Kolonisatoren zum Ausgleich für den durch die Bewässerung entstandenen Wertzuwachs dem Staat einige Parzellen ihres Landes abtreten sollten. Der Staat hätte diese Parzellen an Algerier *verkauft*, die ihre Schulden innerhalb von fünfundzwanzig Jahren hätten abtragen dürfen. Sie sehen: die Reform war bescheiden: es handelte sich schlicht und einfach darum, an einige auserwählte Eingeborene einen winzigen Teil der Ländereien, die man ihren Eltern geraubt hatte, zurückzuverkaufen. Die Kolonisatoren verloren bei diesem Handel nicht einen Sou.

Aber es geht ihnen nicht nur darum, nichts zu verlieren: sie wollen immer mehr gewinnen. Seit hundert Jahren an die «Opfer» gewöhnt, die das Mutterland *für sie* bringt, können sie es nicht dulden, daß solche Opfer Eingeborenen zugute kommen sollen. Ergebnis: die Lex Martin wurde auf Eis gelegt.

Man begreift die Haltung der Kolonisatoren, wenn man das Schicksal bedenkt, das sie den «Landwirtschaftsämtern zur technischen Ausbildung der islamischen Bauern» bereitet haben. Diese auf dem Papier und in Paris geschaffene Einrichtung hatte lediglich zum Ziel, die Produktivität des Fellachen ein wenig zu steigern: gerade genug, um ihn vor dem Verhungern zu bewahren. Doch die Neokolonialisten des Mutterlandes machten sich nicht klar, daß dies den Interessen des Systems direkt zuwiderlief: damit algerische Arbeitskräfte im Überfluß zur Verfügung standen, mußte der Fellache fortfahren, wenig und zu überhöhten Preisen zu produzieren. Würden nicht, wenn man technisches Wissen unter die Leute brächte, die Landarbeiter rarer werden und anspruchsvoller? Wäre nicht die Konkurrenz des islamischen Grundbesitzers zu fürchten? Und vor allem ist die Ausbildung, welcher Art sie auch sein und woher sie auch kommen mag, ein Werkzeug der Emanzipation. Die Regierung weiß das, wenn es eine Regierung der Rechten ist, so gut, daß sie sich weigert, unsere eigenen Bauern hier in Frankreich auszubilden. Also wird man doch nicht das technische Wissen unter die Eingeborenen tragen! Mißliebig, überall angegriffen – versteckt in Algerien, heftig in Marokko –, bleiben diese Ämter wirkungslos.

Von da an bleiben alle Reformen unwirksam. Vor allem sind sie teuer. Für das Mutterland sind sie zu kostspielig, und die Kolonisatoren haben weder die Mittel noch den Willen, sie zu finanzieren. Die allgemeine Schulpflicht – eine oft vorgeschlagene Reform – würde 500 Milliarden alte Franc kosten (wenn man die Aufwendungen für einen Schüler mit 32000 Franc jährlich ansetzt). Nun belaufen sich die Gesamteinnahmen Algeriens auf 300 Milliarden. Die Schulreform kann nur durch ein industrialisiertes Algerien mit mindestens verdreifachten Einnahmen verwirklicht werden. Aber das Kolonialsystem widersetzt sich der Industrialisierung, wie wir gesehen haben. Da kann Frankreich Milliarden in große Unternehmungen stecken: man weiß genau, daß nichts davon bleibt.

Und wenn ich «Kolonialsystem» sage, dann verstehe man recht: es handelt sich nicht um einen abstrakten Mechanismus. Das System existiert, es funktioniert; der Teufelskreis des Kolonialismus ist eine Realität. Doch diese Realität ist verkörpert in einer Million Kolonisatoren, Söhnen und Enkeln von Kolonisatoren, die vom Kolonialismus geformt worden sind und die nach den Prinzipien des Kolonialsystems denken, sprechen und handeln.

Denn der Kolonisator ist wie der Eingeborene ein Fabrikat: er besteht aus seiner Funktion und seinen Interessen.

Durch den kolonialen Vertrag an das Mutterland gebunden,

kam er, um für dieses mit großem Profit die Erzeugnisse des kolonisierten Landes zu kommerzialisieren. Er hat sogar neue Kulturen heimisch gemacht, die die Bedürfnisse des Mutterlandes weit mehr als die der Eingeborenen spiegeln. Er ist also ein zwiespältiges und widersprüchliches Wesen: er hat sein «Vaterland», Frankreich, und sein «Land», Algerien. In Algerien repräsentiert er Frankreich und will nur mit Frankreich in Beziehung stehen. Aber seine *wirtschaftlichen* Interessen bringen ihn dahin, sich den *politischen* Institutionen seines Vaterlandes zu widersetzen. Die französischen Institutionen sind die einer auf einem liberalen Kapitalismus basierenden bürgerlichen Demokratie. Sie schließen das Wahlrecht, das Vereinigungsrecht und die Pressefreiheit ein.

Aber der Kolonisator, dessen Interessen denen der Algerier genau entgegengesetzt sind und der die Überausbeutung nur auf die nackte Unterdrückung gründen kann, kann diese Rechte nur *für sich selbst* gelten lassen, um sich ihrer *in Frankreich* zu erfreuen, unter Franzosen. Dementsprechend verabscheut er die – wenigstens formale – Universalität der Institutionen des Mutterlandes. Eben weil sie für jedermann gelten, könnte der Algerier sie auch für sich in Anspruch nehmen. Eine der Funktionen des Rassismus besteht darin, den latenten Universalismus des bürgerlichen Liberalismus zu kompensieren: da alle Menschen die gleichen Rechte haben, macht man aus dem Algerier einen Untermenschen. Und daß der Kolonisator die Institutionen seines Vaterlandes ablehnt, wenn seine Mitbürger ihre Geltung auf «sein» Land ausdehnen wollen, hat bei jedem eine Tendenz zur Sezession im Gefolge. Hat nicht der Präsident des algerischen Städtetags vor einigen Monaten gesagt: «Wenn Frankreich versagt, werden wir an seine Stelle treten»?

Aber der Widerspruch tritt voll in Erscheinung, wenn der Kolonisator erklärt, daß die Europäer unter den Moslems isoliert seien und daß das Kräfteverhältnis neun zu eins betrage. Eben weil sie isoliert sind, lehnen sie jede Verfassung ab, die die Mehrheit an die Macht bringen würde. Und aus dem gleichen Grund haben sie keine andere Möglichkeit, als sich durch Gewalt zu behaupten.

Aber aus ebendiesem Grund – und weil das Kräfteverhältnis selbst sich nur gegen sie auswirken kann – sind sie auf die Macht des Mutterlandes, das heißt der französischen Armee, angewiesen. So sind denn diese Separatisten zugleich Hyperpatrioten. Republikaner in Frankreich – soweit unsere politischen Institutionen ihnen erlauben, *bei uns* eine politische Macht zu bilden –, sind sie in Algerien Faschisten, die die Republik hassen und die republikanische Armee leidenschaftlich lieben.

Können sie anders sein? Nein. Nicht, solange sie Kolonisatoren sind. Es ist vorgekommen, daß Eindringlinge, die sich in einem Lande niedergelassen hatten, sich mit der autochthonen Bevölkerung vermischten und schließlich mit ihr eine Nation bildeten: in solchen Fällen sieht man – zumindest bei gewissen Klassen – gemeinsame nationale Interessen entstehen. Aber die Kolonisatoren sind Eindringlinge, die durch den kolonialen Vertrag völlig von den Überfallenen isoliert sind: seit über einem Jahrhundert halten wir Algerien besetzt, und kaum je hört man von Mischehen oder französisch-arabischen Freundschaften. Als Kolonisatoren sehen die Algerienfranzosen ihre Aufgabe darin, Algerien zum Vorteil Frankreichs zu ruinieren. Als Algerier wären sie gezwungen, sich auf die eine oder andere Weise und *im eigenen Interesse* für die wirtschaftliche – und folglich auch die kulturelle – Entwicklung des Landes zu interessieren.

Bis es dahin kommt, ist das Mutterland in der Falle des Kolonialismus gefangen. Solange es seine Souveränität über Algerien behauptet, wird es kompromittiert durch das System, das heißt durch Kolonisatoren, die seine Institutionen verleugnen; und der Kolonialismus zwingt das Mutterland, demokratische Franzosen in den Tod zu schicken, um die Tyrannei der antidemokratischen Kolonisatoren über die Algerier zu verteidigen. Aber auch dort funktioniert die Falle, und der Kreis wird enger: die Repression, die wir zu ihrem Vorteil ausüben, macht sie mit jedem Tag verhaßter; genau in dem Maße, in dem unsere Truppen sie beschützen, vergrößern sie die Gefahren, die ihnen drohen, was wiederum die Anwesenheit der Armee noch notwendiger macht. Der Krieg wird in diesem Jahr, wenn er weitergeht, über 300 Milliarden kosten, was den gesamten algerischen Einnahmen entspricht.

Wir kommen zu dem Punkt, an dem sich das System selbst zerstört: die Kolonien kosten mehr, als sie einbringen.

Als die Kolonisatoren, die das Gemeinwesen der Moslems

zerstörten, die Assimilierung der Moslems ablehnten, handelten sie ganz folgerichtig; die Assimilierung hätte vorausgesetzt, daß man den Algeriern sämtliche Grundrechte garantierte, daß man sie von unseren Versicherungs- und Wohlfahrtseinrichtungen profitieren ließ, daß man in die Nationalversammlung des Mutterlandes hundert algerische Abgeordnete aufnahm, daß man den Moslems durch eine Bodenreform und die Industrialisierung des Landes denselben Lebensstandard verschaffte, wie ihn die Franzosen hatten. Die vollkommene Assimilation hätte ganz schlicht die Abschaffung des Kolonialismus bedeutet: wie hätte man den Kolonialismus dazu bringen können? Aber da die Kolonisatoren den Kolonisierten nichts als das Elend zu bieten haben, da sie sie auf Distanz halten, da sie sie zu einem nicht assimilierbaren Block machen, muß diese radikal negative Haltung, als zwangsläufiges Pendant, das Bewußtsein der Massen wecken. Die Auflösung der feudalen Strukturen begünstigt, nachdem sie zunächst den arabischen Widerstand geschwächt hat, diesen kollektiven Bewußtseinsprozeß: neue Strukturen entstehen. In der Reaktion auf die Segregation und im täglichen Kampf entdeckt sich und formt sich die algerische Persönlichkeit. Der algerische Nationalismus ist nicht einfach das Wiederaufleben alter Traditionen, alter Bindungen: er ist der einzige Ausweg, den die Algerier haben, wenn sie ihrer Ausbeutung ein Ende setzen wollen. Wir haben gesehen, daß Jules Ferry vor dem Abgeordnetenhaus erklärte: «Dort, wo die politische Vorherrschaft besteht, dort besteht auch ... die ökonomische Vorherrschaft ...» Die Algerier sterben an unserer wirtschaftlichen Vorherrschaft, aber sie machen sich diese Lehre zunutze: um unsere wirtschaftliche Vorherrschaft zu brechen, haben sie beschlossen, den Kampf gegen unsere politische Vorherrschaft aufzunehmen. So haben die Kolonialherren selbst ihre Gegner geformt; sie haben den Zögernden gezeigt, daß keine Lösung möglich war außer einer Gewaltlösung.

Die einzige Wohltat des Kolonialismus liegt darin, daß er sich unnachgiebig zeigen muß, um Bestand zu haben, und daß er durch seine Unnachgiebigkeit seinen eigenen Untergang vorbereitet.

Wir, die Franzosen des Mutterlandes, können aus diesen Tatsachen nur eine Lehre ziehen: der Kolonialismus ist dabei, sich selbst zu zerstören. Aber er verpestet noch die Atmosphäre: er ist unsere Schande, er spricht unseren Gesetzen hohn oder macht sie zu Karikaturen ihrer selbst; er infiziert uns mit seinem Rassismus, wie es neulich die Episode von Montpellier gezeigt hat, er zwingt unsere jungen Leute, *gegen ihren Willen* zu sterben für die Naziprinzipien, die wir vor zehn Jahren bekämpften; er sucht sich zu verteidigen, indem er den Faschismus nach Frankreich hineinträgt. Unsere Rolle ist es, ihm beim Sterben zu helfen. Nicht nur in Algerien, sondern überall, wo er existiert. Jene Leute, die von Verzicht reden, sind schwachsinnig: wir können nicht auf etwas verzichten, was wir niemals besessen haben. Es handelt sich, ganz im Gegenteil, darum, mit den Algeriern neue Beziehungen zu schaffen zwischen einem freien Frankreich und einem befreiten Algerien. Aber lassen wir uns vor allem nicht durch die reformistische Mystifikation von unserer Aufgabe abbringen. Der Neokolonialist ist ein Naivling, der noch glaubt, man könne das Kolonialsystem verbessern – oder ein Zyniker, der Reformen vorschlägt, weil er weiß, daß sie wirkungslos sind. Sie werden schon zur rechten Zeit kommen, diese Reformen: das algerische Volk wird sie durchführen. Das einzige, was wir versuchen können und müssen – aber das ist jetzt das Wesentliche –, ist, an seiner Seite zu kämpfen, um die Algerier und *zugleich* die Franzosen von der kolonialen Tyrannei zu befreien.

Kritik der dialektischen Vernunft
oder
Wie entsteht eine revolutionäre Gruppe?
(1960)

1960 veröffentlichte Jean-Paul Sartre sein zweites philosophisches Hauptwerk, die Kritik der dialektischen Vernunft. *Wie bei Immanuel Kants drei «Kritiken» –* Kritik der reinen Vernunft, Kritik der praktischen Vernunft *und* Kritik der Urteilskraft *– bedeutet das Wort «Kritik» hier nicht «Kritisierung», sondern «Definition». Sartre zog in diesem Werk die philosophische Summe aus seinen seit 1941 gemachten politischen Erfahrungen. Dabei waren für ihn folgende Fragen entscheidend: 1. Wie konnte die sozialistische Oktoberrevolution zum Stalinismus entarten? 2. Wie konnte die kritische Theorie von Marx zur dogmatischen Ideologie des Marxismus werden? Wie erklären sich Hunger und Unterentwicklung der Dritten Welt? Was ist der Motor der menschlichen Geschichte, und wohin führt sie?*

Bereits an diesen Fragestellungen wird deutlich, daß Sartre die Ebene des einzelnen Menschen, des Individuums in seinem In-der-Welt-sein, seinem Verhältnis zur Existenz seines eigenen Körpers, zur Existenz der Dinge um ihn herum und zur Existenz der anderen Menschen, die Gegenstand seines ersten philosophischen Hauptwerks, Das Sein und das Nichts, *waren, verlassen hatte und sich unter dem Einfluß seines immer stärkeren politischen Engagements der Existenz der Gruppen und der kollektiven Praxis, der konkreten Geschichte zuwandte. Spielte in* Das Sein und das Nichts *der Gegensatz von Existenz und Wesen eine entscheidende Rolle, so ist es jetzt der Gegensatz von Serialität und Gruppe. Was heißt das? Unser soziales Leben spielt sich in zwei entgegengesetzten Formen ab, die sich in der konkreten Geschichte in vielfältiger Weise mischen: Im Zustand der* Serialität *sind wir als bloße Menge, als Masse, als Quantität, in der die einzelnen Individuen austauschbare Glieder sind. Beispiele dafür sind Ansammlungen auf Straßen und Plätzen, in öffentlichen Verkehrsmitteln, als Gegenstand von statistischen Erhebungen oder Straf- und Vernichtungsmaßnahmen usw. Wir befinden uns dabei im Zustand der* Alterität, *das heißt der Andersheit: Jeder ist für uns der Andere, und für jeden sind wir der Andere, ja sogar für uns selbst sind wir ein anderer, eben weil unsere Individualität nicht zählt, weil wir austauschbar sind. Sartre definiert das folgendermaßen:* «Ein Ensemble wird seriell genannt, wenn jedes seiner Glieder, obwohl allen anderen benachbart, allein bleibt und sich durch das Denken des Nachbarn definiert, insofern dieser *wie die anderen denkt*: das heißt, daß jeder ein anderer als er selbst ist und sich wie ein anderer verhält, der seinerseits ein anderer als er selbst ist.» *Wir erkennen hier die Flucht vor der Freiheit und der Verantwortlichkeit wieder, die uns dazu führt, durch die Annahme konventioneller Rollen in der Art der Dinge existieren zu wollen, die sich ihr Wesen nicht selbst schaffen müssen. Der Zustand der Serialität und Alterität bedeutet also Unfreiheit.*

Wie können wir uns davon befreien? Indem wir aus der Serie eine Gruppe *bilden. Wie ist das möglich? Indem wir – oft durch eine äußere Bedrohung – uns zu gemeinsamem Handeln entschließen und damit die Serialität, die bloße Quantität, unsere Anzahl, die uns zu austauschbaren Gliedern macht, als Instrument unserer gemeinsamen Praxis benutzen. Wenn das gelingt, begegnen wir uns nicht mehr alle als andere, sondern als gleiche, weil jeder das gleiche wie wir tut und wir das gleiche wie jeder tun. In diesem Moment ist eine Gruppe entstanden, und nur Gruppen sind der Motor der menschlichen Geschichte. Doch keine Gruppe hat die Chance, in ihrer reinen Form zu überleben. Gerade durch ihren Versuch, sich zu erhalten, verliert sie mehr und mehr ihren Gruppencharakter und wird schließlich wieder zur Serie: Die durch die praktischen Aufgaben bedingte Arbeitsteilung, Disziplin, Institutionalisierung, Bürokratisierung und Hierarchisierung als notwendige Schritte ihrer Selbsterhaltung können schließlich zu Personenkult und Diktatur führen. Daher müssen wir immer wieder die Anstrengung unternehmen, durch Bildung neuer Gruppen aus dem Zustand der Serialität auszubrechen, so wie wir auf individueller Ebene immer wieder die Anstrengung unternehmen müssen, aus dem Zustand der bloßen Existenz auszubrechen.*

Eines der zentralen Themen der Kritik der dialektischen Vernunft *ist daher die Beschreibung, unter welchen Bedingungen, auf welche Weise und in welchen Etappen eine Serie in eine Gruppe verwandelt wird. Als historisches Beispiel nimmt Sartre den Sturm des Pariser Saint-Antoine-Viertels auf die Bastille im Jahre 1789, mit dem die Französische Revolution begann.*

Bei Sartres Analysen spielen die Begriffe Totalität *und* Totalisierung *eine wichtige Rolle: Eine Totalität ist eine Gesamtheit, bei der jeder Teil sich auf jeden anderen Teil und zugleich auf das Ganze bezieht, so daß jede Veränderung eines Teils auch alle anderen Teile und das Ganze verändert. Eine Totalisierung ist die Entstehung oder Herbeiführung einer Totalität. Wenn Sartre zum Beispiel davon spricht, daß durch das Zusammenziehen von königlichen Truppen um Paris und das gleichzeitige Vorhandensein der Bastille das Saint-Antoine-Viertel «totalisiert» wird, so heißt das, daß von nun an das gesamte Viertel mit seinen Gebäuden, Straßen und Menschen einem möglichen Massaker unterworfen ist und sonst keine andere Funktion mehr hat.*

Ein weiterer wichtiger Schlüsselbegriff ist das Praktisch-Inerte. *Praktisch-inert ist ein Ensemble, das einst durch eine kreative Praxis entstanden und im Laufe der Zeit durch die Trägheit der Materie erstarrt ist. Nur durch eine neue, den neuen Umständen angemessene Praxis kann die Trägheit des Praktisch-Inerten wieder aufgehoben werden:*

Vom 12. Juli 1789 an ist das Volk von Paris im Zustand der Erhebung. Seine Wut hat begründete Ursachen, die jedoch bisher die Volksklassen nur in ihrer gemeinsamen Ohnmacht getroffen haben. [...]

Schon am 8. Juli weist Mirabeau die Nationalversammlung darauf hin [...], daß 35 000 Mann zwischen Paris und Versailles zusammengezogen sind und daß noch weitere 20 000 erwartet werden. Und Ludwig XVI. antwortet den Abgeordneten: «Es ist notwendig, daß ich von meiner Macht Gebrauch mache, um die Ordnung in der Hauptstadt wiederherzustellen und aufrechtzuerhalten ... Diese Gründe haben mich veranlaßt, Truppen um Paris zusammenzuziehen.» Am Sonntagvormittag, dem 12. Juli, werden in der Stadt Plakate «Im Namen des Königs» angebracht, die behaupten, daß die Truppenansammlungen um Paris die Stadt vor den Räubern schützen sollen. [...] Auf diese Weise wird der Ort [...] durch eine äußere organisierte Praxis in eine Totalität verwandelt. Diese Totalität als Objekt einer Praxis (die Stadt, die einzuschließen ist, die Unruhen, die zu verhindern sind) ist zudem durch sich selbst eine Bestimmung des praktisch-inerten Feldes: Die Stadt ist einmal der Ort [...] (der sich anbahnende Belagerungszustand macht ihn zu einem Behältnis) und zum anderen die Bevölkerung, die durch das militärische Vorgehen, das sie zur eingeschlossenen Menge macht, als geprägte Materialität gekennzeichnet ist. Die *Gerüchte*, die *Maueranschläge*, die *Neuigkeiten* [...] vermitteln jedem seine gemeinsame Bestimmung: er ist *Partikel einer geprägten Materialität*. Auf dieser Stufe könnte man sagen, daß die Einkreisungstotalität *in der Serialität* erlebt wird. Es geschieht das, was man Gärung nennt: man rennt auf die Straße, man schreit, man versammelt sich, man verbrennt die städtischen Zollschranken. Das Band der Individuen untereinander ist [...] das der Alterität als unmittelbare Entdeckung seiner selbst im Anderen. [...] Und diese *Situation* begründet das, was man unzutreffend mit Ansteckung, Nachahmung usw. bezeichnet: In diesen Verhaltensweisen sieht in Wirklichkeit jeder im Anderen seine eigene Zukunft und entdeckt von daher sein gegenwärtiges Handeln im Handeln des Anderen. *Nachahmen* heißt bei diesen noch inerten Bewegungen *sich entdecken* als einer, der gleichzeitig dort drüben seine eigene Aktion im Anderen und hier, in sich selbst, die Aktion des Anderen durchführt. Er flieht die Flucht des Anderen und seine eigene Flucht.

Wer andere rennen sieht, rennt auch mit, nicht weil er erfährt, *was man tun muß*, sondern er entdeckt, *was er selbst gerade tut*. Und natürlich kann er das nur entdecken, *indem er es tut*. Wir werden auf das gleiche Gesetz in der Gruppenbeziehung stoßen, aber mit einer genau umgekehrten Bedeutung. [...]

In Paris selbst kommt es dann an den Zollschranken und in den Tuilerien zu Zusammenstößen zwischen militärischen Abteilungen und Nachahmungsansammlungen. Die Folge davon ist eine neue Welle defensiver serieller Gewalt: man plündert die Waffenläden. Diese revolutionäre Antwort auf eine mit jedem Augenblick gefährlicher werdende Situation hat zwar die historische Bedeutung einer gemeinsamen, organisierten Tat. Aber das ist sie gerade nicht, sondern es ist eine kollektive Verhaltensweise: Durch den Versuch der Anderen, Waffen zu finden, wird jeder bestimmt, sich ebenfalls zu bewaffnen. Und jeder versucht, dem Anderen zuvorzukommen, denn im Rahmen dieses neu auftretenden Mangels wird die Suche eines jeden nach einem Gewehr zur Gefahr für den Anderen, unbewaffnet zu bleiben. Gleichzeitig wird die kollektive Verhaltensweise durch die Beziehungen der Nachahmung und Ansteckung konstituiert: jeder findet sich im Anderen eben in der Art, in der er das gleiche tut. Dennoch sind diese gewalttätigen und aktionsfähigen Ansammlungen völlig unorganisch [...]. Wenn der Sinn dieser passiven Aktivität revolutionär ist, so vor allem in dem Maße, wie sich unter der Einwirkung einer äußeren Praxis die Einheit der Ohnmacht (Trägheit) in Masse, *in Schwerkraft der Zahl* verwandelt hat. Denn diese Masse [...] findet gerade in ihrer Unorganisiertheit eine unwiderstehliche mechanische Stoßkraft gegen den sporadischen Widerstand der Waffenhändler. Aber der andere Faktor, der bald die revolutionäre Praxis der Gruppe schaffen wird, liegt darin, daß die individuelle Tat des *Sichbewaffnens* [...] sich *von selbst* und in ihrem Ergebnis in eine doppelte Bedeutung von Freiheit umkehrt. Der Wille eines jeden, sein eigenes Leben gegen die Dragoner zu verteidigen [...], führt *im Feld der Praxis* zu dem Ergebnis, daß *das Volk von Paris sich gegen den König bewaffnet hat [...] als eine geeinte Gruppe, die eine planmäßige Aktion hervorgebracht hat.* [...] Die Einheit ist hier noch *woanders*, das heißt vergangen und zukünftig. Vergangen, denn *die Gruppe hat eine Tat vollbracht*, und das Kollektiv konstatiert diese Tat mit Überraschung als ein Moment seiner passiven Aktivität: *es ist Gruppe gewesen*, und diese Gruppe hat sich durch eine revolutionäre Aktion bestimmt, die den Prozeß unumkehrbar macht. Zukünftig, denn die Waffen selbst, sofern man sie genommen hat, um sich der planmäßigen Aktion einer militärischen Truppe zu widersetzen, zeichnen in ihrer Materialität selbst die Möglichkeit eines planmäßigen Widerstands vor. [...]

Von diesem Augenblick an ist etwas gegeben, was weder Gruppe noch Serie ist, sondern was Malraux in seinem Buch *Die Hoffnung* Apokalypse genannt hat, das heißt die Auflösung der Serie in eine fusionierende Gruppe. Diese noch nicht strukturierte, das heißt gänzlich *amorphe* Gruppe ist das unmittelbare Gegenteil der Alterität: [...] an jedem Ort der Stadt, in jedem Augenblick, in jedem partiellen Prozeß steht die ganze Partie auf dem Spiel. [...] «Gegen Abend», schreibt Montjoye, «wurde Paris zu einer neuen Stadt. In Abständen abgegebene Kanonenschüsse mahnten die Bevölkerung, sich bereit zu halten. Zum Kanonendonner gesellte sich der Lärm der Glocken, die unaufhörlich Alarm läuteten. Die sechzig Kirchen, in denen sich die Einwohner versammelt hatten, waren brechend voll. Hier war jeder der Redner.»

Die fusionierende Gruppe, das ist die Stadt. [...] Es läßt sich nachweisen, daß die erste Strukturierung [...] für ein Stadtviertel [...] *von seiner praktisch-inerten Struktur* kommt. Das Saint-Antoine-Viertel hat immer *im Schatten* der Bastille gelebt: diese düstere Festung ist eine Bedrohung nicht so sehr als Gefängnis, sondern durch ihre Kanonen: sie ist das Symbol der unterdrükkenden Gewalt als Grenze eines unruhigen Elendsviertels [...] für die Truppen [ist es] die Möglichkeit, vom Westen und Nordwesten aus in das Viertel einzumarschieren, um hier ein Blutbad anzurichten. [...] Diese Möglichkeit aktualisiert gleichzeitig die Bedrohung durch die Bastille: Für die Bevölkerung des Viertels ist sie die Möglichkeit, *von zwei Seiten aus beschossen zu werden*. [...] Mit anderen Worten: die praktisch-inerte Struktur zeichnet, vermittels eines jeden, die fusionierende Gruppe nicht nur als die Einheit aller vor, sondern als eine *strukturierte* Einheit. Materiell und in der Trägheit skizziert sie eine erste Differenzierung der Funktionen, eine erste Arbeitsteilung; das heißt, sie stellt selbst an alle die Bedingung, die notwendig ist, damit die fusionierende Gruppe nicht in die Ansammlung zurückfällt. Das *erlittene* Schicksal zeigt uns nämlich die Ansammlung von zwei Seiten eingeschlossen, das heißt, der *vereinten* Aktion zweier Vernichtungskräfte unterworfen, die sich an den beiden entgegengesetzten Enden des Stadtviertels befinden. [...] Man braucht bewaffnete Menschen, die das Stadtviertel gegen die königlichen Truppen, andere, die es gegen die Bastille verteidigen. Und die Bastille offenbart ihrerseits im Rahmen des Mangels die erste Forderung der gemeinsamen Freiheit: Zur Verteidigung des Stadtviertels gegen die Soldaten braucht man Waffen; *im Stadtviertel* fehlen sie, aber es gibt welche in der Bastille. Die Bastille wird zum gemeinsamen Interesse, insofern sie gleichzeitig als Waffenarsenal geplündert und vielleicht gegen die vom Westen kommenden Feinde gerichtet werden *kann und muß*. Die Dringlichkeit kommt jetzt vom Mangel an Zeit: der Feind ist noch nicht da, aber er kann jeden Augenblick ankommen. Die Operation erweist sich für jeden als die dringliche Entdeckung einer furchtbaren gemeinsamen Freiheit.

Die Wörter
oder
Schreiben ist eine Neurose
(1963)

Sartre, der nach dem frühen Tod seines Vaters im bildungsbürgerlichen Milieu seines Großvaters, des elsässischen Lehrers Charles Schweitzer, eines Verwandten von Albert Schweitzer, aufgewachsen war, hatte schon als Kind zu schreiben angefangen und den Wunsch gehabt, ein Schriftsteller zu werden. Durch den Zweiten Weltkrieg in die Geschichte und in ein immer stärkeres politisches Engagement gestürzt, hatte er seit 1953 begonnen, seinen Schriftstellerberuf in Frage zu stellen. Um sich darüber klarzuwerden, was ihn dazu gebracht hat, den Sinn seines Lebens im Schreiben zu sehen, beschloß er, seine Kindheitserinnerungen zu schreiben. Er analysierte seine schriftstellerische Berufung als Neurose, die darin besteht, daß man die Wörter für die tatsächlichen Dinge hält. In verschiedenen Interviews sagte er dazu: «Aus dem Bedürfnis heraus, meine Existenz zu rechtfertigen, hatte ich aus der Literatur etwas Absolutes gemacht. [...] Ich wollte zeigen, wie ein Mensch von der als heilig betrachteten Literatur zu einem Handeln übergehen kann, das dennoch das eines Intellektuellen bleibt. [...] In *Die Wörter* erkläre ich den Ursprung meines Wahns, meiner Neurose. Diese Analyse kann jungen Leuten, die davon träumen, zu schreiben, helfen. [...] Angesichts eines sterbenden Kindes hat *Der Ekel* kein Gewicht [...] Was bedeutet Literartur in einer Welt, die hungert.»

Um das Jahr 1850 ließ sich im Elsaß ein Lehrer mit allzu großer Kinderschar dazu herab, Krämer zu werden. Dieser Abtrünnige wollte eine Kompensierung: da er selbst darauf verzichtete, die Köpfe zu erhellen, sollte einer der Söhne die Seelen lenken; die Familie sollte einen Pastor erhalten, und zwar Charles. Charles machte Ausflüchte und lief statt dessen einer Zirkusreiterin nach. Man drehte sein Bild gegen die Wand und verbot die Erwähnung seines Namens. Wer kam nun an die Reihe? Auguste beeilte sich, dem väterlichen Opfer nachzueifern: er wurde Geschäftsmann und stand sich gut dabei. Blieb nur noch Louis, der keine ausgeprägten Neigungen besaß: der Vater nahm sich den ruhigen Jungen vor und machte ihn im Handumdrehen zum Pfarrer. Louis trieb später den Gehorsam so weit, daß er seinerseits einen Pastor erzeugte, Albert Schweitzer, dessen Laufbahn bekannt ist.

Aber Charles hatte seine Kunstreiterin aus dem Auge verloren; die schöne Geste des Vaters hatte ihn gezeichnet: sein Leben lang bewahrte er sich den Geschmack am Erhabenen und setzte seinen Eifer darein, große Begebenheiten mit Hilfe kleiner Ereignisse zu fabrizieren. Wie man sieht, dachte er nicht daran, die Berufung, unter welcher die Familie stand, von sich abzutun: er gedachte sich aber einer gemilderten Form der Geistigkeit zu widmen, einem Priestertum, das die Beschäftigung mit Kunstreiterinnen nicht ausschloß. Da bot sich die Gymnasiallaufbahn an: Charles beschloß, Deutschlehrer zu werden. Er schrieb eine Dissertation über Hans Sachs, entschied sich für die direkte Methode des Sprachunterrichts, behauptete später, er habe sie erfunden; er veröffentlichte unter Mitarbeit von Monsieur Simonnot ein geschätztes ‹Deutsches Lesebuch›, machte rasch Karriere: über Mâcon und Lyon nach Paris. In Paris hielt er bei der Jahresabschlußfeier eine Rede, die dann gedruckt wurde: «Herr Minister, meine Damen, meine Herren, meine lieben Kinder, Sie werden niemals erraten, worüber ich heute sprechen werde! Über die Musik!» Er machte vorzügliche Gelegenheitsgedichte. Bei den Familientagen pflegte er zu sagen: «Louis ist von uns allen der frommste, Auguste der reichste, ich bin der intelligenteste!» Die Brüder lachten, die Schwägerinnen preßten die Lippen zusammen. In Mâcon hatte Charles Schweitzer die Tochter eines katholischen Anwalts geheiratet, Louise Guillemin. An ihre Hochzeitsreise erinnerte sie sich mit Grauen: er hatte sie noch vor Abschluß des Hochzeitsmahls weggeschleift und in den Zug geworfen. Noch mit siebzig Jahren sprach Louise von dem Lauchsalat, den man ihnen in einem Bahnhofsrestaurant serviert hatte: «Er nahm sich alles Weiße und ließ das Grüne für mich übrig.» Sie brachten vierzehn Tage im Elsaß zu, wobei ununterbrochen gegessen wurde: die Brüder erzählten sich zotige Geschichten im Elsässer Dialekt; von Zeit zu Zeit wandte sich der Pastor an Louise und übersetzte ihr, aus christlicher Nächstenliebe, diese Geschichten. Sie ließ sich unverzüglich Gefälligkeitsatteste ausschreiben, die ihr erlaubten, die ehelichen Pflichten zu verweigern und ein eigenes Schlafzimmer zu beanspruchen; sie sprach von ihren Migränen, gewöhnte sich daran, im Bett zu bleiben, verabscheute von nun an den Lärm, die Leidenschaft, die seelischen Aufschwünge, das ganze aufgeschwollene, gleichzeitig kärgliche und theatralische Leben der Schweitzers.

Diese lebhafte und spöttische, aber kalte Frau hatte folgerichtige, aber unerbauliche Gedanken, weil ihr Mann erbaulich und unlogisch dachte; da er verlogen und leichtgläubig war, zweifelte sie an allem: «Die Leute behaupten, die Erde drehe sich; woher wissen sie das eigentlich?» Da sie von tugendhaften Schauspielern umgeben war, füllte sie sich mit Haß gegen Tugend und Schauspielerei. Diese so feine Realistin, die in eine Familie plumper Spiritualisten geraten war, wurde aus Trotz Voltairianerin, ohne Voltaire gelesen zu haben. Niedlich und rundlich, zynisch und lebhaft, wurde sie zu einem Geist der puren Verneinung; mit einem Heben der Augenbrauen, einem unmerklichen Lächeln verwandelte sie vor sich selbst, und ohne daß einer es merkte, all diese Attitüden in Staub. Ihr negativer Stolz und die Selbstsucht der Abweisung verzehrten sie. Sie verkehrte mit niemand, war zu stolz, den ersten Platz anzustreben, zu eitel, sich mit dem zweiten zu begnügen. Sie sagte: «Ihr müßt es so einrichten können, daß man euch nachläuft!» Man lief ihr zunächst sehr viel nach, dann immer weniger, und da man sie nicht zu sehen bekam, vergaß man sie schließlich. Sie verließ kaum noch ihren Sessel und ihr Bett. Die Schweitzers waren Naturalisten und Puritaner – diese Mischung von Eigenschaften kommt häufiger vor, als man meint – und liebten als solche die eindeutigen Wörter, die erkennen ließen, daß man zwar als guter Christ den Körper geringachte, aber doch mit seinen natürlichen Funktionen höchst einverstanden sei; Louise liebte die verhüllte Rede. Sie las gern schlüpfrige Romane, wobei sie weniger Freude an der eigentlichen Handlung hatte als an den die Handlung verhüllenden Schleiern. «Das ist gewagt, das ist gut geschrieben», sagte sie verständnisinnig. «Gleitet, ihr Sterblichen, lastet nicht!» Diese Frau, so kalt wie Schnee, glaubte vor Lachen zu sterben, als sie ‹La fille de feu› von Adolphe Belot las. Besonders gern erzählte sie Geschichten über Hochzeitsnächte, die alle ein schlechtes Ende zu nehmen pflegten: in einer Geschichte war der Ehemann so hastig und brutal, daß sich seine Frau am Bettpfosten das Genick brach, in einer anderen Geschichte fand man die junge Frau am Morgen auf dem Kleiderschrank, wohin sie sich geflüchtet hatte, nackt und geistesgestört. Louise lebte im Halbdunkel; Charles kam zu ihr ins Zimmer, riß die Vorhänge auf, zündete alle Lampen an, sie hielt sich die Hand vor die Augen und stöhnte: «Charles! Du blendest mich ja!» Aber ihr Widerstand überschritt nicht die Grenzen einer verfassungsmäßigen Opposition: sie hatte Angst vor Charles, er ging ihr entsetzlich auf die Nerven, bisweilen verspürte sie auch Freundschaft für ihn, vorausgesetzt, daß er sie nicht anrührte. Sobald er zu brüllen anfing, gab sie in allem nach. Er machte ihr, indem er sie zu überraschen pflegte, vier Kinder: eine Tochter, die schon sehr bald starb, zwei Jungen, noch eine Tochter. Aus Gleichgültigkeit oder aus Respekt hatte er zugelassen, daß die Kinder katholisch erzogen wurden. Louise selbst glaubte an nichts, ließ die Kinder aber religiös erziehen, aus Widerwillen gegen den Protestantismus. Die beiden Jungen hielten zur Mutter; es gelang ihr, sie diesem soviel Raum einnehmenden Vater zu entfremden; Charles merkte es nicht einmal. Der älteste Sohn, Georges, ging aufs Polytechnikum; der zweite, Émile, wurde Deutschlehrer. Ich mache mir Gedanken über ihn: ich weiß, daß er Junggeselle blieb, sonst aber seinen Vater in allen Dingen imitierte, wenngleich er ihn nicht liebte. Vater und Sohn überwarfen sich schließlich; es kam zu denkwürdigen Versöhnungsszenen. Émile verhüllte sein Leben; er hing sehr an seiner Mutter und war es, bis zum Schluß, gewohnt, sie heimlich und unangemeldet zu besuchen; er küßte und streichelte sie unablässig und sprach dann vom Vater, zuerst ironisch, dann wütend und ging schließlich türenschlagend davon. Sie liebte den Sohn, glaube ich, hatte aber Angst vor ihm: diese beiden derben, schwierigen Männer ermüdeten sie, und Georges, der niemals da war, stand ihrem Herzen näher. Émile starb im Jahre 1927, halbverrückt vor Einsamkeit: unter seinem Kopfkissen fand man einen Revolver; in den Koffern lagen hundert Paar Socken mit Löchern, zwanzig Paar Schuhe mit schiefgelaufenen Absätzen.

Anne-Marie, die zweite Tochter, verbrachte ihre Kindheit auf einem Stuhl. Man lehrte sie, sich geradezuhalten, sich zu langweilen, zu nähen. Sie war begabt: man hielt es für vornehm, diese Begabung verkümmern zu lassen; Glanz ging von ihr aus: man sorgte dafür, daß sie es nicht merkte. Diese bescheidenen und stolzen Bürger waren der Meinung, Schönheit sei für sie entweder zu teuer oder zu wenig standesgemäß; Schönheit billigten sie nur den Marquisen und den Huren zu. Louise besaß einen äußerst dürren Stolz: vor lauter Angst, betrogen zu werden, verkannte sie bei ihren Kindern, ihrem Mann, bei sich selbst sogar die Eigenschaften, die ins Auge sprangen; Charles war nicht imstande, die Schönheit anderer Menschen zu erkennen; er verwechselte Schönheit mit Gesundheit: seit der Krankheit seiner Frau tröstete er sich in der Gesellschaft kräftiger Idealistinnen mit frischen Farben und Ansatz zum Schnurrbart, die sich bester Gesundheit erfreuten. Fünfzig Jahre später, als sie in einem Familienalbum die Fotografien betrachtete, entdeckte Anne-Marie, daß sie schön gewesen war.

Ungefähr zur gleichen Zeit, da Charles Schweitzer die Louise Guillemin kennenlernte, heiratete ein Landarzt die Tochter eines reichen Hausbesitzers aus dem Périgord und zog mit ihr in die traurige Hauptstraße von Thiviers: gerade gegenüber der Apotheke. Am Morgen nach der Hochzeit stellte sich heraus, daß der Schwiegervater keinen Sou besaß. Der Doktor Sartre war darüber so entrüstet, daß er vierzig Jahre lang kein Wort mit seiner Frau sprach; bei Tisch begnügte er sich mit Zeichen, sie nannte ihn schließlich «meinen Dauergast». Trotzdem teilte sie sein Bett, und von Zeit zu Zeit machte er sie schwanger, ohne daß ein Wort dabei fiel; sie gab ihm zwei Söhne und eine Tochter; diese Kinder des Schweigens hießen Jean-Baptiste, Joseph und Hélène. Hélène heiratete ziemlich spät einen Kavallerieoffizier, der wahnsinnig wurde. Joseph machte seinen Militärdienst bei den Zuaven und zog sich bald ins Elternhaus zurück. Er hatte keinen Beruf: inmitten des väterlichen Schweigens und der mütterlichen Schreiszenen wurde er zum Stotterer und brachte sein Leben damit zu, mit den Worten zu ringen. Jean-Baptiste wollte auf die Marineschule, um das Meer zu sehen. Im Jahre 1904 machte er in

Cherbourg als Marineoffizier, den bereits das Fieber aus Hinterindien aushöhlte, die Bekanntschaft der Anne-Marie Schweitzer, packte sich das große und vereinsamte Mädchen, heiratete es, machte ihm im Galopp ein Kind, mich, und versuchte dann, sich in den Tod zu flüchten.

Sterben ist nicht leicht: das Fieber in den Eingeweiden stieg gelassen an, es traten Besserungen ein. Anne-Marie pflegte ihn hingebungsvoll, ohne aber die Schamlosigkeit so weit zu treiben, daß sie ihn liebte. Louise hatte sie gegen das Eheleben einzunehmen gewußt: auf eine Bluthochzeit folge eine unabsehbare Kette von Opfern, unterbrochen durch nächtliche Trivialitäten. Gleich ihrer Mutter entschied sich auch meine Mutter für die Pflicht und gegen die Lust. Sie hatte meinen Vater kaum gekannt, nicht vor der Hochzeit und auch nicht nachher, und mußte sich bisweilen fragen, warum dieser fremde Mann ausgerechnet in ihren Armen zu sterben wünschte. Man transportierte ihn auf einen Bauernhof, wenige Meilen von Thiviers; sein Vater kam jeden Tag mit der Kutsche, um ihn zu besuchen. Die Nachtwachen und Sorgen hatten Anne-Marie erschöpft, die Milch blieb aus, man übergab mich einer Amme aus der Gegend, und auch ich schickte mich an, zu sterben: an Darmkolik und vielleicht auch an Verbitterung. Meine Mutter war zwanzig Jahre alt, besaß keine Erfahrung und erhielt keine Ratschläge, sie zerriß sich zwischen zwei unbekannten Lebewesen, die im Sterben lagen; ihre Vernunftheirat entpuppte sich als Krankheit und als Trauer. Ich jedoch profitierte von der Lage. Damals pflegten die Mütter ihre Kinder selbst zu stillen, und zwar lange Zeit; ohne den Glücksfall dieser doppelten Agonie wäre ich den Schwierigkeiten einer späten Entwöhnung ausgesetzt gewesen. Da ich krank war und gewaltsam im Alter von neun Monaten entwöhnt wurde, verhinderten das Fieber und die Dumpfheit, daß ich den letzten Schnitt verspürte, der die Bande zwischen Mutter und Kind zu trennen pflegt. Ich tauchte in eine wirre Welt, die angefüllt war mit einfachen Halluzinationen und dürftigen Idolen. Beim Tod meines Vaters erwachten Anne-Marie und ich aus einem gemeinsamen Alptraum; ich wurde gesund. Aber wir waren Opfer eines Mißverständnisses: sie fand voller Liebe einen Sohn wieder, den sie niemals richtig verlassen hatte; ich erwachte wieder zum Leben auf den Knien einer fremden Frau.

Da sie kein Geld und nichts gelernt hatte, beschloß Anne-Marie, zu ihren Eltern zurückzuziehen. Aber das unverschämte Sterben meines Vaters hatte die Schweitzers verärgert. Es erinnerte allzusehr an ein Davonlaufen. Da meine Mutter diesen Tod weder vorausgesehen noch verhindert hatte, gab man ihr die Schuld: sie war es gewesen, die sich unverständlicherweise einen Ehemann ausgesucht hatte, der sich als nicht haltbar erwies. Im übrigen benahm man sich der langen Ariadne gegenüber, die mit einem Kind auf dem Arm nach Meudon zurückkehrte, durchaus vorbildlich: mein Großvater hatte den Antrag auf Pensionierung gestellt; nun beschloß er ohne ein Wort des Vorwurfs, auch weiterhin zu unterrichten; meine Großmutter genoß einen diskreten Triumph. Aber Anne-Marie, eisig berührt von soviel Anlaß zur Dankbarkeit, erriet die Mißbilligung unter dem allgemeinen Wohlverhalten: natürlich ist in einer Familie eine Witwe immer noch lieber gesehen als eine uneheliche Mutter, aber das ist auch alles. Um die Verzeihung der Familie zu erlangen, machte sie sich nützlich, ohne weiter nachzurechnen, führte das Haus ihrer Eltern, zuerst in Meudon, dann in Paris, war gleichzeitig Kindermädchen, Krankenschwester, Hausdame, Gesellschafterin, Dienstmädchen, ohne daß es ihr gelang, die stumme Gereiztheit ihrer Mutter zu entwaffnen. Louise fand es lästig, jeden Morgen den Speisezettel zu entwerfen und jeden Abend das Haushaltsbuch zu führen. Aber sie sah es nur ungern, wenn ein anderer es für sie machte; sie ließ sich ihre Aufgaben zwar abnehmen, war aber ängstlich darauf bedacht, keine Vorrechte einzubüßen. Diese alternde und zynische Frau hatte nur eine Illusion: sie hielt sich für unentbehrlich. Die Illusion schwand: Louise begann auf ihre Tochter eifersüchtig zu werden.

Arme Anne-Marie: wäre sie passiv geblieben, man hätte ihr vorgeworfen, sie sei eine Last; da sie jedoch aktiv war, geriet sie in den Verdacht, das Haus regieren zu wollen. Um der ersten Klippe zu entgehen, bedurfte sie all ihres Mutes, um der zweiten zu entgehen, all ihrer Demut. Es dauerte nicht lange, und die junge Witwe verwandelte sich wieder in eine minderjährige Tochter: in eine Jungfrau mit leichtem Makel. Man verweigerte ihr keineswegs das Taschengeld: man vergaß bloß, ihr welches zu geben; sie trug ihre Kleider, solange es eben gehen wollte, ohne daß mein Großvater daran gedacht hätte, ihr neue zu kaufen:

Man sah es nicht gern, daß sie allein ausging. Wenn ihre alten Freundinnen, die meist verheiratet waren, sie zum Abendessen einluden, mußte die Erlaubnis lange vorher eingeholt werden, und man mußte versprechen, daß sie vor zehn Uhr wieder nach Hause gebracht würde. Noch während des Essens mußte der Hausherr aufstehen, um sie im Wagen zurückzubringen. Während dieser Zeit ging mein Großvater im Nachthemd mit der Uhr in der Hand in seinem Schlafzimmer auf und ab. Um zehn Uhr, beim letzten Glockenschlag, begann er loszubrüllen. Die Einladungen wurden seltener, und meine Mutter verlor die Lust an so kostspieligen Vergnügungen.

Jean-Baptistes Tod wurde das große Ereignis meines Lebens: er legte meine Mutter von neuem in Ketten und gab mir die Freiheit.

Es gibt keine guten Väter, das ist die Regel; die Schuld daran soll man nicht den Menschen geben, sondern dem Band der Vaterschaft, das faul ist. Kinder machen, ausgezeichnet; Kinder *haben*, welche Unbill! Hätte mein Vater weitergelebt, er hätte mich mit seiner ganzen Länge überragt und dabei erdrückt. Glücklicherweise starb er sehr früh; inmitten so vieler Männer, die gleich dem Äneas ihren Anchises auf dem Rücken tragen, schreite ich von einem Ufer zum andern, allein und voller Mißachtung für diese unsichtbaren Erzeuger, die ihren Söhnen das ganze Leben lang auf dem Rücken hocken: ich ließ hinter mir einen jungen Toten, der nicht die Zeit hatte, mein Vater zu sein, und heute mein Sohn sein könnte. War es ein Glück oder ein Unglück? Ich weiß es nicht; aber ich stimme gern der Deutung eines bedeutenden Psychoanalytikers zu: ich habe kein Über-Ich.

Sterben allein genügt nicht; man muß rechtzeitig sterben. Wäre er später gestorben, ich hätte mich schuldig gefühlt; ein bewußt denkendes Waisenkind gibt sich die Schuld: beleidigt durch seinen Anblick haben sich seine Eltern in ihre himmlischen Gemächer zurückgezogen. Ich hingegen war begeistert: mein kläglicher Zustand nötigte Achtung ab, begründete meine Wichtigkeit; die Trauer, die mich umgab, wurde meinen Tugenden zugerechnet. Mein Vater war rücksichtsvoll genug gewesen, zu sterben und sich dadurch ins Unrecht zu setzen. Meine Großmutter sagte immer wieder, er habe sich seinen Pflichten entzogen; mein Großvater, mit Recht stolz auf die Langlebigkeit der Schweitzers, konnte nicht zulassen, daß man bereits mit dreißig Jahren verschwand; angesichts dieses verdächtigen Abscheidens fragte er sich, ob sein Schwiegersohn überhaupt je existiert habe, und schließlich vergaß er ihn. Ich brauchte ihn nicht einmal zu vergessen; indem er sich auf englische Art empfahl, hatte mir Jean-Baptiste die Freude verwehrt, seine Bekanntschaft zu machen. Noch heute wundere ich mich darüber, daß ich so wenig von ihm weiß. Immerhin hat er geliebt, hat er leben wollen, hat er gesehen, wie sich der Tod näherte; das genügt, um einen ganzen Menschen zu machen. Aber niemand in meiner Familie hat je vermocht, mich auf diesen Mann neugierig zu machen. Jahrelang konnte ich über meinem Bett das Bild eines kleinen Offiziers mit naiven Augen sehen, rundem Schädel und gelichteten Haaren, mit einem starken Schnurrbart. Als meine Mutter sich von neuem verheiratete, verschwand das Porträt. Später erbte ich Bücher, die ihm gehört hatten: ein Werk von Le Dantec über die Zukunft der Wissenschaft, ein anderes von Weber mit dem Titel *Zum Positivismus über den absoluten Idealismus*. Er las schlechte Bücher wie alle seine Zeitgenossen. An den Rändern der Seiten entdeckte ich unentzifferbare Kritzeleien, tote Zeichen einer kleinen Erleuchtung, die lebendig war und tanzte um die Zeit meiner Geburt. Ich habe die Bücher verkauft: dieser Tote ging mich so wenig an. Ich kenne ihn vom Hörensagen, wie die Eiserne Maske und den Chevalier d'Éon, und was ich von ihm weiß, bezieht sich niemals auf mich: ob er mich geliebt hat, in seine Arme nahm, ob er seinen Sohn mit den hellen, heute zerfressenen Augen ansah, daran hat sich keiner erinnert: das sind verlorene Liebesmühen. Dieser Vater ist nicht einmal ein Schatten, nicht einmal ein Blick: wir beide haben, er und ich, eine Zeitlang die gleiche Erde bewohnt, das ist alles. Man hat mich verstehen lassen, daß ich weit eher ein Kind des Wunders als der Sohn eines Toten sei. Zweifellos kommt daher meine unglaubliche Leichtfertigkeit. Ich bin kein Chef und begehre auch nicht, einer zu werden. Befehlen, gehorchen, das macht für mich keinen Unterschied. Der Autoritärste befiehlt im Namen eines anderen, eines geheiligten Parasiten – seines Vaters –, er überträgt die abstrakten Gewalttaten weiter, die er erlitten hat. In meinem ganzen Leben habe ich keinen Befehl erteilen können, ohne dabei lachen zu müssen, ohne daß man darüber gelacht hätte, weil ich eben nicht von der Machtkrätze befallen bin: man hat mir den Gehorsam nicht beigebracht.

Wem sollte ich auch gehorchen? Man zeigt mir ein junges Riesenweib und sagt, es sei meine Mutter. Von mir aus hätte ich es eher für eine ältere Schwester gehalten. Diese Jungfrau mit Zwangsaufenthalt, die sich allen unterordnen muß, ist offensichtlich da, um mich zu bedienen. Ich liebe sie, aber wie könnte ich sie respektieren, wenn niemand sie respektiert? In unserem Hause gibt es drei Zimmer: das Zimmer meines Großvaters, das Zimmer meiner Großmutter, das Zimmer der «Kinder». Die «Kinder», das sind wir: beide minderjährig und beide ausgehalten. Aber alle Rücksichten gelten mir. In *mein* Zimmer hat man das Bett eines jungen Mädchens gestellt. Das junge Mädchen schläft allein, wacht aus keuschem Schlummer auf; ich schlafe noch, wenn sie ihr *tub* im Badezimmer nimmt: wenn sie zurückkommt, ist sie vollständig angezogen: wie wäre es möglich, daß ich von ihr geboren wurde? Sie erzählt mir ihr Unglück, und ich höre ihr mitleidig zu: später werde ich sie heiraten, um sie zu beschützen. Das verspreche ich ihr: ich werde schützend meine Hand über sie halten, ich werde meine junge Bedeutung in ihren Dienst stellen. Glaubt man etwa, ich müsse ihr gehorchen? Ich bin so gütig, ihren Bitten nachzugeben. Übrigens erteilt sie mir keine Befehle: sie entwirft in leichten Worten eine Zukunft, die zu verwirklichen für mich lobenswert sei: «Mein kleiner Liebling wird sehr vernünftig sein und sehr reizend, wenn er sich ruhig die Nasentropfen geben läßt.» Ich gehe diesen sanften Prophezeiungen in die Falle.

Blieb der Patriarch: er glich Gottvater so sehr, daß man ihn oft damit verwechselte. Eines Tages betrat er eine Kirche von der Sakristei aus. Der Geistliche bedrohte gerade die Lauen mit allen Blitzen des Himmels: «Gott ist anwesend! Er sieht euch!» Plötzlich entdeckten die Anwesenden unter der Kanzel einen hohen Greis mit langem Bart, der sie anschaute: sie liefen davon. Bei späteren Gelegenheiten erzählte mein Großvater, sie hätten sich vor ihm auf die Knie geworfen. Er fand Geschmack an solchen Formen der Offenbarung. Im September 1914 offenbarte er sich in einem Kino in Arcachon: meine Mutter und ich, wir saßen auf dem Balkon, als er rief, man solle Licht machen; andere Herren stellten sich als Engel in seinen Dienst und riefen: «Sieg! Sieg!» Der liebe Gott stieg auf die Bühne und las das Kommuniqué über den Ausgang der Marne-Schlacht. Zur Zeit, da sein Bart schwarz war, hatte er als Jehova gewirkt, und ich vermute, daß sein Sohn Émile indirekt an ihm gestorben ist. Dieser Gott des Zornes schwelgte im Blut seiner Söhne. Ich hingegen erschien am Ausgang seines langen Lebens. Sein Bart war weiß geworden, mit gelben Tabakspuren, und die Vaterschaft machte ihm keinen Spaß mehr. Hätte er mich erzeugt, er hätte mich unwillkürlich, wie ich glaube, trotzdem noch unterjocht: aus Gewohnheit. Mein Glück war, daß ich einem Toten gehörte: ein Toter hatte die paar Samentropfen verschüttet, die den üblichen Preis eines Kindes ausmachen. Mein Großvater konnte sich an mir erfreuen, ohne mich in Besitz zu nehmen: ich wurde sein «Wunder», weil ihm daran lag, sein Leben als bewundernder Greis zu beschließen; er beschloß, mich als ungewöhnliche Gunst des Schicksals zu betrachten, als ein stets widerrufbares Geschenk; was also hätte er von mir fordern können? Ich beglückte ihn durch meine bloße Gegenwart. Er wurde der Gott der Liebe mit dem Bart von Gottvater und dem Heiligen Herzen von Gottsohn; er legte die Hand auf mein Haupt, ich spürte die Wärme seiner Handfläche; mit einer Stimme, die vor Zärtlichkeit bebte, nannte er mich sein «Kleinchen», Tränen überschwemmten seine kalten Augen: Alles schrie: «Der kleine Bengel hat ihn um den Verstand gebracht!» Er war verrückt nach mir, das sprang in die Augen. Liebte er mich? Bei einer so öffentlichen Leidenschaft wird es mir schwer, zwischen Aufrichtigkeit und Getue zu unterscheiden: ich glaube nicht, daß er seinen anderen Enkeln sehr viel Zuneigung schenkte; freilich sah er sie fast nie, und sie brauchten ihn auch nicht. Ich hingegen hing in allen Stücken von ihm ab: in mir vergötterte er seine eigene Großmut.

. . . .

Ich habe es oben bereits gesagt: da ich die Welt durch die Sprache entdeckt hatte, nahm ich lange Zeit die Sprache für die Welt. Existieren bedeutete den Besitz einer Approbation irgendwo in den unendlichen Verzeichnissen des Wortes; Schreiben bedeutete, daß man dort neue Wesen einschrieb oder daß man – dies war meine harnäckigste Illusion – die lebenden Dinge mit der Schlinge der Sätze einfing. Wenn ich die Wörter geschickt kombinierte, so verfing sich das Objekt in den Zeichen, und ich konnte es halten. Ich begann damit, mich im Luxembourg durch das glänzende Scheinbild einer Platane faszinieren zu lassen: ich beobachtete sie nicht, ganz im Gegenteil, ich vertraute der Leere, ich wartete; nach einem Augenblick kam ihr echtes Blattwerk hervor unter dem Aspekt eines einfachen Eigenschaftswortes oder bisweilen eines ganzen Satzes. Dann hatte ich das Universum um eine wahrhaft schwingende Art von Grün bereichert. Meine Entdeckungen brachte ich niemals aufs Papier; sie sammelten sich, wie ich dachte, in meinem Gedächtnis. In Wirklichkeit vergaß ich sie. Allein sie gaben mir eine Vorahnung meiner künftigen Rolle: ich würde es sein, der Namen vergibt. [...] Als Rhetoriker liebte ich nur die Wörter: ich würde Wortkathedralen errichten unter dem blauen Auge des Wortes Himmel. Ich würde für die Jahrtausende bauen. Nahm ich ein Buch, so konnte ich es zwanzigmal öffnen und schließen, sah aber sehr wohl, daß es sich nicht veränderte. Indem er über die unverwüstliche Substanz des *Textes* glitt, war mein Blick bloß ein winziger Zwischenfall an der Oberfläche, er störte nichts, er nutzte nichts ab. Ich hingegen, passiv und vergänglich, war ein geblendetes Insekt, das in die Lichter eines Leuchtturms geraten war; wenn ich das Arbeitszimmer verließ, so erlosch ich, während das Buch, unsichtbar in der Finsternis, nach wie vor glänzte: für sich allein. Ich würde meinen Werken die Heftigkeit dieser verzehrenden Lichtstrahlen geben, und so würden sie später, in zerstörten Bibliotheken, den Menschen überleben.

Mir behagte es in meinem Unbekanntsein, ich wünschte es zu verlängern und mir daraus ein Verdienst zu machen. Ich beneidete die berühmten Gefangenen, die bei Kerzenlicht im Kerker geschrieben haben. Sie hatten die Verpflichtung bewahrt, ihre Zeitgenossen zu erlösen – und die Verpflichtung verloren, mit ihnen verkehren zu müssen. Natürlich hatten die kulturellen Fortschritte meine Chancen herabgemindert, mein Talent im Kerker entfalten zu können, aber ich war nicht ganz ohne Hoffnung: da mein Ehrgeiz so bescheiden war, würde es sich die Vorsehung angelegen sein lassen, ihn zu verwirklichen. Inzwischen schloß ich mich jetzt bereits ein: als Vorwegnahme.

Da mein Großvater sie nun einmal überlistet hatte, benutzte meine Mutter jede Gelegenheit, mir meine künftigen Freuden auszumalen. Um mein Entzücken zu erregen, verlieh sie meinem Leben alle Eigenschaften, die dem ihrigen fehlten: Ruhe, Muße, Eintracht. Der junge Gymnasialprofessor ist noch unverheiratet, aber eine reizende alte Dame vermietet ihm ein behagliches Zimmer, wo es nach Lavendel und frischer Wäsche riecht; mit einem Sprung bin ich drüben im Gymnasium, mit einem Sprung wieder zu Hause; abends bleibe ich einen Augenblick vor meiner Tür stehen, um mit meiner Zimmerwirtin zu plaudern, die mich anbetet; übrigens werde ich von jedermann geliebt, denn ich bin höflich und gut erzogen. Ich hörte nur ein Wort: dein Zimmer; ich vergaß das Gymnasium, die Witwe des hohen Offiziers, den Provinzgeruch, ich sah nur noch einen Lichtkreis auf meinem Tisch; mitten in meinem Zimmer, das in Schatten getaucht war, wo alle Vorhänge geschlossen waren, beugte ich mich über ein schwarzes Leinenheft. Meine Mutter erzählte weiter und übersprang dabei zehn Jahre: Ein Generalinspektor des Schulwesens nimmt mich unter seinen Schutz, die gute Gesellschaft von Aurillac reißt sich darum, mich einzuladen, meine junge Frau ist mir in inniger Zuneigung zugetan, sie erhält von mir schöne und gesunde Kinder, zwei Söhne und eine Tochter, sie macht eine Erbschaft, ich kaufe ein Grundstück am Stadtrand, wir bauen, und jeden Sonntag geht die ganze Familie hinaus, um den Fortgang der Arbeiten zu besichtigen. Ich hörte überhaupt nicht zu: während dieser zehn Jahre hatte ich meinen Tisch nicht verlassen; ich war klein, trug einen Schnurrbart wie mein Vater, hockte auf einem Stapel von Wörterbüchern, mein Schnurrbart wurde weiß, die Schreibhand lief noch immer hin und her, die Hefte fielen nacheinander auf den Fußboden. Die Menschheit schlief, es war Nacht, meine Frau und meine Kinder schliefen oder waren vielleicht schon tot, meine Zimmervermieterin schlief; in allen Gedächtnissen hatte der Schlaf mich ausgelöscht. Welche Einsamkeit: zwei Milliarden Menschen lagen ausgestreckt, und ich, hoch über ihnen, war die einzige Nachtwache.

Der Heilige Geist sah mich an. Er hatte sich soeben entschlossen, in den Himmel zurückzukehren und die Menschen preiszugeben; ich hatte gerade nur die Zeit, mich anzubieten und ihm die Wunden meiner Seele zu zeigen und die Tränen, die mein Papier benetzten, er las über meine Schulter hinweg, und sein Zorn legte sich. War er friedlich gestimmt worden durch die Tiefe der Leiden oder durch die Pracht des Werkes? Ich sagte mir: durch das Werk; insgeheim dachte ich: durch die Leiden. Selbstverständlich schätzte der Heilige Geist nur die *wahrhaft* künstlerischen Schriften, aber ich hatte Musset gelesen und wußte, daß «die Gesänge der tiefsten Verzweiflung zugleich die schönsten sind», und ich hatte beschlossen, die Schönheit in einer Verzweiflungsfalle zu fangen. Das Wort Genie war mir stets verdächtig vorgekommen; nun begann es mich vollkommen anzuwidern. Wo blieb die Angst, wo die Prüfung, wo die abgewiesene Versuchung, wo blieb schließlich das Verdienst, wenn ich begabt war? Nur mühsam ertrug ich es, einen Körper zu haben und jeden Tag den gleichen Kopf. Ich wollte mich doch nicht in einer geistigen Ausrüstung einsperren lassen. Ich nahm meine Erwählung nur unter der Bedingung an, daß sie grundlos war und ohne Anlaß glänzte, in einem absolut leeren Raum.

Ich hatte Besprechungen mit dem Heiligen Geist. «Du wirst Schriftsteller werden», sagte er mir. Und ich rang die Hände: «Was ist denn an mir, o Herr, daß du mich erwählt hast?» – «Nichts Besonderes.» – «Warum also gerade ich?» – «Ohne Grund.» – «Wird mir wenigstens das Schreiben leichtfallen?» – «Keineswegs. Glaubst du, die großen Werke entstehen dadurch, daß einem das Schreiben leichtfällt?» – «O Herr, da ich so nichtig bin, wie kann ich dann ein Buch machen?» – «Indem du dir Mühe gibst.» – «Also kann jedermann schreiben?» – «Jedermann, aber dich habe ich erwählt.» Diese Mogelei war sehr bequem: sie gestattete mir gleichzeitig, meine Nichtigkeit zu proklamieren und in mir den Verfasser künftiger Meisterwerke zu verehren. Ich war erwählt und gezeichnet, aber ohne Talent: alles kam mir von meiner Geduld und meinem Mühsalen; ich sprach mir jede Eigenart ab, denn charakteristische Eigenschaften verkürzen einen; ich war allem untreu, außer dem königlichen Engagement, das mich durch Martern zum Ruhm führen sollte. Diese Martern mußte man finden; sie waren das einzige Problem, aber es schien unlösbar zu sein, denn man hatte mir die Hoffnung geraubt, im Elend zu leben. Mochte ich nun unbekannt bleiben oder berühmt werden: auf alle Fälle würde ich ein Gehalt vom Unterrichtsministerium beziehen und niemals hungern müssen. Ich versprach mir fürchterlichen Liebeskummer, aber sehr lustlos: schmachtende Liebhaber konnte ich nicht ausstehen. Cyrano de Bergerac machte mich wütend, denn er war ein falscher Pardaillan, der sich albern gegenüber den Frauen benahm, während der richtige Pardaillan alle Herzen hinter sich herschleppte, ohne auch nur darauf zu achten; freilich muß man gerechterweise sagen, daß der Tod seiner geliebten Violetta sein Herz für immerdar gebrochen hatte. Ein Witwertum, eine Wunde, die nicht heilen kann: wegen einer Frau, aber nicht durch ihr Verschulden; das erlaubte mir, die Anerbieten aller anderen Frauen zurückzuweisen. Muß noch vertieft werden! Aber selbst angenommen, daß mein junges Weib aus Aurillac bei einem Unfall umkam, so genügte dieses Unglück noch nicht zu meiner Erwählung, denn es war ebenso zufällig wie allzu alltäglich.

Mein wütender Eifer wurde mit allem fertig; manche Autoren waren verspottet und geschlagen worden und hatten bis zum letzten Hauch in der Mißachtung und der Nacht gelebt, der Ruhm hatte nur ihre Leichen bekränzt. So wird es auch mir ergehen. Ich werde mit aller Sorgfalt über Aurillac schreiben und seine Plastiken. Da ich nicht zu hassen vermag, werde ich nur danach streben, zu befrieden und nützlich zu sein. Kaum aber erscheint mein erstes Buch, so bricht der Skandal los, und ich werde ein Volksfeind: die Zeitungen der Auvergne beschimpfen mich, in den Läden weigert man sich, mich zu bedienen, wutentbrannte Leute werfen mir die Fensterscheiben ein; ich muß fliehen, um nicht gelyncht zu werden. Zuerst bin ich niedergeschmettert, brüte monatelang dumpf vor mich hin, murmele unablässig: «Aber ich bitte Sie, das ist doch ein Mißverständnis! Denn der Mensch ist gut!» Und es ist in der Tat nur ein Mißverständnis, aber der Heilige Geist erlaubt nicht, daß es aufgeklärt wird. Ich werde wieder gesund; eines Tages setze ich mich an meinen Tisch und schreibe ein neues Buch: über das Meer oder das Gebirge. Es findet keinen Verleger. Ich werde verfolgt, muß mich verkleiden, werde vielleicht geächtet, schreibe andere Bücher, viele andere Bücher, ich liefere eine Versübersetzung des Horaz, ich entwickle bescheidene und sehr vernünftige Gedanken zur Pädagogik. Nichts zu machen: meine Hefte bleiben unveröffentlicht zu Haufen in einem großen Koffer liegen.

Die Geschichte hatte zwei Schlüsse: je nach Laune wählte ich den einen oder den anderen. Wenn ich trüber Stimmung war, sah ich mich auf einem Eisenbett sterben, von allen gehaßt, verzweifelt, in der gleichen Stunde, da die ersten Trompetenstöße des Ruhms erklangen. Bei anderen Gelegenheiten billigte ich mir ein bißchen Glück zu: im Alter von fünfzig Jahren schrieb ich, um eine neue Feder auszuprobieren, meinen Namen auf ein Manuskript, das bald darauf verlorenging. Irgend jemand fand es auf einem Speicher, in der Gosse, in einem Schrank des Hauses, aus dem ich gerade ausgezogen war, las es und brachte es aufgeregt zu Arthème Fayard, dem berühmten Verleger von Michel Zévaco. Ein Triumph! Zehntausend Stück werden in zwei Tagen verkauft. Und die Reue in den Herzen! Hundert Reporter ziehen aus, um mich zu suchen, und finden mich nicht. Ich bin der Welt völlig abgewandt und weiß lange Zeit nicht, daß die Meinung umgeschlagen ist. Eines Tages schließlich treibt mich der Regen in ein Café. Eine Zeitung liegt herum, ich schaue hin, und was sehe ich? «Jean-Paul Sartre, der Schriftsteller in der Maske, der Sänger von Aurillac, der Dichter des Meeres», auf der Feuilletonseite, sechsspaltig, fettgedruckt. Ich jubiliere. Nein, ich genieße die Wollust der Schwermut. Jedenfalls gehe ich wieder nach Hause, packe mit Hilfe meiner Zimmerwirtin den Koffer mit den Heften ein, schnüre ihn fest zu, schicke ihn an Fayard, ohne meine Adresse anzugeben. An dieser Stelle meiner Erzählung brach ich ab, um entzückende Kombinationen auszuprobieren. Wenn ich nämlich das Paket in der Stadt aufgab, wo ich wohnte, stöberten die Journalisten mich bald in meinem Versteck auf. Also nahm ich den Koffer mit nach Paris und ließ ihn durch einen Boten zum Verlag bringen. Bevor ich zurückfuhr, suchte ich die Stätten meiner Kindheit auf, die Rue Le Goff, die Rue Soufflot, den Luxembourg. Das ‹Balzar› zog mich an, denn ich erinnerte mich, daß mein – seitdem verstorbener – Großvater mich manchmal im Jahre 1913 dorthin mitgenommen hatte. Wir saßen dann nebeneinander auf der Bank, alle schauten verständnisinnig zu uns herüber, er bestellte sich ein Bock und für mich ein winziges Glas Bier, ich fühlte mich geliebt. Nun war ich fünfzig Jahre alt geworden und melancholisch, öffnete abermals die Tür des Bierrestaurants und bestellte mir das gleiche winzige Glas Bier. Am Nachbartisch unterhielten sich schöne junge

Frauen sehr lebhaft, wobei mein Name fiel. Eine von ihnen sagte: «Vielleicht ist er alt und häßlich, aber das macht nichts. Dreißig Jahre meines Lebens gäbe ich dafür, seine Frau zu werden.» Ich lächelte stolz und traurig zu ihr hinüber, sie sah mich erstaunt lächelnd an, ich stand auf und verschwand.

Ich habe viel Zeit gebraucht, um diese Episode zurechtzubasteln – und hundert andere Episoden, die ich dem Leser schenke. Man wird dahinter meine in eine künftige Welt projizierte Kindheit erkannt haben: meine Lage, die Erfindungen meines sechsten Lebensjahres, den Trotz meiner verkannten Paladine. Ich trotzte auch noch mit neun Jahren und genoß diesen Trotz sehr ausgiebig. Aus Trotz hielt ich als unerschütterlicher Märtyrer ein Mißverständnis aufrecht, dessen sogar der Heilige Geist überdrüssig geworden zu sein schien. Warum nannte ich jener reizenden Bewunderin eigentlich nicht meinen Namen? Ich sagte mir: Ach, sie kommt zu spät. – Aber wo sie mich doch in jedem Fall nehmen will? – Nun, ich bin eben zu arm. – Zu arm? Und die Autorenrechte? Dieser Einwand machte mir nichts aus, denn ich hatte Fayard geschrieben, er solle das mir zustehende Geld unter die Armen verteilen. Aber ich mußte nun endlich einen Schluß finden. Gut also, ich starb in einer kleinen Kammer, von allen verlassen, aber heiteren Gemüts, denn meine Mission war erfüllt.

Eine Sache fällt mir an dieser tausendfach wiederholten Geschichte auf: am Tage, wo ich meinen Namen in der Zeitung sehe, bricht ein Triebrad, und ich bin am Ende. Traurig genieße ich mein Ansehen, schreibe aber nicht mehr. Die beiden Schlüsse bilden eine Einheit: ob ich nun sterbe, um für den Ruhm geboren zu werden, oder ob zuerst der Ruhm kommt und mich tötet, in beiden Fällen verhüllt der Drang zu schreiben eine Lebensverweigerung. Damals hatte mich eine Geschichte stark verwirrt, die ich irgendwo gelesen hatte: sie spielte im vergangenen Jahrhundert. Auf einer sibirischen Bahnstation geht ein Schriftsteller hin und her und wartet auf den Zug. Kein Haus weit und breit, keine Menschenseele. Der Schriftsteller trägt schwer an seinem trübseligen, umfangreichen Schädel. Er ist kurzsichtig, unverheiratet, grob und ununterbrochen wütend; er langweilt sich, er denkt an seine Prostata, an seine Schulden. Auf taucht eine junge Gräfin, ihr Wagen kommt näher auf der Straße, die den Schienen entlangläuft; sie springt aus dem Wagen, eilt auf den Reisenden zu, den sie niemals gesehen hat, aber zu erkennen behauptet nach einer Daguerreotypie, die man ihr gezeigt hat. Sie verneigt sich, ergreift seine rechte Hand und küßt sie. Die Geschichte hörte da auf, und ich weiß nicht, was sie uns eigentlich sagen wollte. Mit neun Jahren war ich begeistert darüber, daß so ein mürrischer Autor noch in der Steppe eine Leserin fand und daß eine so schöne Frau ihm den vergessenen Ruhm wieder nahebrachte: dies war eine Geburt. Ging man weiter in die Tiefe, so war es ein Sterben. Das fühlte ich, das wollte ich so; einem lebenden Bürgersmann konnte ein solches Zeugnis der Bewunderung nicht von einer Aristokratin zuteil werden. Die Gräfin schien ihm sagen zu wollen: «Wenn ich zu Ihnen kommen und Sie berühren konnte, so deshalb, weil es sich nicht mehr lohnt, die Überlegenheit des Ranges aufrechtzuerhalten; ich frage nichts nach Ihren Gedanken über meine Handlungsweise, ich halte Sie nicht mehr für einen Mann, sondern für das Symbol Ihres Werkes.» Getötet durch einen Handkuß, tausend Werst von St. Petersburg entfernt, im Alter von fünfundfünfzig Jahren. Ein Reisender fing Feuer, sein Ruhm verzehrte ihn, um bloß noch in flammenden Buchstaben das Verzeichnis seiner Werke übrigzulassen. Ich sah, wie die Gräfin wieder in ihre Kutsche stieg und verschwand und wie die Steppe in die Einsamkeit zurückfiel; in der Abenddämmerung fuhr der Zug weiter trotz Haltezeichen, um die Verspätung aufzuholen. Im Rücken spürte ich den Angstschauer, erinnerte mich an die Geschichte vom ‹Wind in den Bäumen› und sagte mir: «Die Gräfin war der Tod.» Der Tod würde eines Tages kommen, auf einer menschenleeren Straße, er würde mir die Hand küssen.

Der Tod machte mich schwindeln, denn ich lebte nicht gern: daraus erklärt sich der Schrecken, den er mir einflößte. Indem ich den Tod mit dem Ruhm gleichsetzte, entschied ich über mein Geschick. Ich wollte sterben; das Grauen kühlte bisweilen meine Ungeduld, aber niemals für lange Zeit; meine heilige Freude kehrte zurück, ich wartete auf den Blitzstrahl, der mich bis ins Gebein aufflammen ließe. Unsere tiefen Neigungen sind stets gleichzeitig auf Planen und auf Fliehen gerichtet: ich sehe gut, daß mein Unterfangen – zu schreiben, damit man mir mein Dasein verzieh – trotz aller Angeberei und Lüge einige Wirklichkeit besaß. Der Beweis dafür: daß ich auch heute noch schreibe, nach fünfzig Jahren.

Wenn ich aber auf die Ursprünge zurückgehe, sehe ich dort eine Flucht nach vorn, einen Selbstmord à la Gribouille; ja, mehr als das Heldentum, mehr als das Märtyrertum suchte ich den Tod. Lange hatte ich gedacht, so enden zu müssen, wie ich begonnen hatte, irgendwo, irgendwie, so daß dieses blasse Sterben bloßer Reflex sei meiner blassen Geburt. Meine Auserwählung veränderte alles: Degenstreiche sind vergänglich, Schriften bleiben. Ich entdeckte, daß sich der Geber im Bereich der Belletristik in seine eigene Gabe zu verwandeln vermag, nämlich in einen reinen Gegenstand.

Der Zufall hatte mich Mensch werden lassen, die Hochherzigkeit würde mich zum Buch machen; ich würde mein Schwatzen, mein Bewußtsein in Bronzelettern umgießen, ich würde das Lärmen meines Lebens zu Inschriften transformieren, die nicht vergehen, ich würde mein Fleisch in Stil verwandeln, die schwammigen Zeitspiralen in Ewigkeit, ich würde vor dem Heiligen Geist als Niederschlag der Sprache erscheinen, würde mich mit Hartnäckigkeit der Menschengattung aufdrängen: ich würde endlich *anders* werden, anders als ich, anders als die anderen, anders als alles. Zuerst würde ich mir einen unzerstörbaren Leib geben, und dann würde ich mich den Verbrauchern überliefern. Ich würde nicht schreiben aus Freude am Schreiben, sondern um diesen unsterblichen Teil in Wörter zu verwandeln.

Schaute ich von der Höhe meines Grabmals hinab, so erschien mir meine Geburt als ein notwendiges Übel, als eine ganz vorläufige Fleischwerdung, dazu bestimmt, meine Verklärung vorzubereiten: um wiedergeboren zu werden, muß man schreiben, zum Schreiben braucht man ein Gehirn, Augen, Arme; war die Arbeit beendet, fielen diese Organe in sich zusammen: ungefähr um das Jahr 1955 würde ein Kokon aufplatzen, fünfundzwanzig Schmetterlinge in Buchformat würden davonflattern, mit ihren Seiten schlagen und sich schließlich auf einem Regal der Nationalbibliothek niederlassen. Diese Schmetterlinge wären nichts anderes als ICH. ICH: fünfundzwanzig Bände, achtzehntausend Textseiten, dreihundert Abbildungen, darunter das Bildnis des Verfassers. Meine Knochen sind aus Leder und Pappe, mein Papierfleisch riecht nach Kleister und Druckerschwärze, behaglich türme ich mich auf mit sechzig Kilo Papier. Ich erlebe eine Wiedergeburt, ich werde endlich ein ganzer Mensch, der denkt, spricht, singt, donnert, sich bestätigt mit der gebieterischen Trägheit der Materie. Man nimmt mich, man öffnet mich, man legt mich auf den Tisch, man glättet mich mit der flachen Hand, wobei ich manchmal knacke. Ich lasse es mit mir machen, und plötzlich blitze ich, blende ich, setze ich mich auf Distanz durch, plötzlich durchdringen meine Kräfte den Raum und die Zeit, schmettern die Bösen zu Boden und schützen die Guten. Keiner kann mich vergessen oder totschweigen: ich bin ein großer, praktikabler und schrecklicher Fetisch. Mein Bewußtsein ist zerbröckelt: um so besser. Andere Bewußseine haben mich in sich aufgenommen, man liest *mich*, ich setze mich durch; man spricht *mich*, ich bin in aller Munde als universelle und einzigartige Sprache; aus Millionen Augen schaue ich als neugierige Voraussicht; für den, der mich zu lieben weiß, bin ich seine geheimste Unruhe, will er mich aber berühren, so entziehe ich mich und verschwinde; ich existiere nirgends mehr, ich *bin*, endlich! Ich bin überall: Ungeziefer der Menschheit, meine Wohltaten fressen an ihr und zwingen sie unablässig, meiner Abwesenheit zu gedenken.

Das Zauberkunststück glückte: ich begrub den Tod im Leichentuch des Ruhmes, ich dachte nur noch an den Ruhm, aber niemals an den Tod, ohne zu bemerken, daß die beiden eine Einheit bildeten. Im Augenblick, wo ich diese Zeilen schreibe, weiß ich, daß meine Zeit bis auf wenige Jahre abgelaufen ist. Ich stelle mir ohne allzuviel Heiterkeit sehr klar das Alter vor, das sich ankündigt, und meine künftige Gebrechlichkeit, dazu Gebrechlichkeit und Tod der Menschen, die ich liebe: meinen eigenen Tod aber stelle ich mir niemals vor. Gelegentlich gebe ich den mir nahestehenden Menschen – einige sind fünfzehn, zwanzig, dreißig Jahre jünger als ich – zu verstehen, wie leid es mir tut, sie überleben zu müssen: sie lachen mich aus, und ich lache mit ihnen, aber da ist nichts zu machen, da wird nichts zu machen sein: im Alter von neun Jahren hat eine Operation mich der Fähigkeit beraubt, eine gewisse pathetische Empfindung zu haben, die angeblich zum Menschsein gehört.

Das Russell-Tribunal
Über die Kriegsverbrechen der USA in Vietnam
(1967)

Im Zweiten Weltkrieg besetzte Japan die französische Kolonie Vietnam. Ho Tschi Minh gründete die nationale Befreiungsorganisation Vietminh, *die einen Untergrundkrieg gegen die Japaner führte. Auf der Konferenz von Teheran vereinbarten Churchill, Roosevelt und Stalin, daß gemäß den alliierten Versprechungen über die Kriegsziele das französische Kolonialregime in Indochina mit dem Kriegsende enden sollte. Auf der Potsdamer Konferenz der Siegermächte von 1945 vereinbarten Churchill, Truman und Stalin, daß die Entwaffnung der Japaner in Indochina nördlich des 16. Breitengrads von den Chinesen und südlich des 16. Breitengrads von den Engländern durchgeführt werden sollte. Nach der Kapitulation Japans im August 1945 übernimmt der Vietminh die Macht in Nordvietnam, Ho Tschi Minh proklamiert in Hanoi die Gründung der Demokratischen Republik Vietnam. Unter dem Schutz der 1946 in Südvietnam landenden englischen Truppen stellen die Franzosen ihre Kolonialherrschaft südlich des 16. Breitengrades wieder her. Die Verhandlungen zwischen Ho Tschi Minh und der französischen Regierung über die Unabhängigkeit eines vereinigten Vietnam scheitern. Am 23. November 1946 bombardiert die französische Flotte den nordvietnamesischen Hafen Haiphong und besetzt ihn. Damit beginnt der Guerillakrieg der Vietminh gegen die Franzosen, der trotz erheblicher amerikanischer Militärhilfe am 7. Mai 1954 mit der* Kapitulation Frankreichs in Dien Bien Phu *endet. Das* Genfer Abkommen *zwischen den Großmächten und den Vertretern der Regierungen Indochinas legt den 17. Breitengrad als vorläufige Demarkationslinie zwischen Nord- und Südvietnam fest und sieht für Juli 1955 allgemeine Wahlen zur Vereinigung Vietnams vor. Die USA und Südvietnam lehnen die Unterzeichnung des*

Abkommens und die Abhaltung allgemeiner Wahlen ab. Der südvietnamesische Regierungschef Diem, der mit wachsendem Terror jede Opposition unterdrückt, erhält massive Wirtschafts- und Militärhilfe von den USA. Seit 1960 führt die südvietnamesische Nationale Befreiungsfront einen Guerrillakrieg gegen die südvietnamesischen und die sie unterstützenden amerikanischen Truppen, die im Laufe des Kampfes zunehmend zur Umsiedlung, Internierung und Bekriegung der südvietnamesischen Zivilbevölkerung übergehen. 1964 dehnen die Amerikaner durch Luftangriffe den Krieg auf Nordvietnam aus, und ab 1965 greifen US-Bodenkampftruppen massiv in die Kämpfe ein. Bis 1967 schicken die Amerikaner 550000 Soldaten nach Südvietnam.

Im Rahmen weltweiter Proteste gegen den amerikanischen Vietnamkrieg beruft in den sechziger Jahren der englische Philosoph Bertrand Russell, nach dem Vorbild des Nürnberger Prozesses der alliierten Siegermächte gegen die Kriegsverbrechen der Nazis, ein internationales Tribunal gegen die Kriegsverbrechen in Vietnam ein, bei dem Sartre den Vorsitz übernimmt. Dieses Russell-Tribunal tagt in zwei Sitzungsperioden im Mai 1967 in Stockholm und im November 1967 in Roskilde (Dänemark). Folgende Fragen nimmt sich das Tribunal nach Prüfung der Fakten unter anderen zu beantworten vor:

1. Hat die Regierung der Vereinigten Staaten gegen Vietnam im Sinn des Völkerrechts Aggressionshandlungen begangen?

2. Haben Bombardierungen, und in welchem Ausmaß, rein ziviler Ziele stattgefunden, zum Beispiel von Krankenhäusern, Schulen, medizinischen Einrichtungen, Staudämmen usw.?

3. Haben die Streitkräfte der Vereinigten Staaten durch Kriegsgesetze verbotene Waffen erprobt und angewendet?

4. Wird die Zivilbevölkerung von den Streitkräften der Vereinigten Staaten unmenschlich und im Sinn des Kriegsrechts ungesetzlich behandelt?

5. Ist die Regierung der Vereinigten Staaten des Völkermordverbrechens am vietnamesischen Volk schuldig?

Auf alle diese Fragen antworteten die Geschworenen des Russell-Tribunals einstimmig mit Ja.

Sartre eröffnete das Russell-Tribunal am 2. Mai 1967 mit folgender Rede:

Unser Tribunal ist auf Initiative von Lord Bertrand Russell zusammengetreten, um zu entscheiden, ob die Anklagen auf «Kriegsverbrechen», die im Zusammenhang mit dem vietnamesischen Konflikt gegen die Regierung der Vereinigten Staaten sowie gegen die von Südkorea, Neuseeland und Australien erhoben werden, gerechtfertigt sind. In dieser Eröffnungssitzung ist ihm daran gelegen, seine Entstehung, seine Funktion, seine Ziele und seine Grenzen aufzuzeigen; ohne Umschweife wird es klären, was man die Frage seiner Legitimität genannt hat.

1945 verzeichnete man ein in der Geschichte absolut neues Faktum: das Zusammentreten des ersten Internationalen Gerichtshofs in Nürnberg, der aufgefordert war, über die von einer kriegführenden Macht begangenen Verbrechen zu urteilen. Bis zu diesem Zeitpunkt hatte es zwar einige internationale Vereinbarungen gegeben, so den Briand-Kellogg-Pakt, der darauf abzielte, das *jus ad bellum* einzuschränken; da jedoch kein Organ geschaffen worden war, das seine Anwendung hätte durchsetzen können, wurden die Beziehungen zwischen den Mächten weiterhin durch das Gesetz des Dschungels geregelt. Es konnte gar nicht anders sein: die Nationen, die ihren Reichtum auf der Eroberung großer Kolonialreiche errichtet hatten, hätten es nicht geduldet, daß man über ihr Gebaren in Afrika und Asien zu Gericht saß. Ab 1939 stürzte Hitlers Raserei die Welt in so große Gefahr, daß die Alliierten entsetzt beschlossen, im Fall ihres Sieges über die Angriffs- und Eroberungskriege, die Mißhandlung von Gefangenen, die Folter, die rassistischen Praktiken des «Völkermords» zu befinden und sie zu veruteilen, ohne zu erkennen, daß sie damit über sich selbst und ihre Praktiken in den Kolonien das Urteil sprachen.

Aus diesem Grunde, das heißt, weil er zum einen die Naziverbrechen ahndete und zum anderen in universellerer Weise den Weg zu einer echten Rechtsprechung öffnete, die es erlaubt, Kriegsverbrechen, wo immer sie begangen werden und wer immer ihr Urheber sein mag, anzuprangern und zu verurteilen, bleibt der Nürnberger Gerichtshof die Manifestation dieses grundsätzlichen Wandels: die Ersetzung des Rechts zum Krieg durch das Recht gegen den Krieg.

Unglücklicherweise war dieser Gerichtshof nicht frei von schweren Mängeln, wie es jedesmal der Fall ist, wenn auf Grund historischer Notwenigkeiten ein neues Organ geschaffen wird. Man hat ihm vorgeworfen, ein simples Diktat der Sieger über die Besiegten und, was auf dasselbe hinausläuft, nicht wirklich international gewesen zu sein: eine Gruppe von Nationen urteilte über eine andere. Wäre es besser gewesen, die Richter unter den Bürgern neutraler Staaten zu suchen? Ich weiß es nicht. Sicher aber ist, daß seine Entscheidungen, sosehr sie unter ethischem Gesichtspunkt gerechtfertigt waren, bei weitem nicht alle Deutschen überzeugt haben. Und das bedeutet, daß die Legitimität der Richter und ihrer Urteile bis heute umstritten ist. Und so konnte man erklären, daß bei anderem Kriegsverlauf ein Gericht der Achsenmächte die Alliierten wegen der Bombardierung von Dresden oder der von Hiroshima verurteilt hätte.

Es wäre jedoch nicht schwierig gewesen, diese Legitimität zu begründen. Es hätte ausgereicht, daß die zur Aburteilung der Nazis geschaffene Organisation ihre Arbeit weitergeführt hätte oder daß die Vereinten Nationen aus dem Vorgefallenen die Konsequenzen gezogen und sie durch ein Votum ihrer Generalversammlung zu einem ständigen Gerichtshof gefestigt hätten, der befugt gewesen wäre, alle Anklagen auf Kriegsverbrechen zur Kenntnis zu nehmen und zu beurteilen, selbst wenn der Angeklagte die Regierung eines der Länder sein sollte, die durch ihre Richter das Urteil von Nürnberg gefällt hatten. So hat sich die ursprüngliche Idee der Universalität verflüchtigt. Man weiß, was geschah: Kaum war der letzte deutsche Schuldige verurteilt, zerstreute sich das Gericht in alle Richtungen, und man hörte nie wieder von ihm.

Sind wir nun wirklich ganz ohne Makel? Hat es seit 1945 keine Kriegsverbrechen mehr gegeben? Hat man nie wieder auf Gewalt, auf Aggression zurückgegriffen? Hat es niemals Praktiken des «Völkermords» gegeben? Hat kein großes Land versucht, die Souveränität einer kleinen Nation gewaltsam zu brechen? Bestand nirgendwo Anlaß, ein neues Oradour oder Auschwitz anzuprangern? Sie kennen die Wahrheit: In diesen letzten zwanzig Jahren ist der Kampf der Dritten Welt um die Befreiung das große historische Faktum. Die Kolonialreiche sind zusammengebrochen, an ihrer Stelle haben sich souveräne Nationen behauptet oder an eine alte und traditionelle, vom Kolonialismus zerstörte Unabhängigkeit angeknüpft. Das alles vollzog sich nicht ohne Leiden, Schweiß und Blut. Ein Gerichtshof wie der von Nürnberg ist zu einer ständigen Notwendigkeit geworden. Vor der Verurteilung der Nazis war der Krieg ohne Gesetz, ich sagte es bereits. Das Nürnberger Gericht ist ohne Zweifel, das ist die zwiespältige Wirklichkeit, aus dem Recht des Stärkeren hervorgegangen, aber gleichzeitig eröffnet es eine Zukunft, indem es einen Präzedenzfall schafft, den Keim einer Tradition. Niemand kann den alten Zustand wiederherstellen und ein kleines armes Land zum Gegenstand einer Aggression machen, ohne daß man an dieses Gericht zurückdenkt und sich sagt: *das*, genau das hat es verurteilt. So haben die hastigen und unvollständigen Vorkehrungen der Alliierten von 1945, die später vernachlässigt wurden, im internationalen Leben eine Lücke hinterlassen. Eine Institution, die nun schmerzlich fehlt, war gegründet worden, hatte sich in ihrer Permanenz und Allgemeingültigkeit behauptet und unabänderliche Rechte und Pflichten definiert und war dann wieder verschwunden und hatte eine Leere zurückgelassen, die man ausfüllen *muß* und die niemand ausfüllt.

Die Macht hat in der Tat zwei Quellen. Die erste ist der Staat mit seinen Institutionen. Doch in dieser Zeit der Gewalt müßten die meisten Regierungen, die eine derartige Initiative ergriffen, fürchten, daß sie sich eines Tages gegen sie wenden und sie sich selbst auf der Anklagebank wiederfinden könnten. Außerdem sind die Vereinigten Staaten für viele ein mächtiger Bundesgenosse: Wer wagte da, die Wiedererstehung eines Gerichts zu fordern, dessen erster Schritt zweifellos wäre, eine Untersuchung des vietnamesischen Konflikts anzuordnen?

Die andere Quelle der Macht ist das Volk, wenn es in einer revolutionären Periode seine Institutionen verändert. Aber auch wenn der Kampf unerbittlich bleibt, wie könnten sich die Massen, durch Grenzen getrennt, vereinen und den verschiedenen Regierungen eine Institution aufzwingen, die ein wahres *Volksgericht* wäre?

Das Russell-Tribunal ist aus dieser widersprüchlichen Feststellung entstanden: Das Urteil von Nürnberg hat die Existenz einer Institution notwendig gemacht, die Kriegsverbrechen untersucht und sie gegebenenfalls verurteilt; weder die Regierungen noch die Völker sind heute imstande, eine solche Institution zu schaffen. Wir sind uns vollkommen bewußt, daß wir von niemandem ein Mandat erhalten haben, aber wenn wir die Initiative zu dieser Versammlung ergriffen haben, so deshalb, weil wir auch wissen, daß uns niemand ein Mandat geben *konnte*. Gewiß ist unser Tribunal keine Institution. Aber es setzt sich auch nicht an die Stelle einer instituierten Macht: Es entsprang vielmehr einem Mangel und einer Herausforderung. Wir wurden nicht von Regierungen ausgewählt und mit tatsächlichen Vollmachten ausgestattet: Aber wir haben soeben gesehen, daß auch die Machtbefugnisse in Nürnberg nicht ausgereicht haben, den Richtern eine unanfechtbare Legitimität zu geben ... Das Russell-Tribunal ist im Gegenteil der Meinung, daß seine Legitimität sich gerade aus seiner vollkommenen Machtlosigkeit und aus seiner Universalität herleitet.

Wir sind machtlos: Das ist die Garantie unserer Unabhängigkeit. Niemand hilft uns, ausgenommen die Anti-Vietnam-Komitees, die, wie wir selbst, Zusammenschlüsse von Privatpersonen sind. Da wir weder eine Regierung noch eine Partei vertreten, können wir auch keine Anordnungen empfangen: Wir untersuchen die Tatsachen «nach bestem Wissen und Gewissen», wie man sagt, oder, wenn man lieber will, mit aller Freiheit des Geistes. Niemand von uns kann heute sagen, welche Wendung die Beratungen nehmen und ob wir auf die Anklagen mit Ja oder Nein antworten werden oder ob wir sie unbeantwortet lassen, da wir sie vielleicht für begründet, aber für unzureichend bewiesen halten. Sicher ist auf jeden Fall, daß unsere Machtlosigkeit, selbst wenn wir von den vorgelegten Beweisen überzeugt sein sollten, uns verbietet, ein Urteil zu sprechen. Denn was könnte eine Verurteilung, und sei es die leichteste, bedeuten, wenn wir nicht die Mittel haben, sie vollstrecken zu lassen? Daher beschränken wir uns darauf, gegebenenfalls zu erklären: Dieser oder jener Akt fällt tatsächlich unter die Zuständigkeit der Rechtsprechung von Nürnberg; ihr zufolge ist er also ein Kriegsverbrechen und müßte, würde das Gesetz angewandt, diese oder jene Strafe verlangen. In diesem Fall werden wir nach Möglichkeit die Verantwortlichen nennen. Auf diese Weise wird das Russell-Tribunal, in seiner Untersuchung wie in seinen Beschlüssen, keine andere Aufgabe haben, als allen die Notwendigkeit einer internationalen Institution deutlich zu machen, die zu ersetzen es weder die Mittel noch den Anspruch hat und deren Ziel es wäre, das in

Nürnberg totgeborene Recht gegen den Krieg zum Leben zu erwecken und das Recht des Dschungels durch ethische und juristische Regeln zu ersetzen.

Gerade aus der Tatsache, daß wir einfache Bürger sind, konnten wir, indem wir uns international kooptierten, unserem Tribunal eine universellere Struktur geben, als sie in Nürnberg vorhanden war. Ich meine nicht nur, daß hier eine größere Zahl von Ländern vertreten ist: so gesehen wären noch einige Lücken zu füllen. Doch während die Deutschen 1945 nur auf der Anklagebank saßen oder allenfalls als Belastungszeugen auftraten, sind hier mehrere Geschworene Bürger der Vereinigten Staaten; das heißt, sie kommen aus dem Land, über dessen Politik verhandelt wird, und haben folglich eine ihnen eigene Art, diese Politik zu verstehen, und, wie immer ihre Bewertung ausfallen mag, eine enge Beziehung zu ihrem Vaterland, seinen Institutionen und Traditionen, wovon die Schlußfolgerungen des Tribunals nicht unbeeinflußt bleiben werden.

Doch wie groß unser Wille zur Unparteilichkeit und Universalität auch sein mag, wir sind uns sehr bewußt, daß er nicht ausreicht, unser Unternehmen zu legitimieren. Was wir in Wahrheit wollen, ist, daß seine Legitimität rückschauend oder, wenn man lieber will, nachträglich bestätigt wird. In Wirklichkeit arbeiten wir weder für uns selbst noch zu unserer Erbauung, und wir behaupten nicht, daß unsere Entscheidungen wie ein Blitz einschlagen werden. In Wahrheit hoffen wir, dank der Zusammenarbeit mit der Presse eine ständige Verbindung zwischen uns und den Massen aufrechtzuerhalten, die in allen Teilen der Welt die Tragödie Vietnams schmerzhaft erleben. Wir hoffen, daß sie sich informieren, wie wir uns informieren, mit uns die Berichte, Dokumente, die Zeugenaussagen entdecken, sie bewerten und sich Tag für Tag mit uns ihre Meinung darüber bilden. Wir wollen, daß die Schlußflogerungen, welche es auch sein mögen, von ihnen selbst gezogen werden, von allen und zur gleichen Zeit wie von uns; vielleicht schon früher. Diese Sitzung ist ein gemeinsames Unternehmen, dessen letztes Ziel nach dem Wort eines Philosophen eine «gewordene Wahrheit» sein muß. Ja, wenn die Massen unser Urteil bestätigen, dann wird es Wahrheit werden, und im gleichen Augenblick, in dem wir hinter denjenigen zurücktreten, die sich zu den Hüterinnen und zur mächtigen Stütze dieser Wahrheit machen, werden wir wissen, daß wir legitimiert waren und daß das Volk, indem es uns seine Zustimmung zeigt, eine viel weitreichendere Forderung stellt: nämlich daß ein echtes «Tribunal gegen Kriegsverbrechen» als ständige Einrichtung geschaffen wird, das heißt, daß diese Verbrechen überall und jederzeit angezeigt und bestraft werden können.

Diese letzten Bemerkungen erlauben mir, auf eine Kritik zu antworten, die, sicherlich ohne böse Absicht, eine Pariser Zeitung gegen uns erhoben hat: «Was für ein seltsames Gericht: es gibt Geschworene und keinen Richter!» Das ist wahr: wir sind nur Geschworene, wir haben nicht die Macht, irgend jemanden zu verurteilen oder freizusprechen. Folglich gibt es auch keine Staatsanwaltschaft. Strenggenommen gibt es nicht einmal eine Anklageschrift. Herr Matarasso, Präsident der juristischen Kommission, wird Ihnen statt dessen eine Liste der Beschwerden vortragen; und die Geschworenen werden am Schluß der Tagung darüber zu befinden haben, ob diese Beschwerden berechtigt sind oder nicht. Doch Richter gibt es überall: es sind die Völker, insbesondere das amerikanische Volk. Und für sie arbeiten wir.

Nach der erfolgreichen Tet-Offensive der Nationalen Befreiungsfront vom Februar 1968 kommt es ab Mai in Paris zu Waffenstillstandsverhandlungen zwischen Nordvietnam und den USA, die im November ihre Bombardierungen Nordvietnams einstellen. Als 1972 die Waffenstillstandsverhandlungen stagnieren, nehmen die Amerikaner die Bombardierungen Nordvietnams wieder auf und verminen dessen Häfen. Am 23. Januar 1973 wird das Waffenstillstandsabkommen zwischen den USA, den Regierungen von Nordvietnam und Südvietnam und der 1969 gebildeten Provisorischen Revolutionsregierung der Nationalen Befreiungsfront geschlossen. Bis zum April haben die Amerikaner alle Truppen aus Südvietnam abgezogen. Am 30. April 1975 kommt es zur bedingungslosen Kapitulation der südvietnamesischen Armee gegenüber den nordvietnamesischen Truppen, die Saigon eingenommen haben. Am 25. Juni 1976 wird Vietnam wiedervereinigt. Die Demokratische Vietnamesische Republik mit der Hauptstadt Hanoi wird Mitglied des Rats zur gegenseiti-

gen Wirtschaftshilfe, dem die UdSSR, die DDR, Polen, die ČSSR, Ungarn, Rumänien und Bulgarien angehören.

Die Enteignung der chinesischen Kleinhändler in Cholon, dem Chinesenviertel der inzwischen in Ho Tschi Minh-Stadt umgenannten ehemaligen Hauptstadt Südvietnams führt zur Massenflucht südvietnamesischer Flüchtlinge, die auf Booten die Nachbarstaaten zu erreichen versuchen. Im Gegensatz zu anderen ehemaligen Mitgliedern des Russell-Tribunals setzte sich Sartre für eine verstärkte Hilfe und Aufnahme dieser flüchtenden boat people *ein und begab sich deswegen zusammen mit Raymond Aron und André Glucksmann zum französischen Staatspräsidenten Giscard d'Estaing.*

Der neue Gedanke vom Mai 1968
oder
«In einer Demokratie müssen alle Menschen souverän sein»
(1968)

Wie überall in der westlichen Welt verbindet die Studentenbewegung der sechziger Jahre ihren Protest gegen den amerikanischen Vietnamkrieg mit Forderungen nach einer basisdemokratischen Reform der akademischen Ausbildung. Im ersten Trimester 1968 findet ein Generalstreik an der Pariser Universität in Nanterre statt. Aus der Protestversammlung gegen die Verhaftung von Mitgliedern des Anti-Vietnam-Komitees mit anschließender Besetzung des Verwaltungsgebäudes geht die «Bewegung des 22. März» hervor. Als die Bewegung auf die Sorbonne übergreift, läßt der Rektor diese durch Polizeikräfte räumen. Nach dem Scheitern von Verhandlungen zwischen Regierung und Studenten kommt es in der Nacht vom 10. zum 11. Mai zu einer studentischen Erhebung und zum Bau von Barrikaden im Pariser Universitätsviertel Quartier Latin, die mit einem bürgerkriegsähnlichen Einsatz der Bereitschaftspolizei beantwortet werden. Aus Protest gegen das brutale Vorgehen der Bereitschaftspolizei rufen die Gewerkschaften zu einem vierundzwanzigstündigen Generalstreik auf, an dem sich in ganz Frankreich mehr als die Hälfte aller Werkstätigen beteiligt und der in Paris von einer Massendemonstration von etwa einer Million von Arbeitern, Intellektuellen, Studenten und Schülern begleitet wird. Damit greift die studentische Protestbewegung auf das ganze Land und auf andere Bevölkerungsgruppen über. Es kommt zu zahlreichen Einzelstreiks, Fabrikbesetzungen und anderen basisdemokratischen Aktionen, gegen die die Polizei mit massiven Einsätzen vorgeht. Am 26. Mai finden Verhandlungen zwischen Gewerkschaften, Unternehmerschaft und Regierung statt. Damit versucht die KPF und der von ihr kontrollierte Gewerkschaftsverband CGT die Bewegung zugunsten der Durchsetzung rein gewerk-

schaftlicher Forderungen zu kanalisieren. De Gaulle löst die Nationalversammlung auf und erringt im Juni einen überraschenden Wahlsieg.

Der dreiundsechzigjährige Sartre schließt sich der Studentenbewegung an und nimmt an zahlreichen Versammlungen und Aktionen teil. Nach dem Wahlsieg de Gaulles und der darauf folgenden Repression gegen die Studentenbewegung setzen linksradikale Gruppen die basisdemokratischen Aktionen des Mai fort und bauen eine alternative Basispresse auf. Um diese Presse, die die Regierung durch Verbot und Verhaftung der Herausgeber zu unterdrücken versucht, mit seinem Namen zu decken, übernimmt Sartre die nominelle Herausgeberschaft einer Reihe ihrer Organe wie La Cause du peuple, Tout *und* J'accuse. *1972 gehört er zu den Mitgründern von* Libération.

Am 26. Juni 1968 gab Sartre der Zeitschrift Le Nouvel Observateur *folgendes Interview:*

S. Lafaurie: *In dieser Woche feiern die Konservativen Triumphe: Fast alle, die sich im Ausstand befanden, haben die Arbeit wiederaufgenommen; die Sorbonne, Symbol der «studentischen Anarchie», ist von der Polizei besetzt, und die Franzosen haben soeben in aller Ruhe im ersten Wahlgang wieder für so ziemlich dieselben Männer gestimmt. Abgesehen von den nicht zu verachtenden, aber sicher ephemeren materiellen Verbesserungen, die die Arbeiter erreicht haben, bleibt von der großen Bewegung, die einen Monat lang Frankreich erschüttert hat, anscheinend nicht viel übrig. Ist das wirklich so? Hinterläßt die «Mai-Revolution», auch wenn sie fehlgeschlagen ist, nicht doch einige positive Spuren?*

Jean-Paul Sartre: Vor kurzem habe ich in der Cité Universitaire an einer studentischen Diskussion über mögliche Umgestaltungen der Universität teilgenommen, und ein Student begann seinen Diskussionsbeitrag folgendermaßen: «Genossen, wir sollten uns eingestehen, daß unsere Mai-Aktion gescheitert ist ...» Zwei Wochen zuvor hätte ihn an der Sorbonne niemand seinen Satz auch nur zu Ende sprechen lassen, und er wäre unter Buhrufen abgetreten. Diesmal pfiff kein Mensch, niemand protestierte: Man ließ ihn weiterreden.

In gewisser Weise ist die Bewegung tatsächlich gescheitert.

Aber sie ist nur in den Augen derer gescheitert, die geglaubt haben, die Revolution sei zum Greifen nahe, die Arbeiter würden den Studenten bis zum Ende folgen und die in Nanterre und an der Sorbonne begonnene Aktion werde in eine soziale und ökonomische Apokalypse münden, die nicht nur den Sturz der Regierung, sondern auch die Auflösung des kapitalistischen Systems herbeiführen würde. Das war ein Wunschtraum, und Cohn-Bendit zum Beispiel hat das niemals erwartet. Er hat im Gegenteil gesagt: «Die Revolution wird nicht von heute auf morgen stattfinden, und das Bündnis von Studenten und Arbeitern ist noch in weiter Ferne. Wir haben nur einen ersten Schritt getan. Wir werden weitere tun.»

Viele junge Leute begreifen das. Sie wissen, daß man mit 100000 unbewaffneten Studenten, und wären sie noch so mutig, keine Regierung stürzen kann: Sie haben eine große Bewegung ins Rollen gebracht, sie werden es in der Zukunft vielleicht wieder tun; jetzt aber geht es darum, den Kampf in anderen Formen fortzusetzen. Die Diskussion neulich abend war deshalb so spannend, weil es dabei um die Frage ging, wie man die Mai-Revolte positiv fortsetzen könnte. Es gab zwei verschiedene Standpunkte. Die einen sagten: «Man muß für die Durchsetzung einer selbstverwalteten ‹kritischen Universität› kämpfen, in der das Verhältnis zwischen Lehrenden und Lernenden und das Verhältnis aller zur Bildung von Grund auf verändert wird.» Beim Medizinstudium zum Beispiel – einige Studentengruppen bereiten schon ganz konkrete Projekte vor – wird es nicht mehr um die bloße Vermittlung einer bestimmten Reihe von Kenntnissen gehen, sondern gleichzeitig um das Problem der Beziehung Arzt-Patient, um die Beziehungen der Ärzte untereinander und schließlich um die Rolle der Medizin innerhalb der Gesellschaft. Die Studenten werden dahin kommen, daß sie den Beruf, den sie gewählt haben, selber neu definieren, daß sie entscheiden, ob der Arzt ein Techniker besonderer Art im Dienst einer Klasse sein soll oder ein Mensch, der der Masse angehört und von ihr zum Heilen berufen ist. Es versteht sich von selbst, daß die Form des Unterrichts und die Wissensinhalte selbst durch eine neue Definition modifiziert werden und daß ein Arzt am Ende seines Studiums anders sein wird als die heutigen Ärzte. Dasselbe gilt für die anderen Fächer: Der Wissenserwerb wird überall Hand in

Hand gehen mit einer kritischen Reflexion über den sozialen Nutzen dieses Wissens, so daß die Universität nicht länger «eindimensionale» Menschen hervorbringen wird – eine gefügige Elite, vom bürgerlichen System getestet und verdinglicht –, sondern Menschen, die die beiden Dimensionen der Freiheit wiedergefunden haben werden: in die Gesellschaft eingebettet zu sein und zugleich diese Gesellschaft in Frage zu stellen.

Diesem Ideal einer Universität halten andere entgegen: «Die kritische Universität läßt sich nicht verwirklichen. Siehe Berlin: Sie bleibt eine Randerscheinung, ein Fremdkörper in der bundesdeutschen Gesellschaft. Und welcher kapitalistische Staat fände sich dazu bereit, eine Universität zu finanzieren, deren erklärtes Ziel es ist, den antikapitalistischen Charakter von Bildung zu beweisen? Statt um die kritische Universität sollten wir uns besser um die Kritik der Universität bemühen. Die Universität wird man uns ungefähr so wiederherstellen, wie sie war. Laufen wir nicht von ihr weg, sondern unterziehen wir das Wissen, das man hier verkündet, und die Lehrmethoden weiterhin massiver Kritik – notfalls mit Gewalt.»

Die beiden Standpunkte sind meiner Meinung nach nicht unvereinbar. Mir scheint, es könnte innerhalb der Universität «kritische Zellen» geben. Man wird die Medizinstudenten, wenn sie dazu entschlossen sind, nicht daran hindern können, intensiv über Fragen einer wirklich sozialen Medizin zu arbeiten; sie könnten dafür sogar Hörsäle und einen eigenen Stundenplan bekommen. Zwar wäre das noch keine «Fakultät für kritische Medizin», aber es wäre immerhin eine Enklave, in der positive Forschung möglich wäre.

Der Standpunkt: «Die Regierung ist kein annehmbarer Gesprächspartner; wir sind entschlossen, jeden ihrer Vorschläge abzulehnen» kommt mir gefährlich vor, weil die Regierung dann sagen kann: «Unter diesen Umständen machen wir, was wir wollen.» Es wäre besser, für die Durchsetzung von Reformen zu kämpfen, die die Struktur der bürgerlichen Universität erschüttern und das System insgesamt schwächen; dann kann die Universität als Sprungbrett für neue Forderungen dienen. Das ist die Theorie des «revolutionären Reformismus» von André Gorz: Eine stetige Evolution kann dadurch in Gang gehalten werden, daß man die Forderung laufend radikalisiert.

Was die Evolution der französischen Universität betrifft, so bin ich optimistisch – im Gegensatz zu denen, die bereits von ihrer «Kongoisierung» sprechen –, weil ich großes Vertrauen zu den gemeinsamen Aktionen der französischen Studenten und Hochschullehrer habe, die beachtlich sind und keineswegs hinter denen der anderen Länder zurückbleiben. Ich sehe keinen Grund, warum sie nicht zu Lösungen kommen sollten. Die Studenten fordern, daß eine Möglichkeit des Protests in erkämpften oder zugestandenen Formen erhalten bleibt. Ich glaube, daß sehr viele Professoren bereit wären, das zu akzeptieren. Neulich abend habe ich Studenten eine Diskussion über die «kritische Universität» vorgeschlagen. Ich habe Fragen gestellt, man hat mir geantwortet, ich habe meinerseits geantwortet, andere widersprachen, und das alles ruhig und diszipliniert. Ich kann Ihnen versichern: Als Lehrer einer solchen Klasse wäre ich begeistert gewesen.

Ich hatte ganz gewiß keine Macht außer der, die sie mir zubilligten. Hätten sie mir gesagt: «Raus!», so wäre mir nichts anderes übriggeblieben, als zu gehen, während in der Universität alten Stils ich derjenige gewesen wäre, der die Studenten hätte rauswerfen können. Andererseits war die mir «zugebilligte» Macht – die eines Vermittlers, der sich durch Verständlichkeit Geltung verschaffen muß – weitaus befriedigender als irgendeine «legale» Macht. Als man mir in Ruhe zuhörte, fühlte ich mich sehr viel «souveräner», als wenn ich eine Preisverleihungsrede gehalten hätte – zu meiner Linken der Präfekt, zu meiner Rechten der Rektor, vor mir versteinerte Gymnasiasten. Wird einem widersprochen, und sei es noch so heftig, aber gleichzeitig auch zugehört, dann ist man viel zufriedener, nicht nur mit sich selbst, sondern auch mit seinen Studenten, als wenn einem in stummem Respekt zugehört wird. Es ist wesentlich anregender.

Im Gegensatz zu dem, was man uns glauben machen will, wehren sich die Studenten nicht dagegen, daß man ihnen etwas beibringt; sie fordern nur das Recht, über den Unterrichtsgegenstand zu diskutieren und zu prüfen, ob das Unterrichtete Hand und Fuß hat, das Recht, sich die Gewißheit zu verschaffen, daß man ihnen nicht ihre Zeit stiehlt. Sie können sich nicht vorstellen, wieviel Blödsinn man mir beigebracht hat, als ich Student war.

Die wichtigste Frage für die Studenten ist die, ob es ihnen ge-

lingt, einen direkten Kontakt zu den Arbeitern herzustellen, wenn sie nicht riskieren wollen, daß die positiven Ergebnisse ihrer Bewegung auf die Universität beschränkt bleiben. Im Mai war es sehr schwierig, diesen Kontakt zu finden. Können die «Sommeruniversitäten» darin erfolgreicher sein?

Über diesen Punkt ist neulich abend viel gesprochen worden. Die einen sagten: «Die Studenten werden sich den Arbeitern zur Verfügung stellen, um ihnen Kenntnisse zu vermitteln, die ihnen eine ‹Umschulung› oder den Zugang zu einer höheren beruflichen Qualifikation ermöglichen.» Die anderen dagegen: «Die Studenten können den Arbeitern nichts beibringen; sie haben alles von ihnen zu lernen.» In Wirklichkeit ist es jedoch falsch, im voraus ein Schema aufzustellen und darüber entscheiden zu wollen, wer was von wem lernen soll. Wie stets kann jeder von jedem etwas lernen. Das Wichtigste an diesen Sommeruniversitäten wird es meiner Ansicht nach sein, daß man lernt, einander kennenzulernen. Denn wenn die Studenten so gut wie nichts über das Leben der Arbeiter wissen, so gilt umgekehrt dasselbe. Der Arbeiter glaubt noch immer, der Student sei jemand, der über «humanistische Bildung» verfügt, der bestimmte Dinge besser versteht, weil man sie ihm besser erklärt hat und weil er Zeit zum Lernen hat. Zu meiner Zeit stimmte das noch; heute nicht mehr. Der heutige Student wird vollgestopft, so wie man Gänse mästet, mit einem genau ausgerichteten Wissen, das ihm engbegrenzte Fähigkeiten vermitteln soll. Und diese Scheinbildung erhält er auch nicht in Luxus und Muße – viele Studenten führen ein sehr hartes Leben –, sondern in Angst, weil er nie weiß, ob er nicht nach einigen Jahren gnadenlos durch ein Ausleseverfahren ausgeschieden wird, das den Zweck hat, aus der Masse nur eine kleine Führungselite herauszufiltern. Wenn ein Arbeiter einen Studenten «Bürgersöhnchen» schimpft, so rührt das in den meisten Fällen daher, daß er ihn nicht versteht, daß er nichts über seine Lebensweise weiß.

Umgekehrt haben die Studenten keine Ahnung von manueller Arbeit, und es wäre vielleicht nicht schlecht, wenn es in diesem Sommer neben den «Kursen für Arbeiter» an den Universitäten – wenn die Arbeiter es wollen – in den Fabriken Praktika für Studenten gäbe. Das gibt es bereits in Ländern wie China und Kuba, wo man in Ansätzen verstanden hat, was Sozialismus wirklich ist.

Auf jeden Fall haben Leute sich nie etwas zu sagen, wenn sie nicht demselben Milieu angehören oder zusammen essen. Sie können nur gemeinsam handeln. Als ich während des letzten Krieges in Gefangenschaft war, habe ich mich mit den Arbeitern und den Bauern aus dem Lager bestens verstanden. Wenn ich in ihren Fabriken oder auf ihren Höfen in meiner abstrakten Intellektuellensprache mit ihnen geredet hätte, so hätten sie mir die kalte Schuler gezeigt. Aber im Lager sprachen wir die gleiche Sprache, weil wir dieselben Dinge tun, auf dieselben Ereignisse reagieren mußten – natürlich nicht immer auf die gleiche Weise. Ich glaube, daß es erst dann zu echten Beziehungen zwischen Studenten und Arbeitern kommen wird, wenn sie zusammen arbeiten, an den Universitäten ebenso wie in den Fabriken.

Viele Kommunisten, ob orthodox oder nicht, glauben nach wie vor, daß die Arbeiter recht haben, wenn sie den Studenten mißtrauen – deren Forderungen, wie sie sagen, nichts mit den Forderungen der Arbeiter gemein hätten – und sich ihrem «kleinbürgerlichen Abenteurertum» nicht anschließen.

Ja, neulich in der Cité Universitaire sagte ein Kommunist: «Die Studentenbewegung ist nicht revolutionär, denn 1. hat sie keine revolutionäre Ideologie, 2. hat sie das Regime nicht einmal ins Wanken gebracht, 3. hatte sie anarchistischen Charakter, weil eine bürgerliche Revolte immer zur Anarchie führt, 4. können nur die Arbeiter die Revolution machen, weil sie die Produzenten sind.»

Das Ganze wurde mit Buhrufen aufgenommen; der Bedauernswerte konnte sich kaum Gehör verschaffen, aber man mußte ihm antworten. Ich sagte folgendes: Wenn es einer revolutionären Ideologie bedarf, um eine Revolution zu machen, hätte sie nur von der Kommunistischen Partei Kubas gemacht werden können, nicht von Castro. Nun hat die kubanische KP nicht nur die Revolution nicht gemacht, sondern es sogar abgelehnt, sich dem Generalstreik anzuschließen, den die Studenten und die Widerstandskämpfer in den Städten zu einem bestimmten Zeitpunkt initiiert hatten. Das Bewundernswerte im Fall Castro ist, daß hier die Theorie aus der Erfahrung entstanden ist und nicht umgekehrt. Man muß nur die Rede nachlesen, die Castro vor dem Tribunal gehalten hat, das nach dem mißglückten Sturm auf die Moncada-Kaserne über ihn zu Gericht saß: In ihr findet man eine demokratische Entschlossenheit, Batista, den Diktator, zu stürzen, sowie Vorstellungen von Sozialreformen, die noch ziemlich vage sind, jedoch keinerlei «ideologische Struktur». Im Krieg, im Kontakt mit den Bauern hat sich Castros revolutionäre Theorie gebildet. Erst später hat er sich, vielleicht unter dem Eindruck, seiner Bewegung fehlten die theoretischen Grundlagen, den Kommunisten angenähert. Aber als er sah, welche starren Dogmen sie ihm aufzwingen wollten, welche Fehler er unter ihrem Einfluß beging, fand er seine Unabhängigkeit wieder, und mit einemmal gewann seine Ideologie an Substanz.

Wenn wir dieses Beispiel auf unsere Verhältnisse übertragen wollen, dann heißt das: um in Frankreich eine Revolution zu beginnen, die erfolgreich sein soll, muß man nicht über eine fertige Theorie verfügen. Im Gegenteil: Wenn die Studenten gescheitert sind, dann zum Teil deshalb, weil die französische KP mit ihrer geschlossenen Marxismus-Konzeption und ihren fertigen Antworten auf alle Fragen – gestützt auf diesen oder jenen Lenin-Text – die Bewegung gebremst hat.

Nicht daß die jungen Revolutionäre keine Theorie hätten – sie haben sogar viele und sehr unterschiedliche Theorien, auch wenn sie sich alle mehr oder weniger auf den Marxismus berufen –, aber sie akzeptieren die Überprüfung ihrer Ideen an der Praxis. Wie es scheint, sind sie über den sehr wichtigen Gedanken der «Doppelmacht» aber einer Meinung, den Cohn-Bendit mit den Worten proklamiert hat: «Wir können nur dann gewinnen, wenn de Gaulle mit einer Gegenmacht konfrontiert wird, und diese Macht kann sich nur auf ein Bündnis zwischen Studenten und Arbeitern gründen.» Wenn es diesmal nicht geklappt hat, dann darf man das bestimmt nicht den Studenten anlasten.

Nun zum dritten Punkt der kommunistischen Argumentation: Die Studentenbewegung sei anarchistisch, weil sie eine bürgerliche Revolte ist. Gut! Aber wie will man dann die Revolte der tschechoslowakischen und jugoslawischen Studenten erklären, die unter einem sozialistischen Regime geboren sind und von denen mehr als die Hälfte Kinder von Arbeitern und Bauern sind? Was fordern diese Arbeiterkinder? Grob gesagt, daß gleiche wie die französischen Studenten, das heißt die Freiheit zur Kritik und die Selbstbestimmung. Wer Leute als «Anarchisten» bezeichnet, die gegen die stalinistischen Bürokraten und die Technokraten der Konsumgesellschaft aufbegehren und verlangen, Menschen sollten nicht länger nur Produkte oder Objekte sein, sondern Herr über ihr Schicksal, der klebt ein «Gift»-Etikett auf eine Bewegung, der man schaden will, weil sie neu, weil sie auf unverfälschte Weise revolutionär ist, weil sie die alten Apparate bedroht. Was die jungen Revolutionäre wollen, ob sie nun bürgerlicher Herkunft sind oder nicht, ist keineswegs Anarchie, sondern genaugenommen, die Demokratie, eine wirklich sozialistische Demokratie, die noch nirgends mit Erfolg verwirklicht worden ist.

Das letzte Argument schließlich: Nur die Arbeiter könnten die Revolution machen. Meine Antwort darauf: Es gibt keinen einzigen politisierten Studenten, der jemals etwas anderes gesagt hätte. Sie alle haben immer wieder betont: «Wir können den Anstoß geben, aber die Revolution kann nur von der Gesamtheit der arbeitenden Klassen, den Arbeitern und Bauern, gemacht werden.» Damit die Studenten diesen Anstoß geben können, muß jedoch eine Übereinstimmung zwischen ihren Forderungen und denen der Arbeiter bestehen. Die Kommunisten bestreiten das und behaupten, daß die Studenten von heute, weil sie eben Bürgerkinder seien – und tatsächlich sind sie es zu 90 Prozent –, nur dieselben Klasseninteressen wie ihre Eltern vertreten könnten.

Hier zeigt sich ein mechanistisch beschränkter Marxismus. Marx sagte etwas ganz anderes, als er darüber sprach, wie die aus dem Bürgertum stammenden Theoretiker Bundesgenossen der Arbeiterklasse werden konnten, da auch ihre Probleme als gebildete Menschen, Wissenschaftler, Angehörige freier Berufe Probleme der Entfremdung waren. Das galt schon zu Marx' Zeiten. Es gilt heute noch mehr, da die Studenten entdecken, daß sie während ihres Studiums als Objekte behandelt werden und anschließend, wenn sie dann zur Führungselite gehören, in gleicher Weise. Damit begreifen sie, daß man ihnen ihre Arbeit genauso stiehlt wie den Arbeitern, auch wenn es auf andere Weise geschieht. Aus diesem Grunde sind Arbeiter und Studenten heute einander sehr viel näher, als es ihre Eltern waren.

Mit der Mai-Krise ist etwas ganz Neues eingetreten: Die Bewegung entstand nicht, wie das in der Vergangenheit immer der Fall war, aus einer schweren ökonomischen, sozialen oder politischen Krise, sondern aus einer grundlegenden Forderung «liber-

tären» Charakters, zu der erst in der Folge die materiellen Forderungen hinzukamen.

Die alte Triebkraft für Revolutionen, die nackte Not, wird in der Tat abgelöst durch eine neue Forderung, die nach Freiheit. Es gab eine Zeit, in der das Problem vor allem die kollektive Aneigung der Produktionsmittel war, weil Besitz und Leitung eines Unternehmens identisch waren. Das war in der Zeit von den Anfängen des «Familienkapitalismus» bis zum Entstehen der Aktiengesellschaften und der Monopole. In dieser Zeit sind die großen sozialistischen Theorien entstanden. Sie beruhten alle darauf, daß Besitz Voraussetzung für Verfügungsgewalt ist.

Heute hat sich die Mittelschicht gewandelt, da Besitz und Unternehmensführung nicht mehr identisch sind. Das ist die Herrschaft der Technokratie: Die Eigentümer delegieren, unter der Bedingung, daß sie Dividenden erhalten, die Aufgabe der Unternehmensführung an Spezialisten, an ein qualifiziertes Management. Damit hat sich auch der Charakter der Forderungen gewandelt: Nicht mehr die Frage des Eigentums steht im Vordergrund – natürlich wird sie später wieder auftauchen, weil sie fundamental bleibt –, sondern die der Macht. In der Konsumgesellschaft will man nicht in erster Linie besitzen, sondern am Entscheidungs- und Kontrollprozeß teilnehmen.

Alle, die die Studenten beschimpft haben, haben nicht gesehen, daß sie eine neue Forderung, nämlich die nach Souveränität, erhoben. In einer Demokratie müssen alle Menschen souverän sein, das heißt über ihr Tun entscheiden können, nicht einzeln, jeder in seinem Winkel, sondern gemeinsam. In den westlichen Ländern existiert diese Souveränität nur auf dem Papier. Alle Amerikaner, die Schwarzen eingeschlossen, sind souverän, weil sie das Wahlrecht haben. Aber de facto wird ihnen die Souveränität vorenthalten, und so entsteht die Forderung nach einer «Macht» – einer Black Power, einer Studentenmacht, einer Arbeitermacht.

Das gleiche gilt für viele sozialistische Länder, in denen der einzelne den Produktionszwängen unterliegt. Ich erinnere mich an ein Plakat, das 1956, nach Gomulkas Rückkehr an die Macht, überall in Polen zu sehen war; darauf stand: «Die Tuberkulose hemmt die Produktion.» Das entsprang einem richtigen Empfinden, denn es bedeutete: «Achtet auf eure Gesundheit.» Aber die

Formulierung war aufschlußreich. Es ging nur um eine Sache – die Tuberkulose – und um die Produktion von Sachen. Dahinter verschwanden der Tuberkulosekranke und der produzierende Mensch. Und genau gegen eine solche Enthumanisierung revoltieren die Studenten und die jungen Arbeiter in Polen, der Tschechoslowakei, in Jugoslawien, Frankreich und Deutschland, die alle in sehr verschiedenen Gesellschaftssystemen leben. Sie wollen nicht ihre Existenz aus dem Gegenstand beziehen, den sie produzieren, oder aus der Funktion, die sie erfüllen; sie wollen selbst über die Art der Produkte und deren Verwendung und über ihre Rolle in der Gesellschaft entscheiden.

Die Studenten haben das als erste empfunden und formuliert, und sie hatten immerhin so viel Kontakt zu den jungen Arbeitern, daß diese sich sagten: «Warum nicht wir? Wenn die schon das Leben, das man ihnen bietet, ablehnen, warum lehnen wir dann unseres nicht auch ab?» Ich habe sehr stark den Eindruck, daß diese Ablehnung der proletarischen Situation durch die Jungen das bedeutendste Novum dieses Mai ist.

Sie sprachen von der kubanischen Revolution. Sie wurde wesentlich dadurch begünstigt, daß Batista dem ganzen kubanischen Volk als Tyrann erschien. Das ist bei de Gaulle nicht der Fall. Der Unterdrückungscharakter seines Regimes wird sehr unterschiedlich empfunden, und seit zehn Jahren hat ein Teil der Arbeiterklasse für de Gaulle gestimmt.

Das stimmt natürlich. Batista kam an die Macht, als die Amerikaner aus internen Gründen beschlossen, ihren Import an kubanischem Zucker beträchtlich einzuschränken. Für die kubanische Wirtschaft war das eine Katastrophe, und es bedeutete für eine Menge kleiner Unternehmen den Ruin. Um die großen Pflanzer zu retten und um die Ordnung aufrechtzuerhalten, bedurfte es einer Diktatur.

In einer Gesellschaft, in der es keine Wirtschaftskrisen dieser Art gibt, findet man immer viele Menschen in allen Klassen, die für die Aufrechterhaltung des herrschenden Regimes sind und deren politisches Bewußtsein schwach entwickelt ist. Man kann von einem Kleinhändler in Anbetracht seiner Interessenlage und seines Bildungsstandards nicht verlangen, daß er nicht mehr auf de Gaulle setzt. Er glaubt, de Gaulle verteidige die kleinen Unternehmen gegen die großen, die sie schlucken wollen. Das ist falsch. In Wirklichkeit fördert de Gaulle mit Nachdruck die Konzentration; und es sind die Großunternehmer, die immer darauf bedacht waren, eine bestimmte Anzahl kleiner Unternehmen am Leben zu erhalten, weil ihnen das die Möglichkeit gab, im malthusianischen Sinne vorzugehen, und ihnen erlaubte, ihre Preise zu halten, wobei sie sagten: «Wir wollen die Kleinen nicht ruinieren.» Aber der Kleinhändler kann das nicht durchschauen. Für ihn bleibt de Gaulle das Bollwerk gegen die Monopole.

Für die Arbeiter liegt der Fall anders. Seit 1848 und den Massakern der Pariser Commune haben sie gegenüber der Politik immer eine gewisse Gleichgültigkeit gezeigt, entsprechend der Vorstellung: «Das sind ja doch alles Schweine.» Als Napoleon III. die Macht übernahm, haben die Arbeiter kaum protestiert. Bei der Volksabstimmung im Jahre 1852 haben viele für ihn gestimmt. Warum? Weil die Republikaner, die sie aufforderten, gegen den monarchischen Präsidenten zu stimmen, dieselben Leute waren, von denen sie drei Jahre zuvor massakriert worden waren. Politik ist seither für viele Arbeiter eine Welt für sich geblieben, eine Welt, die sie nichts angeht. Der ganze Anarchosyndikalismus vom Anfang des Jahrhunderts ist daraus entstanden, und es sind tiefe Spuren davon in der Mentalität der Arbeiter zurückgeblieben.

Man darf den Bürger, der für de Gaulle stimmt, weil er in ihm seinen Beschützer sieht, nicht in einen Topf werfen mit dem Arbeiter, der vom «Vater de Gaulle» spricht und ihm seine Stimme gibt, weil er das «Gemauschel» der Parteien aller Richtungen nicht leiden kann und weil er auf jede Politik pfeift. Die Welt der Arbeiter ist die Arbeit. An dem Tag, an dem der Generalstreik ausgerufen wird, wird er streiken, aber mit seinen eigenen Anführern, das heißt seinen Gewerkschaftsführern. Und wenn das Regime dabei fallen sollte, um so besser. Doch bis dahin interessiert ihn das politische Spiel nicht.

Man vermutet, de Gaulle habe die Absicht, falls die Wahlen für die Nationalversammlung erfolgreich für ihn ausgehen, in einigen Monaten eine Präsidentschaftswahl auszuschreiben, bei der er nicht mehr kandidiert. Er wolle zurücktreten, um einen Abgang «à la Louis Philippe» zu vermeiden, was ihm vor drei Wochen noch geblüht hätte.

Wenn seine Kandidaten bei den Wahlen 80 Prozent der Stimmen erhalten, dann würde er es wie Sulla machen, der zu seinem Volk sagte: «Seht: ich habe viel Gutes getan; jetzt ziehe ich mich zurück.» Wenn aber die Gaullisten nur eine Mehrheit von 53 oder 55 Prozent bekommen, dann wird das ein Abgang à la Louis Philippe sein, selbst wenn de Gaulle ihn um drei Monate hinauszögerte, um das Gesicht zu wahren.

Ob er geht oder nicht, die Hauptsache ist, soviel wie möglich von der großen Bewegung des Mai zu bewahren. Che Guevara hat gesagt: «Wenn auf der Straße außergewöhnliche Dinge passieren, ist das die Revolution.» Bei uns hat es keine Revolution gegeben, aber außergewöhnliche Dinge haben sich ereignet; wir müssen versuchen, sie zu verteidigen.

Man muß die von der Regierung geplante Vernichtung all dessen, was im Mai begonnen hat, verhindern. Die Repression wird heimtückisch und hart zugleich sein: Man wird versuchen, diejenigen zu isolieren, zu brechen, zu eliminieren, von denen die Revolte ausging, insbesondere die Studenten. Wichtig ist, daß sie sich nicht allein gelassen fühlen, daß wir alle entschlossen sind, ihnen zu helfen, sie zu verteidigen.

Der Sozialismus, der aus der Kälte kam
oder
Die zerstörte Hoffnung des «Prager Frühlings»
(1970)

Nachdem die auf dem XX. Parteitag der Kommunistischen Partei der Sowjetunion im Februar 1956 von Parteichef Chruschtschow angekündigte «Entstalinisierung» in der ČSSR erst 1963 sehr zögernd einsetzte, entstand dort eine zunehmende Opposition aus kritischer Intelligenz, unzufriedener Arbeiterschaft und reformbereiten Parteifunktionären, die noch durch eine slowakische Opposition gegen den Prager Zentralismus verstärkt wurde. Das führte im Januar 1968 zur Wahl des reformbereiten slowakischen Parteiführers Alexander Dubček zum Ersten Sekretär des ZK der KPČ. Dieser leitete eine Reihe von liberalisierenden Reformen ein, die unter dem Namen «Prager Frühling» bekannt wurden. Als die Reformforderungen eines Teils der oppositionellen Kräfte weit über das Maß dessen hinausgingen, was Partei und Regierung zulassen wollten, marschierten, nach einer Reihe von ergebnislosen Verhandlungen zwischen der sowjetischen und der tschechoslowakischen Parteiführung zur Eindämmung der Reformbewegung, in der Nacht vom 20. zum 21. August 1968 Truppen des Warschauer Pakts (Sowjetunion, DDR, Polen, Ungarn, Bulgarien) in die Tschechoslowakei ein und besetzten das Land. Es kam zu einem passiven Widerstand der Bevölkerung.

Sartre, der diese Intervention sofort scharf verurteilte, schrieb 1970 ein Vorwort zu einem Sammelband, in dem tschechoslowakische Intellektuelle aus drei Generationen ihre Erfahrungen mit dem Gesellschaftssystem der ČSSR schildern: Antonin Liehm, Gespräche an der Moldau.

Jene Stimmen erhoben sich zwischen 1966 und den ersten Monaten des Jahres 1968; eine zaghafte Dämmerung erhellte die slowakischen Karpaten, die mährische Tiefebene, die böhmischen

Berge; nicht lange mehr, und wir würden jene Menschen im vollen Tageslicht sehen, die unseren Augen durch Wolken verborgen sind, seit wir sie im Austausch gegen zwölf Monate Frieden den Nazis ausgeliefert haben.[1]

Es war nicht die Morgenröte, nicht die Lerche: Der Sozialismus ist in die lange Nacht seines Mittelalters zurückgesunken. Ich erinnere mich, daß meine Freunde in der Sowjetunion mir um 1960 sagten: «Geduld, das braucht vielleicht seine Zeit, aber Sie werden sehen: Der Prozeß ist unaufhaltsam»; seither habe ich manchmal das Gefühl, daß nichts unaufhaltsam war außer dem fortgesetzten, starrsinnigen Verfall des Sowjetsozialismus. Es bleiben die Stimmen, die Stimmen der Tschechen und Slowaken, ein Chor erstickter Seufzer, noch warm und lebendig, dementiert, aber unwiderlegt. Man vernimmt sie nicht ohne Beklommenheit: Sie berichten uns von einer düsteren, grotesken Vergangenheit, von der sie meinen, daß sie für immer begraben sei, und diese Vergangenheit ist wieder auferstanden und schickt sich an, die endlose Gegenwart der Tschechoslowakei zu werden; vorsichtig kündigten sie eine bessere Zukunft an, die indes wenig später ein Windstoß wie eine Kerze ausgeblasen hat; man möchte sie mit dem Licht bereits verloschener Sterne vergleichen, zumal sie, bevor das Land in das Schweigen zurückgestoßen wurde, Träger einer Botschaft waren, die nicht uns galt. Heute jedoch *müssen* wir sie anhören; ich versuche hier zu erklären, warum sie uns angehen.

Dreizehn Gespräche, vierzehn Zeugnisse oder, wenn man so will, vierzehn Bekenntnisse. Denn das Bekenntnis – wie Rousseau das Wort auffaßt – ist das genaue Gegenteil der Selbstkritik. Die Redenden – Romanciers, Dramatiker, Lyriker, Essayisten (sogar einen Philosophen findet man unter ihnen) – erscheinen gelassen, bedächtig, selten heftig, oft ironisch; von dem revolutionären Zorn, der in ihnen brennt, lassen sie fast nichts durchblicken. Sie stellen weniger Behauptungen auf, als daß sie fragen – sich selber fragen. Davon abgesehen, unterscheiden sie sich in allem. Einige sind Söhne von Arbeitern, Bauern, Lehrern; Jiři Muchas Vater war Maler, der von Kundera Musiker; Václav Ha-

[1] Gemeint ist das Münchner Abkommen vom 29. September 1938. Siehe S. 87. *Anm. d. Hg.*

vel entstammt dem Großbürgertum der Vorkriegszeit. Die einen sind Tschechen, die anderen Mähren, wieder andere Slowaken. Novomeský, der Älteste, war zweiundsechzig Jahre alt, als diese Gespräche stattfanden; der Jüngste mit seinen zweiunddreißig Jahren könnte leicht sein Sohn sein. Novomeský hat die Geburt und den Zusammenbruch der ersten tschechoslowakischen Republik erlebt; in der Slowakei war er einer der drei Führer des Aufstandes, als Minister hat er nach dem Krieg dazu beigetragen, aus seinem Land das zu machen, was es geworden ist, was ihn, gleich vielen anderen, später nicht vor dem Gefängnis rettete. Zur Zeit des Münchner Abkommens war Havel zwei Jahre alt und fünfzehn, als die Prozesse[2] begannen. Zwischen diesen: Männer der mittleren Generation unterschiedlichen Alters. Drei Generationen, deren erste das Schicksal der dritten ist und deren letzte sich gern zum Richter über die beiden anderen macht; die zweite, Opfer und Komplize in einem, wird von dieser wie von jener durch unleugbare Ähnlichkeiten angezogen und ist doch zugleich durch gewisse Antagonismen von ihnen getrennt. [...] «Was ist geschehen?»

Novomeský, der erste, der sich diese Frage stellt, kommt sogleich auf das Wesentliche: Das gegenwärtige Unglück der tschechoslowakischen Nation rührt daher, daß sie einen Sozialismus von der Stange übernommen hat. Er ist der Mann, der am besten über die Jahre unmittelbar nach dem Krieg berichten kann: 1945 dachte kein Mensch an die Restauration der ersten Republik. Sie war *vor* der Besetzung zusammengebrochen: in München. Die Kapitulation von München – für diese zornigen jungen Männer waren daran nicht nur ihre Verbündeten schuld, sondern in erster Linie die eigene Bourgeoisie. Der Humanismus von Beneš[3] war nur eine Gipsmaske, zu Staub zerfallen. Dahinter steckte kein menschliches Antlitz – und wäre es auch ein erbarmungsloses gewesen –, sondern ein Räderwerk. Der Beweis: Warum

[2] Gemeint sind die berüchtigten Schauprozesse gegen den Generalsekretär der KPČ, Rudolf Slánský, und viele andere, meist jüdische Parteifunktionäre von 1952, die man nach dem Vorbild der Moskauer Schauprozesse von 1938 politische Verbrechen gestehen ließ und dafür verurteilte, die sie nicht begangen hatten. Sie wurden später rehabilitiert. *Anm. d. Hg.*

[3] Der Staatspräsident der tschechoslowakischen Republik. *Anm. d. Hg.*

hatte sich das vereinte Volk im Jahr 1938 nicht gegen das deutsche Diktat erhoben? Das wäre vergeblich gewesen? Der Aufstand wäre in Blut ertränkt worden? Mag sein. Mag sein aber auch, daß der Aufstand die Alliierten zu einer Revision ihrer Politik gezwungen hätte. Jedenfalls wäre Widerstand besser gewesen als Passivität. Aber woran lag diese Passivität? Zweifellos an den Produktionsverhältnissen, das heißt an den bürgerlichen Institutionen: Durch die starke Industrialisierung des Landes entwickelten sich die Kräfte der «Vermassung», die die Arbeiterschaft aufsplitterten und der Tendenz nach jeden Arbeiter in ein vereinzeltes Molekül verwandelten. Die Herrschaft des Profits, die ein Ding ist, zwang den Menschen die Zerstreuung und die Trägheit der Dinge auf. Als nach der Befreiung die Widerstandskämpfer an die Macht kamen, schworen sie sich, daß es nie wieder zu jener Gesellschaft der Ohnmacht kommen werde. Sozialismus, das bedeutete für sie zunächst: Sturz des Goldenen Kalbs, Integration aller in eine *menschliche* Gemeinschaft, ungeteilte Bürgerrechte für alle, für alle volle Teilnahme an der wirtschaftlichen, sozialen und politischen Leitung des Landes; diese nationale Einheit, die sich seinerzeit, als die Umstände sie so dringend geboten, nicht herstellen ließ, würde man nun im Feuer der Begeisterung erreichen, indem man das Schicksal aller in die Hände aller legte – was sich wiederum nur auf einer einzigen Grundlage verwirklichen ließ: derjenigen der Sozialisierung der Produktionsmittel.

Die Gründe, aus denen ein Volk sich für den Sozialismus entscheidet, sind nicht so wichtig: Wesentlich ist, daß es ihn mit seinen eigenen Händen aufbaut. Die Wahrheit, schreibt Hegel, ist ein Gewordenes, ist «wesentlich *Resultat*». Und das ist auch das Prinzip der Psychoanalyse: Es wäre nutzlos oder schädlich, wenn man – was auch unmöglich ist – die Geheimnisse des Patienten im voraus kennte und ihm enthüllte und ihm seine Wahrheit wie einen Knüppel auf den Kopf schlüge. Die richtige Methode ist, im Gegenteil, daß der Patient selbst sie sucht und durch seine Suche sich in der Weise ändert, daß er sie entdeckt, sobald er imstande ist, sie zu ertragen. Was hier für das Individuum gilt, gilt auch für die großen Kollektivbewegungen: Das Proletariat muß seine Emanzipation aus eigenen Kräften bewerkstelligen, es muß sich im täglichen Kampf seine eigenen

Waffen und sein Klassenbewußtsein schmieden, so daß es die Macht übernimmt, wenn es in der Lage ist, sie auszuüben. Das war in der UdSSR nicht der Fall; gleichwohl wird man zum Sozialisten, indem man den Sozialismus macht – und zwar ebensosehr durch das Bemühen, die angestrebten Strukturen einzuführen und die alten außerhalb und in einem selbst zu zerschlagen, wie durch den Einsatz von Institutionen, welche die alten ersetzen. Das meinte Lenin, als er im Hinblick auf die schwankenden, noch von den Ideologien aus der Zeit der alten Herrschaft durchdrungenen und zum größten Teil analphabetischen Sowjetmenschen sagte: *Mit ihnen* und *durch sie* muß die neue Gesellschaft aufgebaut werden. Und genau das wollten auch die Revolutionäre in Böhmen, in der Slowakei: Sich selber ändern, indem sie die Welt veränderten; durch den geduldigen, zähen Aufbau *ihres* Sozialismus zu Sozialisten *werden*. Heute [...] nennen manche von ihnen Jalta «ein zweites München».[4]

Damals waren sie voller Dankbarkeit gegen die UdSSR, die sie gerade befreit hatte, geblendet von deren Sieg, den sie für den Sieg einer befreiten Gesellschaft über eine kapitalistische Großmacht oder ganz einfach für den Sieg des Guten über das Böse hielten; und darum wünschten sie nichts so sehr, als im sowjetischen Einflußbereich zu verbleiben, dachten sie gar nicht daran, sich gegen die Führungsrolle des «großen Bruders» aufzulehnen. Alles, was sie wollten, war: von seiner Erfahrung und seinem Rat profitieren. Aber die eigentliche Arbeit wollten sie selber tun und dabei von ihren eigenen Problemen, ihrer besonderen Situation, ihren Ressourcen, ihrer Geschichte und ihrer Kultur ausgehen: Für dieses binationale, hochindustrialisierte, hundertmal überrannte und versklavte kleine Land gab es kein Modell, nach dem es sich hätte richten können. Wie – fünfzehn Jahre später – Kuba hätte es Irrtümer überwinden,

4 Auf der Konferenz von Jalta zwischen den Regierungschefs der drei Alliierten, Stalin, Roosevelt und Churchill, vom Februar 1945 wurde Europa in eine westliche und eine östliche Interessensphäre aufgeteilt, wobei die Tschechoslowakei ebenso wie Polen und der Balkan mit Ausnahme Griechenlands der östlichen Interessensphäre zugeschlagen wurden. Auf dieser Grundlage konnte die KPČ 1948 die Alleinherrschaft übernehmen. *Anm. d. Hg.*

Abweichungen korrigieren, Auswüchse beschneiden, kurz, seinen eigenen Weg finden müssen, um sich eines Tages in seinem eigenen Werk wiedererkennen zu können.

Man hat ihm diese Mühe erspart; von den beiden Großen hat jeder seinen Teil dazu beigetragen: Nach Jalta kam der Marshallplan[5]. Die Folgen sind bekannt. 1948 übernahmen die Kommunisten die Macht, und der große Bruder machte dem kleinen Bruder einen präfabrizierten Sozialismus zum Geschenk. Dieser Sozialismus war in der Sowjetunion schlecht und recht (mehr sehr schlecht als einigermaßen recht) aufgebaut worden. Immerhin stellte er in seinen Anfangsjahren eine Antwort auf die Probleme eines fast völlig agrarischen großen Landes dar, in dem die Industrialisierung noch kaum richtig begonnen hatte, das keine Bourgeoisie und, nach den Massakern des Bürgerkriegs, fast kaum noch ein Proletariat besaß und das durch die Blockade der kapitalistischen Mächte zur Autarkie – zur Opferung der Bauernklasse und zur Förderung der Produktion von Investitionsgütern also – gezwungen war. Da die nicht vorhandene Arbeiterklasse ihre Diktatur nicht ausüben konnte, sah die Partei sich gezwungen, an ihrer Stelle oder vielmehr an Stelle einer zukünftigen Arbeiterklasse die Diktatur des Proletariats auszuüben. Man kennt die außerordentliche demographische Umwälzung, die Mittel und Auswirkung der sozialistischen Akkumulation war.[6] Zur Wiederherstellung des sekundären Sektors spannte man, wie überall, den primären ein, doch vollzog sich dieser Umwandlungsprozeß derart schnell, daß die Partei sich die neue Arbeiterklasse aus den zur Industriearbeit rekrutierten Bauern zurechtmodeln mußte: Diese Mutanten besaßen keine der Traditionen des alten revolutionären Proletariats. Wo-

5 Der 1947 von den USA aufgestellte Marshallplan sah amerikanische Wirtschaftshilfe gegen europäische Zusammenarbeit nach einem gemeinsamen Wirtschaftsplan vor. Die Sowjetunion prangerte den Plan als ein Instrument des amerikanischen Dollarimperialismus an und zwang die Länder ihrer Einflußsphäre, ihn abzulehnen. Dadurch verfestigte sich die Blockbildung in Europa. *Anm. d. Hg.*

6 Wie bei der kapitalistischen Akkumulation von Privatkapital durch Enteignung von ländlichem Gemeinbesitz ist auch die sozialistische Akkumulation von Staatskapital von einer zwangsweisen Umwandlung von Bauern und Landarbeitern in Industriearbeiter begleitet. *Anm. d. Hg.*

her hätten sie sie auch nehmen sollen? Es galt, eine durch verschiedene Manipulationen beschleunigte Akkulturation vorzunehmen: Angesichts der zähen Überreste der alten Ideologien, jener eingeschliffenen Gewohnheiten, die als naturwüchsig und spontan auftraten, ging es darum, eine zweite Natur zu schaffen, welche die erste vertilgte, indem man die Reflexe konditionierte, das Gedächtnis mit dem Schotter vulgärmarxistischer Grundsätze beschwerte und so dem Denken der Massen die gewünschten Eigenschaften der Unbeweglichkeit, der Schwere und der Trägheit einimpfte. Unter dem Druck der Umstände sah die Partei – weit entfernt, den *Ausdruck* des Bewußtseins der Arbeiter zu verkörpern – sich gezwungen, ein solches erst *hervorzubringen*. Als die einzige wirkliche Macht in diesem riesigen, rückgratlosen Land sah sie ihre Pflicht darin, alle Machtbefugnisse zu kumulieren. Statt durch kritische Unabhängigkeit zum Zerfall des Staates beizutragen, stärkte sie diesen, indem sie sich mit ihm identifizierte, und wurde infolgedessen von der Sklerose des Bürokratismus angesteckt. Dieser gigantische Apparat, der in allen gewählten Körperschaften die Mehrheit besaß, war durch seine Allmacht halb paralysiert: In seiner Allgegenwart und Isoliertheit vermochte er nicht, *sich zu sehen*. All das war zunächst nur ein Mittel, um der dringendsten Angelegenheiten Herr zu werden, eine gefährliche (Lenin war sich dessen bewußt), aber provisorische und zweifellos korrigierbare Abweichung – bis zu dem Augenblick, wo die Bürokratie, die unvermeidlich aus der Anhäufung von Ämtern hervorgeht, zum endgültigen System wurde. Um dieses Rückgrat herum wurde nach und nach die sowjetische Gesellschaft aufgebaut, und im Laufe eines halben Jahrhunderts wurde sie das, was sie heute ist. Die ganze Welt kennt diese Geschichte; zwecklos, hier zu fragen, ob die Dinge eine andere Wendung hätten nehmen können. Sicher ist: In der Sowjetunion haben sich die Produktionsverhältnisse unter dem Druck eines lebenswichtigen Bedürfnisses *etabliert*: produzieren um jeden Preis; zumindest kann man sagen, daß dieses Ziel sich einem fast völlig agrarischen Land, das die Produktionsmittel soeben sozialisiert hatte, *aufzwang*; die Elektrifizierung verschlang zwar riesige Summen, aber immerhin war sie ein Teilerfolg, weil sie dort und unter den dortigen Umständen notwendig war.

Die Tschechoslowakei hingegen hatte ihre erste Akkumulationsphase hinter sich und fühlte sich durch den Sozialismus gehemmt. Sie konnte die Entwicklung der Schwerindustrie nicht brauchen, da sie vor dem Krieg ihre Einnahmen aus prosperierenden weiterverarbeitenden Industrien bezogen hatte; was die Autarkie betrifft – diese Roßkur, welche die Sowjetunion sich in ihren Anfängen gezwungenermaßen selbst verordnete, zumal sie die Ressourcen zum Leben selbst aufbringen konnte –, so gab es für diese kleine Nation, die vom Außenhandel lebte, Konsumgüter exportierte und den größten Teil ihrer Investitionsgüter importierte, keinen Grund und, trotz ihrem Reichtum an Bodenschätzen, auch keine Möglichkeit, damit Ernst zu machen: Ohnehin an den sozialistischen Block gebunden, genügte es, die Handelspartner zu wechseln. Die Erweiterung der Produktion und ganz besonders die unsinnige Umkehr der vorrangigen Ziele mußten bald *zum Produzieren um des Produzierens willen* führen, während es doch im Gegenteil nötig gewesen wäre, die vorhandenen Industrien nach Maßgabe der Bedürfnisse des Volkes und der *berechtigten* Nachfrage der neuen Abnehmer zu reorganisieren und vor allem eine Steigerung der Produktivität in Angriff zu nehmen. Die Gleichsetzung von Partei und Staat, diese «von ... fatalen Bedingungen aufgezwungene Taktik», die vielleicht nötig gewesen war, um die demographischen Strömungen eines auf dem Wege zur Industrialisierung befindlichen Agrarlandes unter Kontrolle zu halten – welchen Sinn hatte sie für eine Nation von vierzehn Millionen Einwohnern, zum großen Teil ein Proletariat reinsten Wassers, das sich während der ersten Republik durch Kämpfe und Niederlagen, ja sogar durch seine eigene Ohnmacht ein unbestreitbares Klassenbewußtsein und starke Arbeitertraditionen erworben hatte? Die Tschechoslowakei hätte als erste Macht den Übergang von einer Wirtschaft im Stadium des fortgeschrittenen Kapitalismus zu einer sozialistischen Wirtschaftsform verwirklichen und eben dadurch dem Proletariat der westlichen Länder wenn nicht ein Modell, so zumindest eine Verkörperung seiner revolutionären Zukunft vor Augen führen können; nichts fehlte dazu, weder die Hilfsmittel noch die Menschen, und wenn irgendwo die Selbstverwaltung der Arbeiter möglich war, dann in Prag und Bratislava. Zu ihrem Unglück konnten die Manipulateure in Moskau, die das Opfer ihrer eigenen Manipulationen waren, diesen Sozialismus noch nicht einmal begreifen; sie zwangen *das System* auf. Dieses importierte, ungeeignete Modell ohne reale Grundlagen, aber von außen gestützt durch die aufmerksame Fürsorge des großen Bruders bot sich demnach als Idol dar, das heißt als eine starre Gesamtheit von bedingungslosen, unbestreitbaren und unbestrittenen, unerklärbaren und unerklärten Forderungen. Die tschechoslowakischen Arbeiter hatten sich von der Herrschaft des Profits befreit, aber lediglich, um unter jene der fetischisierten Produktion zu geraten. Ein Keil treibt den andern: Die «Herrschaft der DINGE», die in der alten Republik bestand, wurde zerstört und durch die «Herrschaft anderer DINGE» ersetzt, die alte Entfremdung gegen eine neue Entfremdung eingetauscht. Seit die schwere Maschine in Gang gesetzt wurde, hat sie auf ihrem Lauf – langsam zunächst, dann immer schneller – alle vorhandenen Strukturen zerrüttet und das Land verwüstet.

Gewiß, von diesem aufgezwungenen Sozialismus läßt sich sagen, daß er von Tschechen und Slowaken, oder vielmehr: über sie, bewerkstelligt wurde. Das Üble daran ist, daß er sie nicht sozialisierte; damit wir uns recht verstehen: Die Männer von 1945 waren überzeugte Revolutionäre, und die meisten von ihnen sind es geblieben, aber das System verwehrte ihnen, die Erfahrung des sozialistischen Aufbaus selbst zu machen. Um sie zu ändern, hätte man sie nehmen müssen, wie sie waren; das System nahm sie für andere, als sie waren. Statt sich als unabgeschlossene, problematische Aufgabe einzuführen, die zugleich nach einer rationalen Veränderung der Strukturen und nach einer fortgesetzten Umwälzung der Ideen, nach der wechselseitigen und dialektischen Durchdringung von Theorie und Praxis verlangt, gab das System sich sofort mit unglaublicher Anmaßung für ein gnädiges Geschenk der Vorsehung, für einen Sozialismus ohne Tränen aus. Mit anderen Worten: für einen Sozialismus ohne Revolution, dem nicht der geringste Zweifel anhaftete: Die Aufgaben waren gestellt, man brauchte sie nur zu erfüllen; die Erkenntnisse lagen vor, man konnte sich damit begnügen, sie auswendig zu lernen. Unter solchen Umständen darf es nicht verwundern, wenn die Männer der ersten Generation, die sich vor dem Krieg für die KPČ geschlagen und während der Besetzung dem Widerstand angehört hatten, nach 1956 […] zu ihrer Option von 1920 zurückkehrten: Da sie nichts ausrichten konnten, haben sie sich in nichts geändert; vom Schotter der Parolen überlagert, haben sich die alten Erinnerungen und die Jugendhoffnungen rein erhalten, zumal sie für viele eine stumme Zuflucht vor der offiziellen Sprachregelung waren. Der Makel solcher Erinnerungen, wie frisch sie ihren Besitzern auch erscheinen mögen, ist, daß sie nach Schimmel riechen: Was für eine verrückte Idee, zu leben, als ob man zwanzig wäre, wenn man sechzig ist. Aus demselben Grund blieb auch der alte kollektive Fundus unberührt bestehen. Unsere vierzehn Zeugen sprechen da eine beredte Sprache: Die Familie, die Kirchen, die lokalen oder nationalen Traditionen, geistige Strömungen, Ideologien. Die ganze Hinterlassenschaft – die durch einen entstehenden Sozialismus überholt und verändert worden wäre – hielt sich unter der etablierten Ordnung aufrecht oder verstärkte sich. In Brünn deutet Jan Skácel auf den zunehmenden Einfluß des Katholizismus hin, andere berichten, daß sich die seit eh und je ein wenig gespannten Beziehungen zwischen Böhmen und der Slowakei – weit davon entfernt, besser zu werden, wie es vielleicht innerhalb eines gemeinsamen großen Unternehmens möglich gewesen wäre – unaufhaltsam verschlechtern. Aber wenn auch die alten Sitten, unter dem Mantel der Halb-Illegalität versteckt, ihre Virulenz behalten haben, so muß man daraus nicht gleich schließen, daß die menschlichen Beziehungen sich durch das neue Regime nicht geändert hätten: Von 1948 bis 1956 haben sie sich täglich verschlechtert. Falsche Produktionsverhältnisse haben zu einer falschen Wirtschaft und zur Verdinglichung der Macht geführt.

Stellen wir zunächst als Tatsache fest, daß das System im gleichen Augenblick, in dem es die Bürger zu einem gemeinsamen Werk aufrief, sie von der eigentlichen Teilnahme an diesem nationalen Unternehmen ausschloß. Ich will hier noch nicht einmal von der Arbeiterselbstverwaltung oder von einer durch ordnungsgemäß gewählte Körperschaften ausgeübten Kontrollfunktion sprechen: Das System, man hat es erlebt, ist allergisch gegen solche Linksabweichungen. Ich denke an jene unvermeidbare Begleiterscheinung des importierten Sozialismus: Die schwindelerregende, radikale Entpolitisierung eines Landes, das durch Okkupation und Widerstandsbewegung gründlich politisiert worden war. In diesem Punkt sind sich alle unsere Zeugen einig. Die «DINGE» konnten natürlich nicht ohne die Menschen in Gang kommen, sie zogen DING-Menschen an sich, Starrköpfe, die sie in Köpfe aus Stein verwandelten; aus diesen wurden die Besessenen der Macht, hierarchische Bürokraten, von denen jeder im Namen eines anderen, seines Vorgesetzten, befahl, dieser andere im Namen wieder eines anderen und der Höchste im Namen der Dinge, der Sache. Diese ist ihrem Wesen nach unfähig, sich anzupassen oder Fortschritte zu machen. Der geringste Wechsel kann ihr das Genick brechen; sie hat also keinerlei Bedürfnis, ihre Kader zu erneuern, oder vielmehr: Sie hat das Bedürfnis, sie nicht zu erneuern; wenn ein Bürokrat verschwindet, wird er durch einen anderen ersetzt, der ihm wie ein Bruder gleicht und kaum jünger ist als er. Das «System» ist konservativ, und es konserviert zunächst sich selbst, es hat kein anderes Ziel, als in seinem Sein zu beharren; deshalb ist es bestrebt, eine Greisenherrschaft einzuführen, denn Greise sind im allgemeinen konservativ. Folglich bemüht sich die «erste Generation» – die das System einführte –, die zweite von allen Schlüsselpositionen fernzuhalten. [...] Ohnmächtig und kompromittiert, durch die Alten von den öffentlichen Angelegenheiten ferngehalten, von den Jungen angegriffen, weil sie trotzdem noch zuviel Anteil genommen habe – das ist die zweite Generation, die Männer der «mittleren Jahre». Trotzdem verhalten sie sich gegenüber den Älteren, nachdem sie deren totales und unehrenhaftes Versagen festgestellt haben, selten wirklich streng und fügen zuweilen mitleidig und nicht ohne liebevolle Nachsicht hinzu: «Sie hatten so wenig Gelegenheit zum Handeln, worum immer es auch ging.» Was die aggressive Jugend betrifft, von der sie ab und zu – viel seltener, als sie behaupten – beschimpft werden, so haben sie Angst vor ihr und um sie: Sie ist, erklären sie, skeptisch und zynisch, weil sie das Gefühl hat, absolut nichts tun zu können. Für diese Jugend, die in Unwissenheit aufwuchs, zur Zeit des Verfalls der Bildung erzogen wurde, fürchten sie ein schlimmeres Schicksal als das ihre: Sie wird die erste Republik vermissen, weil sie deren Verrottung nicht gekannt hat, und dann wird sie Schritt für Schritt in das Regime eingegliedert werden und – weil man ja leben muß – es fortsetzen, ohne an es zu glauben. Das zumindest war es, was sie, die Erwachsenen, für die Jungen vor dem Winter 1967/68 voraussahen. In einem Punkt hatten sie recht: Diese dritte Generation lehnte schaudernd und mit Abscheu den präfabrizierten Sozialismus ab, den man ihr als ihr Schicksal andiente. Eine Ablehnung ohne Tragweite, denn bis 1967 hatte diese Generation keinerlei Einfluß. Aber was die «mittleren Jahrgänge» nicht verstanden haben [...], ist, daß eines Tages eine Öffnung, irgendeine Möglichkeit zu einer gemeinsamen Aktion genügen würde, um diesen Zynismus der Ohnmacht in einen revolutionären Anspruch und diese «absurdistische» Jugend vor aller Augen in die Generation von Jan Palach[7] zu verwandeln. Für sie hatte wahrhaftig der Prozeß der Versteinerung des Menschen noch kaum begonnen.

Über das Wesen dieses Prozesses geben Kosík und Kundera wertvolle Auskünfte, die um so aufschlußreicher sind, als sie von verschiedenen Gesichtspunkten aus getroffen werden. Wesentlich ist, daß durch Vermittlung ihrer Gehilfen die «DINGE» den Menschen dachten und ihn dabei, wie sich von selbst versteht, als ein Ding begriffen. Nicht als Subjekt der Geschichte, sondern notwendigerweise als deren Objekt. Blind und taub für die eigentlichen menschlichen Dimensionen, reduzierten sie ihn auf ein mechanisches System, und zwar nicht bloß in der Theorie, sondern ebenso in der alltäglichen Praxis. [...] Was den *homo buerocraticus* betrifft, so ist er geradezu ein Ensemble negativer Eigenschaften. Er lacht nicht: «Die Verantwortlichen hielten das Lachen in ihrer Stellung für unpassend.» Sie hatten es so gut wie verlernt. Und wenn jemand sich entgegen seiner aufgepfropften Natur einen Heiterkeitsausbruch erlaubte, riskierte er viel und kompromittierte seine Umgebung, wie das Mißgeschick der leichtsinnigen jungen Leute bewies, von denen Liehm erzählt. [...] Das Lachen protestiert; wenn aber die Revolution konserviert, ist jenes demnach konterrevolutionär. Der «offizielle Mensch», um mit Kosík zu sprechen, stirbt auch nicht, «denn die Ideologie erkennt den Tod nicht an». Das hat seinen Grund: Ein Roboter lebt nicht, also kann er nicht sterben. Wenn er

7 Aus Protest gegen die Intervention der Warschauer-Pakt-Staaten verbrannte sich Jan Palach selbst. *Anm. d. Hg.*

kaputtgeht, repariert man ihn oder wirft ihn zum alten Eisen. «In gewisser Weise», fährt Kosík fort, «hat er keinen Körper.» Versteht sich: Das System hat Räder, Transmissionsriemen, aber keine Organe, und diejenigen, die für das System und in seinem Interesse denken, haben keine Augen für die Organismen, jene antibürokratischen Integrationseinheiten, die sich womöglich, wenn man ihnen zuviel Aufmerksamkeit schenkt, für den Endzweck halten könnten. Der tschechische Philosoph fährt fort, der *homo buerocraticus* kenne «weder das Groteske noch das Tragische, noch das Absurde», weil diese existentiellen Kategorien keine nachweisbare Beziehung zur Produktion und folglich keine Realität haben: Das sind nebelhafte Phantasien, die sich aus den Träumereien westlicher Bourgeoisien speisen. Um zum Schluß zu kommen: «Er hat kein Bewußtsein und braucht auch keins.» Was, zum Teufel, würde er damit anfangen: Die Wege sind vorgezeichnet, die Aufgaben vorgeschrieben, man konditioniert mit den erprobten Methoden seine Reflexe mitsamt diesem Gehirnreflex, den man unpassenderweise Denken nennt. Dieses wundersame Ding, selbst äußerlich und von äußeren Kräften in Gang gesetzt, zeigt sich in einzigartiger Weise von Pawlowschen Mechanismen beherrscht: Es ist hervorragend manipulierbar und steht jedem Wink zu Gebote. «Die Menschen», sagt Kosík, «werden ja nicht als Streber, Bornierte, mit Scheuklappen Versehene geboren, nicht als Rebellen gegen die Reflexion und jederzeit bereit, sich demoralisieren zu lassen. Es ist das System, das sie so verlangt und sie sich so formt, denn es kann ohne sie nicht funktionieren.»

Die Menschen des Systems, diese Produkte der fetischisierten Produktion, sind *ihrem Wesen nach* verdächtig; und zwar in doppelter Hinsicht: Weil sie verdinglicht sind und weil sie es gleichzeitig doch nie ganz sind. Als Roboter sind sie manipulierbar, also potentielle Verräter. Wenn das Regime ihre Kontrollhebel zu finden weiß, warum sollten die Agenten des Auslands sie nicht auch entdecken können? Und wie kann man je wissen, wer die Drähte der Marionette zieht? Aber in dem Maß, wie die Versteinerung nicht vollständig gelungen ist – und sie ist es nie, denn diese versteinerten Zweifüßler sind Menschen, die ihre Versteinerung als Menschen erleben –, ist allein schon ihre Existenz eine Gefahr für das Regime: Lachen, Weinen, Sterben, sogar Niesen sind Zeugnisse einer bösartigen Spontaneität und vielleicht bürgerlichen Ursprungs. *Leben* heißt im Grunde alles in Frage stellen – wenn nicht de facto, so zumindest de jure. Also: überwachen, auf alles ein Auge haben! Aus diesem doppelten Mißtrauen zieht das Regime doppelten Nutzen: Zunächst einmal – da es nur sich selber zum Zweck hat und, als Opfer seiner unbeschränkten Macht, mangels Kontrolle und Vermittlung weder sich selbst erkennen noch sich vorstellen kann, daß es kritisiert werden könnte – setzt es prinzipiell voraus, daß man den Menschen weniger als den Institutionen trauen darf; es paßt ihm also ganz gut in den Kram, daß bei diesen Maschinen-Lebewesen das Leben bisweilen hinter der Maschine auftaucht: Das Leben, das ist das Böse schlechthin, das nicht zu beseitigende Überbleibsel aus einer Abfolge von korrupten Jahrtausenden; eine Kritik deckt nie einen Fehler im System auf, sondern immer nur die abgrundtiefe Verderbtheit des Kritikers, die den ganzen Menschen früher oder später – zumindest im Geist – zur Sünde wider den Aufbau des Sozialismus führt. Doch vor allem hat das Prinzip der permanenten Korrumpierbarkeit des *homo buerocraticus* zwei unleugbare Vorteile: Es legitimiert die Anwendung machiavellistischer Praktiken: Kaufen oder Terrorisieren; es erlaubt der Sache, wenn nötig, sogar seine Minister zu liquidieren: Wenn die Maschine stockt oder knirscht, schafft sie lieber einige Verantwortliche beiseite, als daß sie eine Reparatur vornimmt, die ohnehin zwecklos wäre. Diese leitenden Männer sind vom Feind gekaufte Verräter: Der Motor lief ruhig, seine unerklärlichen Fehlzündungen kamen ganz einfach daher, daß Sabotage versucht worden war. Kurz, die Sache ist wohl genötigt, Menschen zu benutzen, aber sie mißtraut ihnen, sie verachtet sie und haßt sie: ganz wie der Herr seine Sklaven oder der Chef seine Arbeiter; Mißtrauen, Haß und Verachtung – sie wird nicht eher ruhen, als bis diese schönen Gefühle die Beziehungen der Menschen untereinander und eines jeden zu sich selbst bestimmen.

Bleibt abzuwarten, ob es ihr gelingt. Unsere Zeugen meinen, daran sei nicht zu zweifeln. Wenigstens in gewissen Fällen und bis zu einem gewissen Punkt. Und wer findet sich dazu bereit? Die Käuflichen, die Feiglinge, die Streber? Im Gegenteil, die Besten: Die ehrlichsten, aufopferndsten, gewissenhaftesten Kommunisten. Kundera gibt uns den Grund dafür an. Das mechanistische Menschenbild ist nicht, wie Kosík zu glauben scheint, der Ursprung des bürokratischen Sozialismus, es ist dessen Produkt und, wenn man will, dessen Ideologie. Die Revolution von 1917 trug unbegrenzte Hoffnungen in sich, der marxistische Optimismus stand hier neben alten achtundvierziger Träumen, romantischen Idealen, einem Babeufschen Egalitarismus, Utopien christlichen Ursprungs. Als der «wissenschaftliche Sozialismus» sich durchsetzte, hütete er sich davor, diesen humanistischen Trödel verschwinden zu lassen. Er gab sich als Erbe und Verwirklicher dieser idealistischen, aber umfassenden Ambitionen aus: Es handele sich darum, die Arbeiter von ihren Ketten zu befreien, der Ausbeutung ein Ende zu setzen, die Diktatur des Profits, in der die Menschen die Produkte ihrer Produkte sind, durch die freie, klassenlose Gesellschaft zu ersetzen, in der sie ihr eigenes Produkt sind. Als die Partei nach der Bürokratisierung sich mit dem Staat identifiziert hatte, wurden diese Prinzipien, diese Ideale, diese großen Ziele nicht etwa ausgemerzt – im Gegenteil: Gerade zu der Zeit, als viele Moskauer es sich zur Gewohnheit gemacht hatten, erst im Morgengrauen schlafen zu gehen, nachdem sie sich überzeugt hatten, daß der Milchmann schon vorüber war, führten die Wortführer der Macht sie in ihren Reden unausgesetzt im Munde. Gewiß, das bürokratische System hatte seit langem seine eigene Ideologie hervorgebracht. Doch gewann diese niemals eine explizite Form; in den Handlungen war sie überall gegenwärtig, aber in den offiziellen Reden ließ man sie nur auf dem Umweg über einen Satz, eine flüchtige Wendung erahnen: Man maskierte sie durch die andere, durch die *ad usum populi* verkündete Ideologie, einen vagen, marxschen Humanismus: Das richtete die jungen Slowaken und Tschechen zugrunde. 1945 gingen sie, durch Worte aufgepeitscht, in die Falle. Ist es nicht auffallend, daß Vaculík, einer der unversöhnlichsten Ankläger des Systems, mit zwanzig Jahren begeistert in die Partei eintrat, nachdem er Stalins Broschüre *Über dialektischen und historischen Materialismus* gelesen hatte? Dies ist auch der Grund, warum Kundera erklärt – ohne damit einen Vergleich zwischen der deutschen und der sowjetischen Gesellschaft aufstellen zu wollen –, daß der Hitlerismus in einem Punkt weit weniger gefährlich war als das, was er den Stalinismus nennt. Bei ersterem wußte man wenigstens, woran man war: Er sprach eine laute und deutliche Sprache, selten ist eine manichäistische Weltanschauung ausführlicher begründet worden. Der Stalinismus indes war etwas ganz anderes; in ihm ging man unter. Hier gab es [...] zwei Ideologien, zwei Arten von Vernunft, die eine dialektisch, die andere mechanistisch; dauernd wurde der peinliche Satz Gorkis wiederholt: «Der Mensch, das klingt stolz!», während die Funktionäre beschlossen, Menschen – die von Natur schwach und sündig sind – kurzerhand ins Gefängnis zu schicken. Wie sollte man sich da zurechtfinden? Die sozialistische Idee schien ein Wahn geworden zu sein. Sie war es nicht, aber die Handlanger der Sache verlangten – ohne Zynismus, versteht sich – von ihren Mitbürgern und von sich selbst, das System im Namen des sozialistischen Humanismus zu akzeptieren; sie stellten, vielleicht in gutem Glauben, den Menschen der Zukunft als endgültigen Abschluß eines kühnen und erhabenen Unternehmens dar, in dessen Namen sein Ahn, der Mensch der Gegenwart, gehalten war, sich wie ein Ding *und* wie ein Schuldiger behandeln zu lassen und sich selbst so zu behandeln. Es war nicht ganz allein ihre Schuld; ihr Hirn litt an einer Krankheit, die gewöhnlich in der Blase lokalisiert ist: Es hatte Steine. Für all jene indes, die sich getreu den Prinzipien des Sozialismus mit Medusenaugen zu betrachten suchten, ergab sich daraus eine allgemeine Verrenkung des Denkens. So sind die offenkundigen Paradoxe zu erklären, die Kundera bitter aufzählt: «In der Kunst war der Realismus die offizielle Doktrin. Doch war es verboten, von der Wirklichkeit zu sprechen. Mit der Jugend wurde ein öffentlicher Kult getrieben, aber man betrog uns um die unsere. In diesen erbarmungslosen Zeiten zeigte man auf der Leinwand nur die schüchternen Annäherungsversuche zarter, befangener Liebender. Man verlangte von uns, daß wir überall unserer Freude Ausdruck gäben, aber bei dem geringsten Freudenausbruch drohten uns strenge Sanktionen.» Vielleicht hätte er diese Situation noch besser getroffen, wenn er geschrieben hätte: *Im Namen des Realismus* verbot man uns, die Wirklichkeit zu schildern; *im Namen des Kults der Jugend* hinderte man uns, jung zu sein; *im Namen der sozialistischen Freude* unterdrückte man die Fröhlichkeit. Und das Schlimme war, daß dieser plumpe Trick unter den Betroffenen Komplizen fand.

Solange sie noch an den bürokratischen Sozialismus glaubten – ihn wenigstens für den mühsamen, undankbaren Weg hielten, der zum wahren Sozialismus führt –, haben diese Menschen ihre lebendige, dialektische Vernunft dazu benutzt, die Herrschaft der versteinerten Vernunft zu rechtfertigen, was sie zwangsläufig dazu führte, die von dieser gegen sie selber ausgesprochene Verurteilung zu bestätigen. Durch die Propaganda überzeugt, daß, wie Mirabeau sagt, «der Weg vom Bösen zum Guten schlimmer als das Böse ist», fanden sie sich zunächst mit dem Bösen ab, weil sie darin das einzige Mittel sahen, zum Guten zu gelangen; und dann sahen sie darin – getrieben von dem, was einer von ihnen den «Dämon des Einverständnisses» genannt hat – das Gute selbst und entdeckten das Böse in ihrem eigenen Widerstand gegen die Versteinerung. Der Zement drang durch Augen und Ohren in sie ein, und sie betrachteten die Proteste ihres gesunden Menschenverstandes als die Überreste einer bürgerlichen Ideologie, die sie vom Volk abschnitt. Alle Zeugen in den Vierzigern stellen hier fest: Sie verspürten das Bedürfnis, jeder kritischen Regung von vornherein zu mißtrauen aus Furcht, es könne sich darin eine Wiederauferstehung des Individualismus verraten. Sie berichten, mit welchem Eifer sie das geringste Befremden, jedes unvermutete Mißbehagen in den dunkelsten Winkel ihres Gedächtnisses verbannten, wie sie sich bemühten, alles zu übersehen, woran sie hätten Anstoß nehmen können. Die Gefahr war tatsächlich groß: Ein einziger Zweifel hätte genügt, das ganze System in Frage zu stellen; und dann – dessen waren sie sicher – hätte ihr Widerspruch sie in den Zustand schmachvoller Vereinsamung versetzt. In der ersten Republik geboren, trugen sie den unauslöschlichen Stempel einer Kultur, deren sie sich um jeden Preis entledigen mußten, wenn sie sich im Einverständnis mit den Massen befinden wollten. Was immer die Sache sagte, galt als Ausdruck des Denkens der Arbeiterklasse, und das konnte nicht anders sein, denn schließlich übte die Sache die Diktatur im Namen des Proletariats aus, sie war die Verkörperung des proletarischen Bewußtseins. Niemand *dachte* die Aussagen der Sache wirklich, denn sie waren gerade das *Undenkbare*. Indes nahm sie damals jeder für den verbrieften Ausdruck des objektiven Geistes hin, man lernte sie auswendig in der Erwartung, sie einmal zu verstehen, und man richtete den geheimnisvollen Ikonen ein kleines Heiligtum in seinem Innern ein. Alle – Arbeiter, Bauern, Intellektuelle – wußten nicht, daß sie das Opfer einer Entfremdung und einer neuen Atomisierung waren; alle wollten, da sie sich des Subjektivismus für schuldig hielten, ihre molekulare Isolierung durchbrechen und wieder zu der leidenschaftlichen Aktionseinheit von Revolutionären und Partisanen zurückfinden, in der jeder jedem nicht als ein anderer, sondern als *derselbe* begegnete, und keiner wagte zu bemerken, daß alles, was man ihm anriet, um sich seiner verdächtigen Anomalie zu entäußern, darauf hinauslief, sich selbst zu verleugnen, sich zum *anderen als man selbst* zu machen, sich dadurch den anderen anzuschließen, daß jeder von ihnen gleichfalls versuchte, sich zum anderen als er selbst zu machen. Diese serialisierten Menschen verkehrten untereinander nur durch die Vermittlung des *Anderen als der Mensch*. Infolgedessen stürzten sie bei ihren Anstrengungen, der Einsamkeit zu entgehen, in eine noch tiefere Einsamkeit, mißtrauten sie einander gerade in dem Maß, wie jeder sich selbst mißtraute. [...] Was wiederum belegt, daß unter der Herrschaft der fetischisierten Produktion der reale Mensch in seiner gewöhnlichen, alltäglichen Existenz sich als ein Hindernis für den Aufbau des Sozialismus vorkommt und daß er die Schuld, überhaupt zu leben, nur dadurch tilgen kann, daß er sich völlig auslöscht.

Es handelt sich da natürlich um eine äußerste Konsequenz: Für viele Arbeiter lief das Ganze vor allem auf eine wachsende Gleichgültigkeit gegenüber den öffentlichen Angelegenheiten, auf ein Leben in Dunkel und Dumpfheit hinaus. Als Ersatz bewilligte man ihnen eine feste Anstellung: Alle waren Funktionäre. Die Intellektuellen dagegen waren in großer Zahl Fanatiker der Selbstzerstörung. Man muß allerdings gestehen, daß dies zu ihren Gewohnheiten gehört: In den bürgerlichen wie in den Volksdemokratien sind diese Spezialisten des Universalen oft mit ihrer Partikularität belastet. Doch ist, wie Kundera bemerkt, ihr Masochismus im Westen völlig harmlos: Niemand beachtet ihn. In den sozialistischen Ländern dagegen betrachtet man sie mit schiefen Blicken, und die Macht ist stets bereit, ihnen bei der Selbstzerstörung zur Hand zu gehen. In der Tschechoslowakei beeilten sich die Intellektuellen, sich beim geringsten

Vorwurf schuldig zu bekennen, und benutzten ihren Verstand nur dazu, die absurde Anklage so zu bearbeiten, bis sie akzeptabel wurde, und sich dann selbst so zu bearbeiten, bis sie sie annahmen. In der Partei übrigens bearbeiteten sich die besten Funktionäre – die bei weitem nicht alle Intellektuelle waren – in der gleichen Weise: aus Loyalität. Erst in diesem Licht kann man die Geständnisse während der Prozesse der fünfziger Jahre überhaupt begreifen. Sie hätten nicht abgelegt werden können, wenn nicht der Prozeß der Selbstzerstörung auf die Spitze getrieben worden wäre: Es ging nun nicht mehr darum, die Beschuldigungen stillschweigend so zu formulieren, daß ihnen einige Wahrscheinlichkeit zukam, sondern die «Referenten» hatten den Auftrag, das kritische Vermögen der Angeklagten durch Drohungen, Schläge, erzwungene Schlaflosigkeit und andere Techniken so zu betäuben, daß sie von der Anklage gerade das, was an ihr *unannehmbar* war, akzeptierten. Und wenn es kaum Fälle gibt, wo dies mißlang, so liegt das daran, daß der tschechoslowakische Mensch seit langem auf das Geständnis vorbereitet war: Seinem Wesen nach den Herrschenden, seinen Mitmenschen und sich selbst verdächtig; ein Separatist wider Willen schon allein auf Grund seiner molekularen Existenz, die er gleichwohl nicht wahrhaben wollte; im besten Falle ein virtuell Schuldiger, im schlimmsten ein Krimineller, doch ohne in das Geheimnis seines Verbrechens eingeweiht zu sein, und trotz allem der Partei ergeben, die ihn vernichtete – in dieser Lage mußte ihm das Geständnis, vorausgesetzt, daß es ihm aufgezwungen wurde, als der einzige Ausweg aus seinem unerträglichen Unbehagen erscheinen. Selbst wenn er die innere Gewißheit behielt, die ihm angelasteten Verbrechen nicht begangen zu haben, würde er sie aus dem Trieb zur Selbstzüchtigung eingestehen. Ganz so wie zum Beispiel Menschen, die von Schuldgefühlen gepeinigt werden, deren Ursprung sie nicht kennen, einen Diebstahl begehen, um verhaftet zu werden und im Gefängnis endlich Ruhe zu finden: Indem die Gesellschaft sie wegen einer geringfügigen Tat verurteilt, bestraft sie in Wirklichkeit ihre Erbsünde, und sie haben gebüßt. Mehr noch: Goldstücker erzählt hier, daß er nach seiner Befreiung das Werk eines Analytikers las, der im Geständnis eine «Identifikation mit dem Aggressor» sieht; er meint dazu, daß seiner eigenen

Erfahrung nach diese Auslegung der Wahrheit sehr nahe kommt. Der Aggressor, das ist die Partei, seine Daseinsberechtigung, die ihn ausschließt und sich vor ihm wie eine unübersteigbare Mauer erhebt, die ihm bei jedem Leugnen durch einen Polizisten antworten läßt: «Es gibt nur eine Wahrheit: die unsere.» Wenn die «Wahrheit» einem als Chinesische Mauer gegenübersteht, was nützt es da noch, ihr brüchige, subjektive Beteuerungen («Ich war an jenem Tag nicht in Prag, ich habe Slánský nie gesehen») entgegenzuhalten? Besser ist, daß sich der Unglückliche heimlich der Partei wieder eingliedert und sich mit ihr und den Bullen, die Sie repräsentieren, identifiziert, indem er den Haß und die Verachtung teilt, die diese ihm in Ihrem Namen bezeigen. Wenn es ihm gelingt, sich mit den Medusenaugen der mächtigen Gorgo zu betrachten, wird er jene schäbige Ungebührlichkeit austilgen, die ihn jetzt noch von ihr trennt: sein Leben. Schuldig! Welch ein Schwindelgefühl! So naht der Friede, der Dämmerschlaf, der Tod. Zu diesem Thema möchte ich dem Bericht von Goldstücker ein Zeugnis hinzufügen, für dessen Echtheit ich mich verbürge. In einer anderen Volksdemokratie war anläßlich einer anderen Serie von Prozessen eine zu hoher Verantwortung aufgestiegene frühere Widerstandskämpferin der Spionage angeklagt und ins Gefängnis geworfen worden: Sie arbeitete angeblich für den Intelligence Service; schon während der Widerstandskämpfe hatte ihr Mann sie entlarvt, aber es war ihr gelungen, ihn in einen Hinterhalt zu schicken, wo er den Tod fand. Nach einer Behandlung von mehreren Wochen legte sie ein volles Geständnis ab, und das empörte Tribunal verurteilte sie zu lebenslänglichem Gefängnis. Nach einiger Zeit erfuhren ihre Freunde, daß man sie nicht mehr folterte, daß sie mit ihren Gefährten wenig sprach, aber ihre Ruhe wiedergefunden zu haben schien. Die Sache war so plump aufgezogen gewesen, daß niemand von ihrer Schuld überzeugt war: Nachdem die Figuren an der Macht gewechselt hatten, wurde die junge Frau befreit und rehabilitiert. Sie verschwand, und man wußte, daß sie sich bei ihrer Familie versteckt hielt. Der erste, der – auf die inständigen Bitten ihrer Eltern – fast gewaltsam bei ihr eindrang, fand sie auf dem Diwan kauernd, die Beine unter sich gezogen, stumm. Er sprach lange auf sie ein, ohne eine Antwort zu erhalten; endlich entrang sie sich mit gequälter Stimme einige Worte: «Was habt ihr denn alle? *Ich bin doch schuldig!*» Nicht die Mißhandlungen, nicht ihre Erniedrigung, nicht die Gefängnisstrafe waren es, was sie nicht ertragen konnte, sondern ganz einfach ihre Rehabilitation. Wie man sieht, kann das versteinerte Denken Ruhe gewähren: Man bringt es in einem gemarterten Kopf wie eine Grabplatte an, sie bleibt dort liegen, schwer, unbeweglich, «beruhigend», die Zweifel vertreibend, die spontanen Lebensregungen zu einem bedeutungslosen Gewimmel von Insekten herabsetzend. Aber auch ohne so weit zu gehen: Das Geständnis ist in der Logik des Systems beschlossen, man könnte sogar sagen: In ihm mündet das System. Zunächst, weil die Sache, die weder Vernunft noch Urteilskraft besitzt, keineswegs fordert, daß man denkt, was man sagt, sondern einzig und allein, daß man es öffentlich sagt. Und weiter, weil in diesem importierten Sozialismus – der sich bemüht, die tschechischen Arbeiter von 1950 davon zu überzeugen, daß sie im Grunde nichts anderes sind als die russischen Bauern von 1920 – die Wahrheit sich als institutionalisierte Lüge definiert. Diejenigen, welche das System in gutem Glauben errichteten oder überzeugt waren, daß es sich für die Tschechoslowakei eignet, haben früher oder später verzweifelt lügen müssen, ohne an ihre Lügen zu glauben, um sich dem zu nähern, was sie für die Wahrheit hielten.

Der jungen Frau konnte man mit einigen Elektroschocks helfen. Ein etwas stalinistisches Verfahren, jedoch angebracht, wenn es sich darum handelte, Gehirne zu entstalinisieren. Da sie nicht ganz so krank waren, genügte ein einziger Elektroschock für unsere vierzehn Zeugen: das «Chruschtschow zugesprochene Referat»[8], wie die *Humanité* es seinerzeit ausdrückte. Mit der Roßkur, die jene Unschuldige wider Willen «wieder zu sich brachte», hat Chruschtschows berühmte Rede tatsächlich das eine gemeinsam, daß sie ein Blitz aus heiterem Himmel war – und weiter nichts. Sie enthielt keinen einzigen Gedanken, keine Analyse, nicht einmal den Versuch einer Interpretation: Es geht nicht um Chruschtschows Intelligenz, er sprach einfach im

[8] Gemeint ist der von Chruschtschow auf dem XX. Parteitag der KPdSU verlesene Geheimbericht über die Verbrechen Stalins. *Anm. d. Hg.*

Namen des Systems: Die Maschine war gut, ihr Chef-Bediener nicht. Zum Glück hatte dieser Saboteur die Welt von seiner Gegenwart befreit, und schon würde alles wieder reibungslos laufen. Kurz, die neue Besetzung beseitigte einen lästigen Toten, so wie die alte Lebende beseitigt hatte. Ja, es stimmt, daß Stalin Massaker befohlen und das Land der sozialistischen Revolution in einen Polizeistaat verwandelt hatte: Er war *wirklich* der Überzeugung, daß die Sowjetunion durch den Lager-Sozialismus hindurch müsse, um zum Kommunismus zu gelangen. Aber [...] wenn das Regime es für nützlich hält, die Wahrheit zu sagen, dann deshalb, weil es keine bessere Lüge findet. Infolgedessen wird diese Wahrheit, wenn sie aus offiziellem Munde kommt, eine durch Tatsachen erhärtete Lüge. Stalin war ein böser Mensch? Ja. Aber wieso hat die sowjetische Gesellschaft ihn auf den Thron gehoben und ihn während eines Vierteljahrhunderts unterstützt? Denjenigen, die sich das beunruhigt fragten, warf die neue Mannschaft den Begriff «Personenkult» hin, sie sollten sich mit dieser bürokratischen Formel begnügen, ein typisches Beispiel für das *Undenkbare*. Die Tschechen und die Slowaken hatten das Gefühl, als stürze ihnen ein gewaltiger Block auf den Kopf und zerschmettere alle Idole. Ich kann mir denken, daß das ein schmerzliches Erwachen war. Erwachen? Das Wort ist bestimmt nicht richtig, weil [...] die Überraschung gar nicht groß war. Es schien ihnen, als hätten sie das, was man ihnen auf einmal eröffnete, schon immer gewußt. Darüber hinaus waren sie weit davon entfernt, in die Welt der Wachheit und des vollen Tageslichts zurückzukehren, alles erschien ihnen unwirklich. Wer den Rehabilitationsprozessen beigewohnt hatte, kehrte wie betäubt zurück. Man sprach die Toten frei mit den gleichen Worten, den gleichen Reden, deren man sich bei der Verurteilung bedient hatte. Gewiß war es kein Verbrechen mehr zu leben. Aber das *fühlte* man, man konnte es nicht beweisen: Die institutionalisierte Lüge blieb. Inert, intakt. Die Zeugen eines gewaltigen Zusammenbruchs in weiter Ferne witterten, daß etwas faul war im sowjetischen Staat; indes vernahmen sie aus autorisierter Quelle, daß bei ihnen das aus der UdSSR importierte Modell noch nie besser funktioniert hätte als jetzt. In der Tat, die Maschine lief. Alles hatte sich geändert, nichts hatte sich geändert. Chruschtschow tat das unmißverständlich kund, als das ungarische Volk sich völlig unbilligerweise unterstand, aus dem XX. Parteitag die Konsequenzen zu ziehen. Natürlich glaubten die Tschechen und die Slowaken nicht mehr an die institutionalisierte Lüge, aber sie fürchteten sich sehr, an gar nichts mehr zu glauben. Bis dahin hatten sie in einem Zustand gelebt, den einer von ihnen den «sozialistischen Nebel» nannte; jetzt zerstreute sich dieser ein wenig, sie konnten den Schaden besichtigen: Der zerstörten Wirtschaft drohte der Ruin; ungeachtet der realen Forderungen der Konjunktur produzierten veraltete Fabriken Erzeugnisse minderer Qualität, das Niveau der technischen und beruflichen Kapazitäten sank von Tag zu Tag, «die humanistische Bildung nahm unaufhaltsam ab», das Land hatte buchstäblich keine Ahnung von sich selbst; die offizielle Lüge und der statistische Schwindel hatten sowohl das frühere Wissen zerstört als auch die Erforschung und die sozioökonomischen Untersuchungen der wirklichen Verhältnisse rundweg gestoppt. Und glauben wir nur nicht, daß die leitenden Männer die Wahrheit kannten und verbargen: Die Wahrheit existierte ganz einfach nicht, und niemand verfügte über die Mittel, sie herauszufinden. Um die Jugend war es zweifellos am schlechtesten bestellt: «Das Wissen der Jungen ist zerstückelt, atomisiert, zusammenhanglos, die Mittelschule ist unfähig, den Schülern ein Gesamtbild über irgend etwas zu vermitteln, unsere nationale Geschichte inbegriffen, von der Weltgeschichte ganz zu schweigen: Das pädagogische Versagen auf diesem Gebiete ist zum Verzweifeln.» Unsere Zeugen befanden sich in einem unbekannten Land, auf einem unbekannten Planeten, zwischen dem verschlossenen Osten und dem verbotenen Westen. Sie ahnten, daß die tragikomische Rede über «Stalins Freveltaten» die Wahrheit ans Licht bringen würde, wenn man sie mit einer genauen *marxistischen* Analyse der sowjetischen Gesellschaft verbinden würde. Aber wie konnten sie zum Marxismus Vertrauen haben, wenn die Sache an der Macht sich weiter darauf berief? Wenn er die offizielle Lüge war, wie konnte er dann zugleich die Wahrheit sein? Und wenn es zwei Marxismen gab, einen falschen und einen wahren, wie sollten sie, die Produkte des falschen, den wahren erkennen? [...]

Kurz, ob sie sich in einer irrealen, traurig zeremoniösen Gesellschaft irreal fühlten, als Opfer, Zeugen und Komplizen eines gewaltigen, alptraumhaften Possenspiels, oder ob sie als absurde Hampelmänner in einem so fundamental absurd beschaffenen Milieu zappelten, in dem jeder Versuch, sich anzupassen oder es zu ändern, von vornherein absurd war – jedenfalls haben alle diese Männer, die hier sprechen, in den ersten Jahren nach dem XX. Parteitag an einer Krankheit gelitten, die die Psychiater Identitätskrise nennen. Sie waren nicht die einzigen – eine dumpfe, stumme Unruhe breitete sich unter den Massen aus –, aber sicher waren sie die am meisten Betroffenen. Was tun? [...]

Wir haben eine andere Art, uns nicht zu kennen, und wir sprechen lieber von unseren Komplexen als von unseren materiellen Bedingungen oder von dem sozialen und beruflichen Kontext, der uns umgibt, und wir beschäftigen uns lieber mit unserer homosexuellen Komponente als mit der Geschichte, die uns gemacht hat und die wir gemacht haben; die Entfremdung, die Verdinglichung, die Mystifikation, auch wir sind ihre Opfer und Komplizen, auch wir brechen fast zusammen «unter dem Gewicht der getanen und gesagten Dinge», unter den akzeptierten und verbreiteten Lügen, an die wir sowieso nicht allzu fest glauben: Aber wir wollen uns dessen nicht bewußt werden. Mondsüchtige, die auf einer Dachrinne spazieren und von ihren Hoden träumen, statt auf ihre Füße zu achten. Sicherlich müssen auch die Tschechen die Probleme überdenken, die die Prüderie der fünfziger Jahre vor ihnen verschleiert hat. Aber, wie einer von ihnen zu Liehm sagt: «Welch ein Glück, wenn wir keine anderen Probleme hätten!» Bei ihnen heißt es: *Alles* sagen oder verschwinden. Sie stellen sich akut und konkret die Fragen, die wir nur abstrakt und gleichgültig stellen, und hundert andere, die wir uns nie stellen werden; wenn sie sich selbst noch nicht ganz kennen, liegt das daran, daß ihre Erfahrung zu reich ist, es braucht Zeit, sie zu verarbeiten.

Das ist nicht der einzige Grund. Ich erinnere mich an ein Gespräch mit einem lateinamerikanischen Schriftsteller – es war 1960, er war erschöpft, aber eher klarblickend, als daß er sich etwas vorgemacht hätte, er kämpfte noch immer; ich wußte, daß sein Leben voller Kämpfe, Siege und Niederlagen war, daß er

Exil und Gefangenschaft kennengelernt hatte, daß er von seinen Genossen ausgeschlossen und wieder aufgenommen worden war und daß er im Verlauf dieses unaufhörlichen Kampfes seine Loyalität bewahrt, aber seine Illusionen verloren hatte. «Diese Ihre Geschichte», sagte ich zu ihm, «müssen Sie schreiben.» Er schüttelte den Kopf – es war das einzige Mal, daß er Bitterkeit zeigte: «Wir Kommunisten haben keine Geschichte.» Und ich begriff, daß die Selbstbiographie, von der ich gesprochen hatte – die seine oder die eines seiner Genossen hier oder anderswo –, wenig Aussicht hätte, ans Tageslicht zu gelangen. Keine Geschichte, nein. Kein Gedächtnis. Die Partei hat beides, aber gefälscht. Wer die Geschichte der KP von außen, nach Schriftstükken, Dokumenten und Zeugnissen, schreibt, riskiert, durch seine Vorurteile behindert zu sein, auf jeden Fall fehlt ihm eine unersetzbare Erfahrung; wenn er nicht mehr in der Partei ist, erstickt er vor Bitterkeit, seine Feder taucht in Galle; wer von innen, in Übereinstimmung mit den Verantwortlichen schreibt, macht sich zum offiziellen Historiographen oder macht Ausflüchte, je nachdem, was an der Tagesordnung ist. Woran kann ein Parteigenosse, der sein Leben verstehen möchte, sich halten, wenn die Organisation, die ihn mobilisiert und ihn erzeugt hat – abgesehen davon, daß sie dieser Art von subjektivem Unternehmen grundsätzlich den Mut nimmt –, ihn bestenfalls dazu bringt, bis in sein geheimstes Gewissen hinein ein falsches Zeugnis über sich zu geben? Worüber verfügt er? Über rekonstruierte, vertrocknete oder durch eine ganze Reihe von Selbstkritiken ausgelöschte Erinnerungen oder über solche, die noch lebendig, aber unbedeutend oder unverständlich sind? Wie kann man sich nach so vielen Kursänderungen an die Richtung erinnern, die man anfangs einzuschlagen geglaubt hatte, wie wissen, wohin man augenblicklich geht? Und wer kann sich der Partei gegenüber anheischig machen, daß der Schlüssel, den er benutzt, um seine heutigen Handlungen zu erklären, übers Jahr noch derselbe ist? Die Scheinheiligen richten es so ein, daß sie sich immer noch eine versteckte Dimension bewahren, wie jener Bürger der Sowjetunion, von dem seine Freunde mir sagten: Er hat zwölf Etagen der Aufrichtigkeit, Sie befinden sich erst auf der vierten. Die einen schweigen; die anderen haben ihr Leben doppelt für ihre Partei gegeben: Sie haben es oft auf ihren Befehl hin aufs

Spiel gesetzt, und sie haben aus Disziplin zugelassen, daß man seine Spuren von einem Tag zum anderen verwischte, wie in den Dünen der geringste Windstoß genügt, um Spuren auszulöschen.

Die Tschechen und die Slowaken, die hier sprechen, sind zum größten Teil Mitglieder der KPČ. Auch sie haben begeistert ihr Leben geopfert und haben es jahrelang aus den Augen verloren. Gleichwohl sind sie es, die heute in diesen Gesprächen, in Romanen, in Hunderten von Essays die Rückgewinnung wagen, die 1960 undurchführbar schien und die heute auf die gleichen Schwierigkeiten stößt. Deshalb müssen sie schrittweise vorgehen, alle ihre inneren Widerstände brechen, fast unsichtbare Spuren bemerken, Grabsteine lüpfen, um zu sehen, was darunter ist. Und vor allem – das ist die wichtigste Frage – *Aufklärung* finden. Zum Glück sind ihre Erinnerungen noch lebendig: 1956 war der «sozialistische Nebel» erst acht Jahre alt. Chruschtschows Rede, so absurd sie gewesen sein mag, gab ihnen den «letzten Stoß», der ihnen erlaubte, in der richtigen Weise von sich selbst und von der Partei zu sprechen: Sie versuchen nicht, über diesem großen Körper zu schweben, von dem sie ein integrierender Teil sind: Er ist ihr Ankerplatz; sie haben das System erduldet und wissen auch, daß sie es gemacht haben – obwohl es vorfabriziert war, mußte es zumindest installiert werden – und daß der Kampf, den sie alle führten, um gewisse Auswüchse zu begrenzen, nur eine bestimmte Art und Weise war, es zu akzeptieren. Sie werden also darüber *von innen* sprechen, weil sie noch drin sind, und zwar mit unleugbarer Solidarität – ohne daß sie es mit Haß oder Zorn verurteilen, um ihre eigene Unschuld hervorzuheben –, aber mit *innerer* Distanz dank dem Abstand, der durch ihr Gefühl der Unheimlichkeit hervorgerufen wurde und plötzlich Praktiken zutage brachte, die so sehr Routine waren, daß sie sie angewandt hatten, ohne sie zu sehen. Es ist, als ob sie ihr Leben, eben im Namen aufzudeckender Konstanten, wieder zu übernehmender Loyalitäten, nur durch interne Kritik an der Partei zurückgewinnen und als ob sie die Rolle der Partei nur dadurch in Frage stellen konnten, daß sie sich selber radikal in Frage stellten, daß sie sich über ihre Taten und deren Folgen, ihre Unterlassungen, Rückzieher und Kompromisse befragten. Wenn man diese Gespräche liest, wird einem klar, daß das, was als ein Teufelskreis erscheinen könnte, in Wirklichkeit eine dialektische Bewegung ist, die den Lesern ebenso wie ihnen selbst erlauben soll, ihre verlorene Wahrheit wiederzufinden, diese konkrete Totalisation, die ohne Unterlaß enttotalisiert wird, die widersprüchlich, problematisch, nie in sich ruhend, nie abgeschlossen, aber dennoch eine Wahrheit ist, von der jede theoretische Suche ausgehen muß, von der mit Marx der Marxismus ausgegangen ist, um nach diesem mit Lenin, Rosa Luxemburg und Gramsci noch einmal von ihr auszugehen, ohne jedoch in der Folge zu ihr zurückzukehren.

Worauf stützen sie sich, um den für den Fortgang der Untersuchung notwendigen Abstand zu behalten? Die Antwort ist klar: auf ihre nationale Kultur. Ist das ein Grund, sie des Nationalismus zu beschuldigen, wie es die alte Garde der mumifizierten Stalinisten tat? Nein: man lese sie, und man wird sehen. Ist es ihre Schuld, daß die zurückweichende Flut des Pseudomarxismus den Blick auf die unberührt erhalten gebliebenen historischen Traditionen freigegeben hat, die nicht im Sinne eines wahren Sozialismus weiterentwickelt und «aufgehoben» worden waren? Ist es ihre Schuld, wenn sie bemerkten, daß der Rekurs auf ihre Geschichte – und mag er noch so unbefriedigend sein – vorübergehend nützlicher zum Verständnis ihrer Gegenwart ist als die leeren Begriffe, deren Gebrauch ihnen aufgedrängt wurde? Daß später eine marxistische Interpretation dieser Gegebenheiten nötig sein wird, leugnen sie nicht, ganz im Gegenteil. Aber zunächst muß man von einfachen und bekannten Tatsachen ausgehen: von der Gestaltung des Bodens, der geopolitischen Lage des Landes, von seiner Kleinheit, die Böhmen und die Slowakei zu Schlachtfeldern ihrer mächtigen Nachbarn werden ließ, von der Einverleibung in das österreichisch-ungarische Kaiserreich, das sie damals gewaltsam «rekatholisiert» hat, so wie jetzt versucht wird, sie zu «restalinisieren» – alles Hypotheken auf ihre Zukunft und Erklärungen ihrer Gegenwart. Gegen die Besatzung, wer sie auch sein möge, und gegen deren gewaltige, unbesiegbare Armeen haben die beiden Völker stets mit der Selbstbehauptung ihrer kulturellen Einheit gekämpft. «Die Tschechen», bemerkt Liehm, «sind das einzige Volk in Europa, das den größten Teil des 17. und das ganze 18. Jahrhundert durchmessen hat, ohne eine nationale Aristokratie zu besitzen, die damals die allgemeine Stütze der Erziehung, Kultur und Politik war. Infolge der Germanisierung und der erzwungenen Rekatholisierung... ist die tschechische Politik als eine notwendige Bemühung um die Wiederbelebung der nationalen Sprache und Kultur entstanden, ...so daß sich hier die enge Verbindung von Kultur und Politik seit langem als organisch erwiesen hat.» Zur Zeit der Stalinisierung waren die Probleme anders, aber die Waffen der Tschechen sind die gleichen geblieben: die Behauptung ihrer Kultur gegen den Sozialismus, der aus der Kälte kam. Der Schutz der nationalen Kultur, nicht um sie so zu bewahren, wie sie ist, sondern um aus ihr den Sozialismus aufzubauen, der sie verwandeln wird, ohne auf ihr Gepräge zu verzichten, das ist es, was die tschechischen Intellektuellen der sechziger Jahre wiederentdeckten, was ihnen erlaubt, sich besser auf diesem Planeten zu situieren: Sie waren nicht, wie sie glaubten, Unbekannte unter Unbekannten; wenn sie sich geirrt hatten, so weil sie von der Herrschaft der Sache atomisiert worden waren; um diese zu entthronen, ohne in «Subjektivismus» zu verfallen, war es nötig, daß jeder in jedem seiner Nachbarn seinen *Nächsten*, das heißt das Produkt derselben Kulturgeschichte, erkannte. Der Kampf wird hart sein, und sein Ausgang ist nicht sicher: Sie wissen, daß sie «im Jahrhundert der Integration der kleineren in die größeren Verbände» leben; einer von ihnen meint sogar, daß «der Integrationsprozeß (schließlich und nach mehr oder weniger langer Dauer) alle kleinen Nationen in sich aufzusaugen droht ...». Was tun in solchem Fall? Sie wissen es nicht: Seit sie ihren Katechismus zugeschlagen haben, wollen sie keiner Sache mehr sicher sein. Alles, was sie wissen, ist, daß der Kampf der Tschechoslowakei um ihre kulturelle Autonomie sich in diesem Augenblick in den Rahmen eines größeren Kampfes einfügt, den viele große und kleine Nationen gegen die Politik der Blöcke und für den Frieden führen.

Unsicher und bereits von inneren Konflikten unterminiert, hielt die Macht es für ratsam, Ballast abzuwerfen: Aus Furcht, das neue Engagement der Intellektuellen und Künstler führe zur Preisgabe des «sozialistischen Realismus» zugunsten des «kritischen Realismus» [...] öffnete sie dem Desengagement die Tür: Wenn Sie nicht die Möglichkeit haben, Ihr Vertrauen in das System zu beweisen, wird Ihnen erlaubt, nichtssagende Dinge zu sagen. Zu spät: Die, welche hier reden – und viele andere, für die sie einstehen –, wiesen diese Toleranz zurück. [...] Es ging für sie nicht um die Rückkehr zum bürgerlichen Liberalismus, sondern – weil die Wahrheit revolutionär ist – um das revolutionäre Recht, die Wahrheit zu sagen.

Diesen Anspruch konnten die leitenden Männer nicht einmal begreifen: Für sie war die Wahrheit schon gesagt worden, alle wußten sie auswendig, und die Pflicht des Künstlers war es, sie zu wiederholen. Nutzloser Dialog. Aber plötzlich hatten die Massen Feuer gefangen: Was am Anfang als die Sorge einer Kaste von privilegierten Professionellen erscheinen konnte, wurde die leidenschaftliche Forderung eines ganzes Volkes. Es muß hier erklärt werden, wie sich dort das verwirklichte, was bei uns einen Monat später gänzlich ausblieb: die Einheit von Intellektuellen und Arbeiterklasse.

In den sechziger Jahren wurde die wirtschaftliche Lage immer beunruhigender, unter den Volkswirtschaftlern gab es genug Kassandras. Noch erreichte ihr Alarmruf nicht das große Publikum. Alles geschah innerhalb der Partei und sogar des Apparats; das heißt, der Kampf um das Wiederingangsetzen der Maschine vermischte sich mit dem Kampf um die Macht. In den herrschenden Schichten verschärfte sich der Konflikt zwischen den Bürokraten von gestern und denen von heute. Erstere, die Liehm «Amateure» nennt, begründeten ihre allgemeine Inkompetenz mit dem stalinistischen Prinzip der Autonomie der Politik; die anderen, jüngeren, gehören fast alle zur Generation der «ewigen Kronprinzen»; ohne das System in Frage zu stellen, behaupten sie das – zumindest konjunkturelle – Primat der Wirtschaft. Kurz, sie sind Reformisten. Das Wesen der Macht wird nicht bestritten: Die, welche sie besitzen, die Alten, legitimieren ihre Autorität durch die alte Parole von der Intensivierung des Klassenkampfes; die, welche sie beanspruchen, die Jungen, stützen ihre Forderungen auf ihr Können und auf die dringende Notwendigkeit, die Wirtschaft zu sanieren – diese autoritären Reformisten bemerken nicht den Widerspruch, in den sie sich verwikkelt haben, indem sie das unveränderte Prinzip der Autonomie der Politik auf die unmittelbaren Erfordernisse der ökonomischen Basis stützen. Sie werden von oben den Fetischismus der Produktion abbauen, werden die Produktion den Hilfsquellen und Bedürfnissen des Landes angleichen und sie in gewissem

Maß der Kontrolle des Konsums unterwerfen. Der Konflikt dieser beiden Despotismen – der eine obskurantistisch, der andere aufgeklärt – führt die einen wie die anderen dazu, sich an die Arbeiterklasse zu wenden: Sie wird ihr Schiedsrichter sein.

Zu Anfang scheint diese sich auf die Seite der alten Führung zu stellen: Entpolitisiert, wie die Arbeiter durch die traurige Routine sind, auf die sich einzustellen man sie gezwungen hatte, beunruhigen sich viele über den Wechsel, der die Sicherheit ihres Arbeitsplatzes zu gefährden droht. Um sie zu gewinnen, muß auch der andere Clan ihnen eine gewisse Kontrolle über die Produktion zugestehen und ihnen ein «Gesetz über das sozialistische Unternehmen» versprechen. Kurz, die in Aussicht genommene Reform hat ipso facto eine gewisse *Liberalisierung* des Regimes zur Folge: Man spricht von Dezentralisierung, von Selbstverwaltung. Man *spricht* davon: Aber solange das System existiert, sind diese Worte sinnentleert. Das jugoslawische Beispiel beweist, daß die Selbstverwaltung ein totes Wort bleibt, wenn die politische Macht in den Händen einer privilegierten Gruppe liegt, die sich auf eine zentralisierte Organisation stützt. Es wird das Verdienst der slowakischen Intellektuellen sein, die Paralysierung der von ihren internen Widersprüchen blockierten Macht ausgenutzt zu haben, um die Arbeiter zu veranlassen, auf das Anerbieten des reformistischen Liberalismus mit der revolutionären Forderung einer sozialistischen *Demokratisierung* zu antworten. Eigentlich war sich niemand, weder bei den einen noch bei den anderen, recht klar über das, was geschah. Die vom Reformismus verführten Intellektuellen wollten vor allem durch ihre Artikel dazu beitragen, die Massen auf die Seite der Reformer zu bringen. Aber ihre Aufsätze [...] hatten eine größere und tiefere Auswirkung, als sie selbst geahnt hatten: Die Wahrheit suchend und sagend, stellten sie das System bloß und zeigten den Lesern, indem sie die jedem eigene Erfahrung aufklärten, daß es sich für das tschechoslowakische Volk nicht darum handle, mit «den Mißständen» des Regimes Schluß zu machen, sondern das ganze System zu liquidieren. Die Prozesse, die Geständnisse, die Krankheit des Denkens, die institutionalisierte Lüge, die Atomisierung, das allgemeine Mißtrauen, nein, das waren keine Mißstände: Das waren die unvermeidlichen Folgen des präfabrizierten Sozialismus; keine Abänderung, kein Flickwerk konnten sie verschwinden lassen, und welche Mannschaft auch an der Macht ist, sie wird trotz ihrem guten Willen versteinert oder zerquetscht werden, es sei denn, Tschechen und Slowaken stürzten sich allesamt auf die Maschine und schlügen wie wild auf sie ein, bis sie unter ihren Hammerschlägen unrettbar zertrümmert wäre. Ende 1967 erkannten sie den wirklichen Inhalt ihres Denkens – als das, was sie schrieben, die Ehre hatte, die Blitze einer zermürbten Macht auf sich zu ziehen: Für kurze Zeit mundtot gemacht, sahen sie, daß ihre Ideen auf die Straße getragen wurden; die studierende Jugend – diese Generation, an der sie so stark zweifelten – hatte sich ihrer Ideen bemächtigt und schwenkte sie wie Fahnen. Der Sieg des Reformismus im Januar 1968 war, trotz dem provisorischen Bündnis der Massen mit der Technokratie, schon nicht mehr ihr Sieg: Ihr wirklicher Triumph kam etwas später, als die aus ihrer Erstarrung gerissene Arbeiterklasse, ohne sich dessen zunächst ganz bewußt zu sein, ihre alte maximalistische Forderung wiederaufnahm, die einzige, die wirklich von ihr ausging: Alle Macht den Räten. In allen Fabriken wurde diskutiert und direkte Demokratie gelernt. In einigen Betrieben warteten die Arbeiter gar nicht erst ab, daß das Gesetz verabschiedet würde, sondern verjagten den Direktor und stellten seinen *gewählten* Nachfolger unter die Kontrolle eines Arbeiterrats: Die damit übergangenen neuen Führer mußten ihre Gesetzespläne überarbeiten, um dem Druck des Volkes nachzukommen. Zu spät: Es wurde ihnen klar, daß der Demokratisierungsprozeß nicht aufzuhalten war. In der großen Volksbewegung erkannten die Intellektuellen die Radikalisierung ihrer eigenen Ideen wieder und verstärkten – selbst infolgedessen radikalisiert und ohne Feindschaft gegen die neue Machtgruppe – ihren Kampf gegen das System. Nie hatten Presse und Rundfunk mehr Freiheit als in der Tschechoslowakei im Frühling 1968. Was jedoch einen westlichen Menschen überrascht, ist, daß der Kampf der Intellektuellen um volle Meinungs- und Informationsfreiheit von den Arbeitern unterstützt wurde, die sehr bald erkannten, daß das Recht auf totale Information ein Bestandteil ihrer grundlegenden Forderungen war. Auf dieser Basis wurde das Bündnis von Arbeitern und Intellektuellen besiegelt.[9]

9 Dieses Bündnis existierte noch, als ich im November 1969 wieder

[...] je mehr ihnen ihre maximalistische Forderung bewußt wurde, desto mehr erschien ihnen die vollkommene Wahrheit als theoretisches und praktisches Wissen unentbehrlich; weil die Arbeitermacht nicht einmal am Arbeitsplatz ausgeübt werden kann, wenn sie nicht auf allen Gebieten ständig informiert ist. Es läßt sich denken, daß diese Forderung nicht nur die Verbreitung der jeweiligen nationalen und internationalen Nachrichten durch die Massenmedien betraf; indem sie sich vertiefte, erhielt sie ihren eigentlichen Sinn: Die tschechischen und slowakischen Arbeiter verlangten eine unumschränkte Teilnahme am wissenschaftlichen und kulturellen Leben der Nation, um die Produktion zu lenken, zu korrigieren und zu kontrollieren und um ihre Aktivitäten im Lande und in der Welt situieren zu können und trotz der Entfernung in ständigem Kontakt miteinander zu bleiben. Diese Forderung, die im Prager Frühling kaum erst bewußt geworden war, hätte früher oder später eine Revolution der Kultur und des Bildungswesens hervorgerufen. So waren Arbeiter und Intellektuelle inmitten einer weitgreifenden revolutionären Bewegung ein ständiger Faktor wechselseitiger Radikalisierung: Die Intellektuellen waren überzeugt, daß sie ihre Pflicht – die Suche nach der Wahrheit – nur in einer sozialistischen Gesellschaft erfüllen konnten, in der die Macht von allen ausgeübt würde; die Arbeiter, angefeuert durch die sich jagenden Polemiken in den Zeitungen, glaubten den Sozialismus nicht verwirklichen zu können, ohne das Monopol des Wissens (es existiert sowohl im Osten wie im Westen) zu brechen und die umfassendste Verbreitung der Wahrheit zu sichern, die zugleich, theoretisch und praktisch unzertrennlich, in der dialektischen Einheit der

nach Prag fuhr. Die Studenten hatten einige Fakultäten besetzt, um damit gegen die Wiedereinführung der Zensur zu protestieren. Man konnte sich indes noch mit einer gewissen Freiheit über die Besatzung äußern, und ich durfte auf die Bitte eines Studenten vor einem überfüllten Saal sagen, daß ich die Intervention der fünf für ein Verbrechen hielte. Man verlangte die Freiheit der Information entsprechend der maximalistischen Forderung, von der ich oben sprach. Die Regierung beabsichtigte, ohne viel Überzeugung, streng einzuschreiten, als die Belegschaft wichtiger tschechischer Fabriken ihren Anwandlungen ein Ende setzte, indem sie sie wissen ließ, daß sie streiken werde, wenn man sich an den Studenten vergriffe.

beiden Forderungen ihre volle Entwicklung finden würde. Sicherlich waren die Träger dieses Prozesses weit davon entfernt zu wissen, wohin der Weg ging und was sie taten. Aber es läßt sich nicht bezweifeln, daß sie durch die Abschaffung des Systems, die Einführung neuer Produktionsverhältnisse den *Sozialismus zu verwirklichen suchten*. Die Männer an der Macht, von den Ereignissen überholt, aber im Bilde, täuschten sich kaum – wie der am 19. August 1968 in *Rude Pravo* veröffentlichte zaghafte Entwurf einer Revision der Parteistatuten beweist, der in Partei und Staat die Ämterhäufung verbot. Den ersten Hammerschlag, der die Maschine zerstören sollte, mußte die Bürokratie selbst führen.

Wir wissen, was folgte: Dieser Sozialismus war noch nicht recht geboren, als er bereits von der Konterrevolution erstickt wurde. Das ist es, was die *Prawda* immer wieder schreibt, und ich stimme vollkommen mit den sowjetischen Zeitungen überein, abgesehen von der nebensächlichen Frage nach den Himmelsrichtungen: Nicht aus dem Westen sind die konterrevolutionären Kräfte gekommen; ausnahmsweise einmal nicht der westliche Imperialismus hat die Bewegung der Demokratisierung zerstört und zwangsweise und gewaltsam das Regime der Sache wiedereingeführt. Die Führer der UdSSR, die entsetzt waren, als sie den Sozialismus sich wieder in Marsch setzen sahen, haben ihre Panzer nach Prag geschickt, um ihn zum Stehen zu bringen. Das System ist mit knapper Not gerettet, eine andere, in größter Eile eingesetzte Mannschaft perpetuiert die Existenz der institutionalisierten Lüge, indem sie die sowjetische Intervention öffentlich gutheißt. Nichts hat sich geändert, abgesehen davon, daß der aufgedrängte Sozialismus sich dadurch, daß er oppressiv geworden ist, demaskiert hat: Die offiziellen Reden nehmen ihren Fortgang inmitten des Schweigens von vierzehn Millionen Menschen, die kein Wort mehr davon glauben; die, welche sie von oben her wiederholen, sind so allein wie die Kollaborateure während der deutschen Besetzung; sie wissen, daß sie lügen, daß die Sache der Feind des Menschen ist, aber die Lüge hat sich ihrer bemächtigt und läßt sie nicht mehr los; die Ermunterung zur Denunziation liegt in der Logik des Systems: Um zu bestehen, verlangt es, daß jeder dem anderen und sich selbst mißtraut; doch das Mißtrauen gegen sich selbst ist verschwunden;

nach dem XX. Parteitag und dem Einmarsch von 1968 wird man es bei den Tschechen und den Slowaken nicht mehr wecken können: Es bleibt nur noch übrig, aus jedem, ob er will oder nicht, einen möglichen Denunzianten zu machen, also einen in den Augen seiner Nachbarn Verdächtigen. Trotz einigen – übrigens vergeblichen – Vorsichtsmaßregeln waren die fünf Eindringlinge kaum darauf bedacht, den *stockkonservativen* Charakter ihrer Intervention zu verbergen. Unsere westliche Bourgeoisie hat sich nicht geirrt. Das Einrücken der Panzer hat sie *beruhigt*: Warum nicht den kalten Krieg beenden und mit der UdSSR eine heilige Allianz schließen, die überall die Ordnung aufrechterhielte? So steht es also mit uns: Die Karten sind auf dem Tisch; zu mogeln ist nicht mehr möglich.

Und doch mogeln wir noch immer: Die Linke *protestiert*, entrüstet sich, tadelt oder «bedauert». *Le Monde* veröffentlicht oft Texte voll moralischen Zorns, denen eine lange Liste von Mitunterzeichnern folgt, auf der stets dieselben Namen zu finden sind – der meine zum Beispiel. Unterschreiben wir! Unterzeichnen wir also! Alles ist besser als ein Schweigen, das als Akzeptieren gedeutet werden könnte. Unter der Bedingung, daß aus diesem Moralisieren kein Alibi gemacht wird. Und gewiß, es ist nicht schön, was die fünf getan haben: Sie sollten sich schämen! Aber wenn Sie wüßten, wie wenig sie sich daraus machen! Mehr noch: Wenn sie sich um die europäische Linke Sorgen machten, könnte ihnen gar nichts Besseres geschehen, als daß diese mit dem Fuß aufstampft und ihnen pfui zuschreit. Denn solange wir uns auf das Gebiet der Moral beschränken, ist das System beruhigt: Sie sind Schuldige, sie haben nicht als *Sozialisten* gehandelt? Sie konnten es also tun: Es geht allein um sie, das System stellt man nicht in Frage. Aber wenn wir diese Gespräche lesen, wenn wir aus ihnen die tschechoslowakische Erfahrung entziffern, werden wir verstehen, daß die sowjetische Führung – rekrutiert und geformt vom System und die Macht im Namen der Sache ausübend – gar nicht anders handeln konnte, als sie gehandelt hat. Das Regime muß man angreifen, die Produktionsverhältnisse, die es hervorgebracht haben und die durch seine Aktion gestärkt und erstarrt sind. Nach dem August 1968 muß man den moralischen Druckposten und die reformistische Illusion aufgeben: Man wird die Maschine nicht reparieren, die

Völker müssen sich ihrer bemächtigen und sie auf den Kehrichthaufen werfen. Die revolutionären Kräfte des Westens haben heute nur eine Möglichkeit, der Tschechoslowakei auf lange Sicht, aber wirksam zu helfen. Sie müssen die Stimmen hören, die uns von ihr berichten, die Dokumente sammeln, die Ereignisse rekonstruieren und versuchen, über den Anlaß hinausgehend gründlich zu analysieren, inwiefern sie die Strukturen der sowjetischen Gesellschaft sowie die der Volksdemokratien und die Beziehungen zwischen beiden manifestieren, und sie müssen die Analyse dazu benutzen, um ohne Vorurteile oder Parteinahme die europäische Linke, ihre Ziele, Aufgaben und Möglichkeiten, ihre verschiedenen Organisationstypen im Hinblick auf eine Antwort auf die grundlegende Frage dieser Zeit zu überdenken: Wie sich vereinigen, wie die alten, verknöcherten Strukturen beseitigen, in welcher Richtung die neuen entwerfen, um zu verhindern, daß die nächste Revolution einen *solchen Sozialismus* zur Welt bringt.

Der Idiot der Familie
oder
Über die Dummheit
(1971)

1971 und 1972 veröffentlichte Sartre in drei Bänden mit insgesamt 2800 Seiten sein monumentales Alterswerk über die Jugend Flauberts, das zugleich die Summe seiner ganzen Philosophie enthält. Er untersucht darin, wie Gustave Flaubert, der wegen verspäteten Lesen- und Schreibenlernens in seiner Familie als zurückgebliebenes Kind, als «Idiot der Familie» galt, zu einem der bedeutendsten Schriftsteller werden konnte.

In dem einleitenden Aufsatz Von der Neurose zur absoluten Kunst *der von mir herausgegebenen Essaysammlung* Sartres Flaubert lesen, *Rowohlt Taschenbuch Verlag, Reinbek 1980, heißt es dazu:*

Gustave Flaubert leidet in frühkindlichem Alter unter einem Mangel an Zärtlichkeit seitens seiner Mutter, die außer dem älteren Bruder vor Gustave zwei nicht lebensfähige Söhne geboren hat und nun endlich wieder ein lebensfähiges Kind, und zwar eine Tochter, haben will, in der sie ihre als Vollwaise versäumte Kindheit nachholen kann. Diese doppelte Disposition, die Enttäuschung über die Geburt eines Jungen und die Furcht oder auch heimliche Erwartung, daß Gustave wie seine beiden Brüder nicht lebensfähig sei, führen bei seiner Mutter zu einer beflissenen, aber liebesarmen Überfürsorglichkeit, einem Verhalten, das die Psychologen overprotection *nennen. Dadurch erhält Gustave eine «passive Konstitution», das heißt, er ist lebenslänglich mit Unfähigkeit zu praktischem Handeln geschlagen. Da nun die Sprache im Normalfall ein Instrument des praktischen Handelns ist, gerät Gustave durch seine passive Konstitution in ein passives Verhältnis zur Sprache, bei dem an die Stelle des Affirmations- und Negationsvermögens ein bloßes Glaubenschenken tritt. Dieses passive Verhältnis zur Sprache führt zu einer gewissen Mühe beim Lesen- und Schreibenlernen. Als Gustave versucht, bei seinem Vater die Zärtlichkeit zu finden, die er bei seiner Mutter vermißt, fühlt er sich von diesem, eben wegen seiner Mühe beim Lesen- und Schreibenlernen, zurückgestoßen und empfindet sich seitdem als Opfer eines väterlichen Fluchs. Dieses Gefühl der Verstoßung wird verstärkt durch den Zwittercharakter der Familie Flaubert: auf Grund seiner Herkunft aus einer ländlichen Großfamilie herrscht der Vater Flaubert innerhalb des Hauses als feudaler Patriarch und praktiziert das juristisch längst abgeschaffte feudale Erstgeburtsrecht, indem er dem älteren Sohn von vornherein die Nachfolge auf seinen Posten als Chefarzt zuspricht. Außerhalb des Hauses aber, in seinem Beruf als Arzt und Wissenschaftler, wendet er die Prinzipien des mechanistischen Materialismus an, der die gott- und seelenlose Welt gleichwertiger Atome behauptet, die nur von äußeren mechanischen Kräften gesteuert werden. Die existenzbedrohende Frustration, unter der Gustave durch diese Konstellation leidet, treibt ihn in eine ausweglose Situation, als er nach Beendigung der Schulzeit beginnt, Jura zu studieren, und damit in das seiner passiven Konstitution widerstrebende aktive Leben eintritt. Das Dilemma, daß Gustave auf Grund eben dieser passiven Konstitution sich weder zur praktischen Aktivität des Jurastudiums zwingen noch seinem Vater den Gehorsam verweigern kann, verursacht im Januar 1844 die berühmte «Nervenattacke», in der seine «Neurose» zum Ausbruch kommt. Durch diese «Neurosenwahl» erzwingt Gustave den Abbruch des Jurastudiums und damit das Ausscheiden aus dem praktischen Berufsleben, die Rückkehr zur Kindheit im Schoß der Familie und die Ersetzung der bürgerlichen Zeit des zielgerichteten Fortschritts durch die feudale Dauer der zyklischen Wiederkehr, vor allem aber die Fürsorge, die er in seiner Kindheit vermißt hat. Dazu kommt ein symbolischer Vatermord, den er begeht, indem er den eingebildeten Fluch seines Vaters vollstreckt: Hier ist der Idiot der Familie, den du aus mir gemacht hast, die Vollstreckung deines Urteilsspruchs richtet dich selbst! Und tatsächlich erklärt sich Gustave nach dem schon zwei Jahre später eintretenden Tod seines Vaters, der zudem noch bei der Operation durch seinen älteren Sohn geschieht, ausdrücklich als geheilt. Aber hinter dieser «negativen Taktik» der Neurose steckt nun eine «positive Strategie», die es ihm ermöglicht, als Schriftsteller einen literarischen Stil zu entwickeln, der zum Erfolg seines Werkes führen sollte. Seine bisherigen, aus Ressentiment, Neid und Frustration entstandenen, sadomasochistischen Ergüsse einer schwülstigen Schauerromantik erkennt er jetzt als verfehlt. Er wirft sich vor, «seine Imagination zu masturbatorischen Zwecken mißbraucht und dadurch von ihren schöpferischen Funktionen abgebracht zu haben». Als er nun davon überzeugt ist, daß durch die Nervenattacke von 1844, die sich in häufigen, aber allmählich abnehmenden Nervenkrisen wiederholt, sein Lebenswille abgetötet ist und er daher endgültig aus der realen praktischen Welt der menschlichen Zwecke ausgeschlossen bleibt, betrachtet er sein eignes Leben und seine Umgebung vom Gesichtspunkt eines Gestorbenen, eines lebenden Leichnams [...]*

Wie erklärt nun Sartre den Erfolg eines solchen literarischen Stils, der einer Höllenmaschine gleichkommt?

«... Gustaves Krankheit (wird) ihm nur dann ermöglichen ..., sich in repräsentativen Werken zu objektivieren, wenn sie als eine Spezifizierung dessen erscheint, was man durchaus eine Neurose des Objektiven Geistes *nennen muß ... Er kann sogar die Chance haben, Elemente der Instrumente seiner Kreation, der Techniken und vor allem jenes ‹Geschmacks›, den er so sehr begehrt hat, kurz, all dessen, was ihm im präneurotischen Zustand zu entgehen schien,* in der Objektivität *zu finden als Produkte einer Kultur, die irre wird, aber auch als noch unbekannte und nicht explizierte Mittel, seine Werke objektiv zu strukturieren. Mit anderen Worten, wenn seine Neurose von einer objektiven Krankheit herrührt, entgeht das Werk, das aus ihr entsteht, der neurotischen Subjektivierung.*

[...] durch seine prophetische Neurose hat Gustave sein natürliches Milieu im voraus bestimmt: dieser Überlebende von 1844 hat in Pont-l'Évêque das optimale *Regime definiert, das die Reproduktion seines Überlebens sichern könnte; durch seine Prophezeiung des Zweiten Kaiserreichs hat er sich auf die Etablierung und Entfaltung der kaiserlichen Gesellschaft hin* überschritten, *aber zugleich hat er sich untersagt, sie* lebend *zu überleben.»*

Mit neun Jahren hat Flaubert sie [die Dummheit] unter zwei

sich ergänzenden Erscheinungsformen entdeckt: die Zeremonie und die Sprache. Denn er schreibt am 13. Dezember 1830 an Ernest Chevalier: «Du hast recht, daß der Neujahrstag dumm ist» und am Ende desselben Briefes: «[...] und da es eine Dame gibt, die zu Papa kommt und die uns immer Dummheiten erzählt, werde ich sie aufschreiben.»

[...] Der Neujahrstag ist dumm, aber zu Flauberts kommt auch eine Dame, die Dummheiten *erzählt*. Dummheiten: Sätze, die in ihr waren, die plötzlich durch ihren Mund herauskommen und deren mechanische Starre jede lebendige Beziehung zur Situation, zur Wahrheit oder ganz einfach zu den vorhergehenden Sätzen ausschließt. [...] Hier wird uns die nackte Sprache gezeigt, jene tönende Materie, die durchs Ohr eindringt und sich im Gehirn festsetzt. In jedem Augenblick, überall, anonym wird ein System von Wörtern hergestellt, das sich von Mund zu Ohr überträgt und sich am Ende unvermeidlich in mir ablagert. Der Sinn jedes Wortes ist die inerte Einheit seiner Materie, die inerte Ansammlung der Wörter bestimmt eine passive Ansteckung eines jeden Sinns durch die anderen, ein Pseudo-Denken setzt sich in meinem Kopf fort, dessen scheinbare Bedeutung die eigentliche Absurdität nicht kaschieren kann: denn es hat keinen anderen Zweck, als die Menschen zu vereinen, sie zu beruhigen, indem es ihnen die *Geste der Übereinstimmung* ermöglicht; und worüber könnten diese undurchdringlichen Wesen, die so verschiedene Interessen haben, übereinstimmen, wenn nicht über *nichts*? [...]

Dazu kommen einem sofort mehrere Fragen in den Sinn: woher hat er [...] seine überraschende Fähigkeit, Dummheiten zu erfassen [...] Warum jagt er ihnen so erbittert nach? Und aus welchem Grund ist die Dummheit der anderen für ihn eine so unerträgliche Last geworden?

Wir können auf diese Frage eine vorläufige Antwort geben, wenn wir auf jenen anderen Gemeinplatz verzichten: daß man nämlich intelligent sein müsse, um die Dummheit aufspüren zu können. Ich sage sofort: bei derartigen Tätigkeiten ist Intelligenz überflüssig, oft sogar hinderlich. [...] Mit anderen Worten, um einen Gemeinplatz zu entdecken, muß man ihn erleiden und nicht durch seine Benutzung überschreiten. [...]

Ein Beispiel wird uns seinen Standpunkt verständlich machen. Schlagen wir sein *Dictionnaire des idées reçues*[1] beim Artikel «EISENBAHN» auf, so lesen wir: «Über ihre Erfindung in Verzückung geraten und sagen: ‹Ich, mein Herr, der mit Euch spricht, ich war heute morgen in X; ich bin mit dem Zug nach X gereist; dort habe ich meine Geschäfte erledigt usw., und um X Uhr war ich wieder zurück!›» [...] Es stimmt, daß alle Reisenden damals solche Bemerkungen machten. Aber in kaum veränderter Form haben sie sie wieder gemacht, als das Auto aufkam; und fast mit denselben Worten sprechen sie heute von ihren Flügen. Bei jedem neuen Verkehrsmittel taucht also eine bestimmte, immer gleiche Rede auf, die sich auf dessen Geschwindigkeit bezieht und in aller Munde ist. Ist das «dumm»? Ist das eine übernommene Meinung? Die Antwort hängt vom Gesichtspunkt ab. Sicher handelt es sich um eine Binsenweisheit: wenn wir im voraus wissen, daß die Geschwindigkeit eines Flugzeugs achthundert Stundenkilometer beträgt, so brauchen wir uns nicht darüber zu wundern, daß es uns in zwei Stunden sechzehnhundert Kilometer befördert hat. Aber wer aus solchen Bemerkungen eine Binsenweisheit macht, der muß von vornherein beschlossen haben, sich in den Begriffen einzuschließen. Vom affektiven Gesichtspunkt aus ist alles ganz anders. Sich darüber zu wundern, daß man, bereits vier Stunden nachdem man Paris verlassen hat, in Moskau ist, ist sicher kein sehr tiefes Gefühl: und dennoch ist es naiv und spontan. Die vier Stunden sind über den Wolken im Niemandsland eines undifferenzierten Raumes vergangen: sie scheinen in unserem Leben nicht zu zählen, und wir scheinen ohne Übergang von einer Welt in eine andere zu gelangen. Bei jeder technischen Perfektionierung, als zum Beispiel das Düsenflugzeug an die Stelle der viermotorigen Maschine trat, erleben wir wieder diese freudige Benommenheit: die ganze Erde scheint in Reichweite zu sein; der Kontrast zwischen Paris und der sowjetischen Hauptstadt wirkt noch gewaltsamer, man gibt sich Überlegungen hin, die logisch zwar absurd sind, deren affektive Aufrichtigkeit jedoch unzweifelhaft ist: man wird zum Beispiel

[1] Von 1850 bis 1880 schrieb Flaubert sein *Dictionnaire des idées reçues* (Wörterbuch der Gemeinplätze), das erst nach seinem Tod veröffentlicht wurde. *Anm. d. Hg.*

sagen, daß Moskau näher bei Paris liege als Lyon. Das ist «dumm», weil ja das Verkehrsmittel in dem einen Fall nicht das gleiche wie in dem anderen ist; der logisch richtige Satz: «Moskau ist näher bei Paris, *wenn man mit dem Flugzeug hinfliegt*, als Lyon, *wenn man mit dem Zug hinfährt»* ist vom Gesichtspunkt des Verstandes aus bedeutungslos. Er gewinnt jedoch seinen ganzen Sinn, wenn man bedenkt, daß derselbe Reisende regelmäßig mit dem Zug nach Lyon und mit dem Flugzeug nach Moskau reist: sein Erstaunen rührt also von dem praktischen Vergleich zweier *absoluter* Geschwindigkeiten her: der gleichen «verlorenen» Zeit (vier Stunden) entspricht ein mehr oder weniger radikaler Ortswechsel usw.

Wenn also die gleichen Sätze auf allen Lippen immer wieder neu entstehen, so liegt das in Wahrheit nicht daran, daß sie ins Ohr jedes einzelnen gedrungen sind, sondern vielmehr daran, daß sie auf ungeschickte Weise eine gemeinsame, aber spontane und richtige, wenn nicht logische Reaktion auf eine für alle identische Situation ausdrücken. Für alle, außer für Flaubert, für den Zugreisen eine schreckliche Prüfung sind und der die Eisenbahn zum Symbol der verhaßten industriellen Zivilisation und des sozialen Fortschritts gemacht hat, an den er nicht glaubt. Da er die Zwecke und Werte der anderen Reisenden nicht teilt, sieht er in dem von ihnen allen ausgesprochenen Satz nicht einen Ausdruck ihrer Empfindungen. Von Anfang an erscheint ihm ihre Schwärmerei verdächtig: sie «geraten in Verzückung»; was Wunder, wenn dann der Komplex der ausgesprochenen Wörter, losgelöst von der Affektivität, die sich in ihm ausdrückt, ein mechanisches Produkt bedingter Reflexe zu sein scheint. Schon in der Kindheit hat Flaubert eine «überraschende Fähigkeit», die Gemeinplätze und die Dummheit zu erfassen, weil er auf sie lauert und die Reden anhört, ohne die synthetische Aktivität und die realen Absichten des Redenden in Betracht zu ziehen. Bleibt die Frage, warum er so ist: die Antwort kennen wir schon: er ist, was man aus ihm gemacht hat. Wir wissen ja, daß man ihn schon in seiner Vorgeschichte in die Passivität eingeschlossen hat. Das heißt, daß er in seiner frühesten Kindheit unfähig zu einem Akt der Bejahung ist. Ich habe oben gezeigt, daß er die Wechselseitigkeit – die die Bürgschaft des Wahren ist – nicht kennengelernt hat und daß er durch die Gleichgültigkeit einer mürrischen Mutter dazu verurteilt worden war, den Bereich des bloßen Glaubenschenkens nicht zu verlassen. Aus diesem Grund hat er die Sprache nicht als einen strukturierten Komplex von Instrumenten übernommen, die man zusammenfügt oder auseinandernimmt, um eine Bedeutung hervorzubringen, sondern als einen endlosen Gemeinplatz, der weder auf der Absicht beruht, etwas sichtbar zu machen, noch auf dem zu bezeichnenden Gegenstand und der ihn unter Beibehaltung einer Art Eigenkonsistenz einnimmt und sich in ihm spricht, ihn sogar bezeichnet, ohne daß das von ihm eingenommene Kind ihn benutzen könnte. Gewiß hat sich Gustave unter Schmerzen geändert: er hat wohl oder übel *urteilen* lernen müssen. Aber zu spät. Er steckt schon zu tief in einer Welt, in der die Wahrheit der Andere ist. Wenn er urteilt, hört er auf zu *glauben*, aber es gelingt ihm dennoch nicht, eine Wechselseitigkeit zu schaffen: der Andere verliert seine Autorität, das ist alles. Mit anderen Worten, er glaubt niemals ganz, was er sagt, noch, was man ihm sagt. Aber er glaubt ebensowenig das Gegenteil: er ist sich selbst gegenüber unaufrichtig und seinem Gesprächspartner gegenüber skeptisch. Mangels einer Anschauung – das heißt einer von der Praxis verlangten Aufdeckung von Tatsachen – spielt er urteilen. Das Urteilen ist bei ihm zum Teil eine Geste: er wählt nicht die Wörter aus, sondern die übernommenen Meinungen, die der Situation entsprechen; sie sind vorgefertigt, das heißt, die Vokabeln und sogar ihre Anordnung sind vorgegeben. Der Satz ist schon fertig: er spricht ihn aus und wundert sich, ihn zu hören; er spürt die Divergenz zwischen den tristen und unbestimmten Geräuschen seines Lebens und jenen tönenden Steinchen, den Wörtern. Zugleich empfängt er die Sätze der Anderen als vorgefertigte Bestimmungen der Rede: andernfalls müßte er sie für Urteile halten (richtige oder falsche), das heißt, er müßte sich dagegen oder dafür aussprechen. Denken ist eine gemeinsame und aufdeckende *Praxis*, die keine anderen Werkzeuge als die Wörter hat, diese aber, sobald sie Wechselseitigkeit herstellt, zugunsten der ausgesagten Dinge eskamotiert. [...] Das Wort «Rind» zum Beispiel vermittelt den Zugang zur wirklichen Herde, wenn es Teil eines komplexen Signals ist, das sich auf eine praktische Tatsache oder auf eine Handlung bezieht (das Rind ist krank, die Rinderherde muß zurückgeholt werden). Aber gleichzeitig wird dieses Wort mit Schweigen übergangen: niemand merkt, daß es ausgesprochen worden ist. Wenn es im passiven Fluß des Erlebten zurückbleibt, setzt es sich dagegen für sich und bietet sich als die Negation des Rindes dar, das heißt als eine auditive oder visuelle Bestimmung, die nur auf andere gleichartige Bestimmungen verweist. Flaubert *denkt* niemals: der Verfechter des «Objektivismus» hat keinerlei Objektivität; das heißt, er hat sich selbst und der Welt gegenüber keinen *wirklichen* Abstand; folglich taucht die Sprache in ihm und außen als eine bedrückende Materialität auf. [...] Es ist in gewisser Weise das *andere Denken* – die Materialität, die das Denken nachäfft, oder, wenn man so will, das Denken, das in der Materie umgeht, ohne aus ihr herauszukönnen. Die Sprache, die sich nach den ihr eigenen Beziehungen in ihm organisiert, stiehlt ihm sein Denken [...] und schlägt ihn mit Pseudo-Gedanken, die die «übernommenen Meinungen» sind und niemandem gehören, weil sie nach Gustave in jedem Andere sind, anders als dieser. Gustave glaubt also nicht, daß *man spricht: man wird gesprochen*: die Sprache [...] klingt [...] ganz allein in uns wider und infiziert uns nach ihren Gesetzen [...] mit einem umgekehrten Denken. [...] Die Sprache ist für Flaubert nichts anderes als die Dummheit [...]

Einerseits hat er durchaus nicht unrecht, und wir sind alle dumm, [...] drücken [...] uns also alle und ständig durch Gemeinplätze aus. Das Wort ist schon für sich allein eine fertige Vorstellung, weil es sich außerhalb von uns durch seine Differenzen zu anderen Wörtern im verbalen Gesamtkomplex definiert. Aber andererseits sind wir alle intelligent: die Gemeinplätze sind Wörter, insofern wir durch ihre Benutzung sie auf ein Denken hin überschreiten, das immer neu ist. [...] Das Denken, das immer deformiert, immer wiederaufgegriffen und gesteuert und dann wieder deformiert wird – und so weiter bis ins Unendliche –, geht in die Falle der Gemeinplätze, wenn es sie zu benutzen glaubt, und umgekehrt, wenn man glaubt, es sei in ihre Falle gegangen, überschreitet es sie und paßt sie ihrer ursprünglichen Intention an. Dieser zweifelhafte Kampf hat immer einen unterschiedlichen Ausgang: auf jeden Fall geschieht diese Arbeit jeden Augenblick. Weil Flaubert diesen Kampf nicht in all seiner Strenge führt, befindet er sich ständig im Zustand der *Unheimlichkeit* gegenüber den Wörtern [...].

Man kann sicher sein, daß er sich all dessen mehr oder weniger bewußt ist. Er hat keine klare Kenntnis aller Banalitäten, die ihm entschlüpfen, aber er zweifelt nicht daran, daß die Sprache in ihm wie bei den anderen ein «Fließband» von Banalitäten ist. Und das ist sie tatsächlich, sofern man sich ihrer nicht bedient. Von daher kann man Gustaves doppelte Haltung gegenüber der Dummheit verstehen. Bald fasziniert sie ihn, bald widert sie ihn an. Sie ist ein schwindelerregender Abgrund, und sie ist das ganze Gewicht der Erde, das auf ihm lastet.

Zunächst die Faszination: die Dummheit, eine passive Synthese, ist die Fülle, das Sein. Sie ist auch die Ordnung. Oder zumindest *eine* Ordnung: diejenige, die sich von außen aufzwingt und jede Person in ein Korsett von Zeremonien zwängt. Er hat ironisch geschrieben, das *Dictionnaire des idées reçues* führe das Publikum «zur Tradition, zur Ordnung, zur allgemeinen Konvention zurück». [...] Um emporzukommen, muß man nur das Spiel ganz mitspielen, das ist alles. Um kommunizieren zu können, muß man sich ernst nehmen. Dann versteinern die Gruppe oder das Individuum; betrogen und verstört betrachtet Flaubert diesen kompakten Block aus einem Guß, der sich gegen ihn gebildet hat und noch in seiner inerten Kohäsion sich versteinernde menschliche Bedeutungen behält. Die Dummheit ist eine passive Operation, durch die der Mensch sich mit materieller Trägheit schlägt, um die Unempfindlichkeit, die unendliche Tiefe, die Beständigkeit, die totale und augenblickliche Präsenz der Materie zu verinnern. Immer wenn Flaubert dieser Operation beiwohnt, fühlt er sich betrogen und frustriert zugleich, und sein Onkel Parain hat am 6. Oktober 1850 aus der Quarantäne von Rhodos einen ganz merkwürdigen Brief erhalten:

«Habt Ihr manchmal, teurer alter Gefährte, an die ganze Gelassenheit der Dummköpfe gedacht? Die Dummheit ist etwas Unerschütterliches; nichts vermag sie anzugreifen, ohne an ihr zu zerbrechen. Sie ist von der Natur des Granits, hart und widerstandsfähig. In Alexandria hat ein gewisser Thompson von Sunderland auf die Pompeiussäule in sechs Fuß hohen Buchstaben seinen Namen geschrieben. Das kann man aus der Entfernung einer Viertelmeile lesen. Es gibt keine Möglichkeit die Säule zu sehen, ohne den Namen von Thompson zu sehen ... Dieser

Kretin hat sich in dem Monument verkörpert und lebt mit ihm fort. Was sage ich? Er erdrückt es durch die Gewaltigkeit seiner riesenhaften Buchstaben. Ist das nicht ziemlich stark, die zukünftigen Reisenden zu zwingen, an einen zu denken und sich an einen zu erinnern? Alle Dummköpfe sind mehr oder weniger solche Thompsons von Sunderland. Wieviel von ihnen trifft man im Leben nicht an seinen schönsten Plätzen und seinen reinsten Winkeln? Und sie erschlagen uns immer; sie sind so zahlreich, sie kommen so oft zurück, sie haben eine so gute Gesundheit! Auf Reisen trifft man viele davon ... aber da sie schnell vorübergehen, sind sie amüsant. Anders als im gewöhnlichen Leben, wo sie einen schließlich rasend machen.»

In den Augen der Reisenden verwandelt sich Thompson ständig in eine Säule: sie brauchen nur seinen Namen zu lesen, und schon beschwören sie die ursprüngliche Operation wieder herauf, nämlich das *Schreiben*, ein vollendetes Verbrechen, ein reiner Akt der Dummheit, inert und virulent, von dem Flaubert letztlich nicht weiß, ob er Thompson in das Monument oder die Pompeiussäule in Thompson verwandelt. Kann man sagen, daß dieser Engländer in der Dummheit Erfindungstalent bewiesen hat? Keineswegs: alle Monumente der Erde sind mit Inschriften bedeckt. Thompsons Verhalten ist an sich ganz konventionell. Es bezeichnet ihn andererseits als Reisenden und Bürger: für diesen Kaufmann hat die römische Säule jede Bedeutung verloren, er stammt aus einem Jahrhundert und aus einer Welt, für die die antike Zivilisation nichts mehr darstellt, die also – nach Flaubert – unter deren Niveau gefallen sind. Aber es gibt uns auch über seine Moral und über seinen Charakter Aufschluß; er ist Utilitarist: anstatt das Kunstwerk als einen absoluten Zweck zu bewundern, macht er die Schönheit zum Mittel, bedient er sich ihrer für seine persönliche Reklame; was für eine Seelenruhe braucht man, um auf so etwas zu kommen! Natürlich fußt es auf Ignoranz, auf Mangel an Geschmack, an Sensibilität, auf blinder Selbstgenügsamkeit und «Vulgarität». Aber diese Laster haben nur den Schein der Negation: in Wirklichkeit stellen sie die Kehrseite einer Fülle dar. Thompson hat die Materie erobert, weil die Materie in seiner Seele seit langem gesiegt hatte. Wäre er sich dessen bewußt, wäre er ein Bilderstürmer, ein Sadist, ein Verrückter, ein Angsthase: der neurotische Charakter seines Unternehmens hätte es wahrscheinlich zum Scheitern verursacht. Sein Erfolg fußt auf seinem Unbewußtsein [...], und dieses Unbewußtsein ist bereits Materialität. Ist es denn ein Erfolg, ein Kunstwerk zu verschandeln, indem man es mit seinem Namen besudelt? Es ist ein Triumph, Flaubert glaubt das wirklich. [...] Gustave hat lange davon geträumt, bis zum Ende der Jahrhunderte zu dauern durch eine Verkörperung in die harte Materialität eines Kunstwerks. [...] Und da erhebt sich nun jene Säule und trägt einen Namen: Thompson hat das Werk eines anderen gestohlen, er hat den Ruhm gestohlen, er lebt als Parasit von einer fremden Ewigkeit. *Er hat gewonnen.* Kann man es gewinnen nennen, wird man fragen, für immer und ewig als ein Idiot angesehen zu werden? Ja, weil die Idioten Legionen sind, weil sie alle fähig sind, diese abscheuliche Geste für sich selbst zu wiederholen. Weil die Menschheit dumm ist, zwingt sich Thompson der Menschheit auf. [...] Flaubert ist nicht über die Geste der Dummheit empört, sondern darüber, daß diese Geste sofort die Unterstützung des Menschen und der Natur findet. Die äußere Materie leiht ihr gefällig ihre *ewige* Beständigkeit, ihre *gegenwärtige* Fülle; die innere Materie, die in die Herzen eingeströmt ist, verleiht ihr Unsterblichkeit. Jetzt verstehen wir, daß die Dummheit für Flaubert schwindelerregend ist: sie ist ein freier Fall in die materielle und soziale Ewigkeit; wir verstehen, daß sie ihm unendlich erscheint: in Wirklichkeit ist die Geste des Dummkopfes nur eine jämmerliche Mechanik; aber die allseitige Komplizenschaft verleiht ihr eine unglaubliche Konsistenz; Thompson ist unendlich, weil der junge Reisende entdeckt, daß diesem Engländer mit einem Schlag gelungen ist, wovon der Junge von Rouen kaum zu träumen wagte: die Versteinerung des Menschen. Der Dummkopf und der Künstler haben den gleichen Ehrgeiz. Gewiß, Flaubert hatte versucht, seinen Ehrgeiz mit anderen Methoden zu verwirklichen: der Ruhm ist eine höhere Versteinerung: man erhebt den Ruhm, bis er Bedeutungen trägt, anstatt daß man Bedeutungen beschwert, bis sie sich in Materie verwandeln. Jean Genet sagte einmal: «Eine Statue von Giacometti ist ein Sieg der Bronze über sich selbst.» So wird auch Flaubert sein Werk betrachten: ein Sieg der Sprache über ihre Materialität. Allerdings bleibt die materielle Trägheit des Buches, das die Generationen sich wie eine Fackel weiterreichen, die materielle Trägheit des Namens auf dem Umschlag. Der Ruhm ist nur ein Kieselstein, oder – was aufs gleiche hinausläuft – er ist mein Leichnam in den Händen der Anderen. Wenn es so ist, wie kann man dann Thompson verurteilen? Er ist ein Barbar? Richtig. Ein Usurpator? Natürlich. Aber was hat er anderes getan, als eine Abkürzung zu benutzen?

[...] der eine will einen Namen auf einer Säule zurücklassen und der andere auf einem Buchrücken; da ist kein so großer Unterschied. [...] Und vor allem, wenn auch dem Dummkopf das pantheistische Aufgehen im Universum nicht gelungen ist, so ist er zumindest in die materielle Einheit einer materialistischen Gesellschaft eingegangen. In der realen Welt ist dieser trügerische Sieg der einzig mögliche, und Flaubert ist im Grunde seines Herzens niemals sicher, daß er ihn sich nicht auch wünscht.

Genau auf dieser Ebene können wir die Ambivalenz seiner Gefühle entdecken und verstehen. Den Dummkopf verurteilt er rückhaltlos, mit der «Raserei» der Verzweiflung. Aber die Dummheit selbst, diese anonyme unpersönliche Substanz fasziniert ihn. Von der Jugend bis zum Tod wird er mit manischer Besessenheit [...] übernommene Meinungen sammeln. Damit verfolgt er zwei sich widersprechende Ziele. Das erste – das einzige, das er klar zum Ausdruck gebracht hat – ist, wenn man so will, kathartischer Art. Niemand *sieht* die Gemeinplätze: man bedient sich ihrer, um sich zu vereinigen, um zu gefallen; es sind Mittel zum Erfolg; aber in dem Augenblick, da man sie an den Nebenmann weitergibt, ermöglicht ihr vertrautes Aussehen, sie mit Stillschweigen zu übergehen: weder gesehen noch erkannt, wiedergekäut, bleiben sie in vollem Licht verborgen. Man braucht sie jedoch nur zu *zeigen*, damit sie Entsetzen erregen: niemand würde mehr zu sprechen wagen. Und dieses reinigende Vorführen kann nur durch einen Ausgeschlossenen vorgenommen werden. Aber um sie vorführen zu können, muß man ihnen nachjagen, sie im Flug erhaschen und *niederschreiben*. Und in dem Moment, da man sie niederschreibt, verstärkt man noch ihre Konsistenz und graviert sie in die Materie ein; man nimmt an der Zeremonie teil – und sei es nur, um sie besser zerstören zu können. In dem Haß auf den Gemeinplatz, den Flaubert zur Schau trägt, verbirgt sich ein indirekter Genuß: er durchdringt sich beim Niederschreiben mit ihm; wenn er der einzige ist, der nicht an der sozialen Vereinigung teilhat, so rächt er sich dafür, indem er als einziger [...] das Instrument dieser Vereinigung entdeckt und festhält. In ihm erkennt er, was ihm noch entgeht, das Unendliche der Materie und die Versteinerung der Gesellschaft; aber der Taumel, den er spürt, wenn er sich von dem niedergeschriebenen Satz faszinieren läßt, enthält *an sich* und als Grundstruktur die Andeutung eines freien Falls bis in den Kern der Materie; Flaubert träumt davon, sein Denken durch die Wörter abzustumpfen, kurz, zu verdummen. Die Ambivalenz seiner Haltung geht klar aus folgenden Zeilen hervor: «... obwohl ich darin (in dem *Dictionnaire des idées reçues*) alles angreifen würde. Es wäre die historische Glorifizierung all dessen, was gebilligt wird. Ich würde darin zeigen, daß die Mehrheiten immer recht und die Minderheiten immer unrecht gehabt haben. Ich würde die großen Männer allen Dummköpfen opfern ... und das in einem aufs Äußerste, zu einem Feuerwerk gesteigerten Stil ... Diese Apologie der menschlichen Gemeinheit in all ihren Zügen, ironisch und schreiend von Anfang bis Ende, voll von Zitaten und Beweisen (die das Gegenteil beweisen würden) und erschreckenden Texten (das wäre nicht schwierig) hätte, würde ich sagen, zum Ziel, ein für allemal mit den Exzentrizitäten, welcher Art sie auch sein mögen, aufzuräumen. Ich würde mir damit die moderne demokratische Idee der Gleichheit zu eigen machen, das Wort Fouriers, daß die großen Menschen überflüssig werden; und zu diesem Zweck, würde ich sagen, wäre das Buch geschrieben.»

Gewiß ist die Absicht eine ironische. Aber das Verfahren bleibt nichtsdestoweniger überraschend: es geht darum, die Dummheit bei den Anderen zu bekämpfen, ohne daß man sie jemals angreift, sondern indem man sie vielmehr selbst als ihr *Medium* und Märtyrer *realisiert* – um sie in der eigenen Person zu *manifestieren*: mit einem Wort, Flaubert träumt davon, die ganze Dummheit der Welt auf sich zu nehmen, sich zu ihrem Sündenbock zu machen, um die Anderen von ihr zu befreien und sich einen Augenblick darin zu verlieren, um sie zu entlarven und zum Äußersten zu treiben, zum Schändlichen, jenem «Erhabenen von unten». Was das Verfahren selbst angeht – so offensichtlich gewollt seine Überspitzung auch immer sei und selbst dann, wenn kein einziger Leser sich darüber täuschen würde –, so ist es sehr bezeichnend für Gustaves tiefe Unterwerfung unter die Familie, die Sozialordnung. Was denn? Er beginnt den Abschnitt seines Briefes mit der Erklärung, er habe manchmal eine krankhafte Sucht, die Menschen anzubrüllen, was er gewiß eines Tages, vielleicht in zehn Jahren, tun werde. Dann fügt er hinzu, daß ihm «einstweilen» ein alter Gedanke wieder in den Kopf gekommen sei, nämlich sein *Dictionnaire des idées reçues*. Dieser einunddreißigjährige Junge, der vor Verlangen stirbt, den Bürger anzubrüllen, hat also noch nicht den Mut dazu? Worauf wartet er? Auf Ruhm? Auf Glück? Auf Macht? Und warum beeilt er sich, sofort zu erklären: «*Kein Gesetz könnte mir etwas anhaben*, obwohl ich darin alles angreifen würde.»? Was für eine Vorsicht! Und was für ein komischer *Angriff*, der die Gestalt der Unterwürfigkeit annimmt: da haben wir den ganzen Flaubert, hinterlistig und folgsam: die schwachsinnige Grausamkeit der sozialen Gebote will er lieber dadurch demonstrieren, daß er sie *ad absurdum* führt, durch eine heuchlerische Beflissenheit, durch Dienst nach Vorschrift. Scheinbar nachgeben, unmerklich übertreiben, bis zum Äußersten gehen und gleichzeitig *sich zeigen* als reines passives Resultat des Willens der Anderen, sich zum Gegenstand machen, um ihnen Entsetzen vor sich selbst einzuflößen; offen und direkt kämpfen, *niemals*. Aber in unserem Fall geht es darum, den Menschen ihre Materialität zu entreißen, um sich selbst mit ihr zu durchdringen. Auf dieser Ebene ist die fundamentale Dummheit *seine Versuchung*. Das heißt, er sucht in ihr *zugleich* die Materialität und die soziale Integration. Als wenn er sich mit Entsetzen und Haß wiederholte: «Und wenn der liebe Gott dumm wäre?» In diesem Fall brauchte er es nur wie [...] Thompson zu tun. Es ist besser, ein befriedigtes Schwein zu sein als ein unzufriedener Sokrates. Denn Sokrates weiß nicht, daß er Sokrates ist – und die anderen, die ihn umgeben und ihn zum Tode verurteilen, wissen es auch nicht. Das Schwein dagegen fühlt sich im Schweinestall unter seinesgleichen wohl und genießt es, ein Schwein zu sein.

Aber vielleicht ist Flaubert nur ein unzufriedenes Schwein? Dieser Gedanke erfüllt ihn mit Schrecken; die Versuchung verwandelt sich in Ekel, als er die Gemeinplätze, die ihn bei den anderen faszinieren, [...] *in sich selbst* entdeckt. In diesem Fall wäre seine Besonderheit nicht, daß er über der Dummheit schwebte, sondern vielmehr, daß er von ihr verschlungen würde, [...] er würde die Dummheit der anderen nur entdecken, weil er selbst von ihr infiziert wäre. Mehr noch: vielleicht gäbe es nur *in ihm* Dummheit, und er selbst wäre es, der durch seine Engstirnigkeit in den Gedanken der anderen Grenzen sähe, die sie nicht haben. Hier kann die Rolle der Eltern gar nicht überschätzt werden: während die kalte Säuglingspflege von Frau Flaubert die Passivität in ihm entwickelte, bezeichnete die Ungeduld von Achille-Cléophas ihn in seinen eigenen Augen als «Idioten der Familie», und die anerkannten Glanzleistungen von Achille wiesen ihm den Status einer Minderwertigkeit zu, den mittelmäßige Leistungen nur noch bestätigen. [...] Wie sollte er nach alldem nicht wissen, daß die Dummheit nicht nur ein ständiges Schwindelgefühl ist, sondern daß sie auch sein *Eigengewicht* bildet und daß der Hochmut nur eine Abwehr ist? [...] Nur ein leichter Riß, ein winziger Spalt, verhindert Flauberts Integration in die bürgerliche Dummheit. Aber diese vom Ressentiment herrührende «Verfremdung» rettet ihn keineswegs, sondern bereitet ihm Höllenqualen: in der Dummheit der Anderen erkennt er seine eigene Dummheit, obwohl er diese mit jener nicht verschmelzen kann; was ihn selbst angeht, so kann er nicht einmal erklären, *er sei nicht dumm*, [...] höchstens fühlt er sich *in seiner eigenen Dummheit abwesend*: sie hat von ihm Besitz ergriffen, sie benutzt seinen Mund oder seine Feder, um sich auszudrücken, und dennoch setzt er ihr eine gewisse passive Verleugnung entgegen. Vielleicht aber hat dieser ewige Ausgeschlossene einfach nicht das Glück, ihr zuzustimmen.

Dennoch reicht dieser Abstand nicht aus. Man vergleiche einmal seinen großen Plan – die abgedroschenen Phrasen aus ihrem Fischteich angeln und uns zeigen – mit seiner Verwirklichung. Was er beabsichtigte, hat Georges Michel, ein Autor unserer Tage, in seinem Stück *Les Jouets* ausgezeichnet verwirklicht: seine Figuren drücken sich nur durch Gemeinplätze aus. Aber diese Gemeinplätze zappeln, sie sind lebend erwischt worden: sie sind uns fremd, und doch sind es unsere eigenen. Denn so konventionell sie auch sind, sie entsprechen einer Situation. Zunächst der Zeit: sie sind meistens *von heute*, und wenn einige von ihnen von gestern oder vorgestern sind, so haben sie ihre Virulenz nicht eingebüßt. Sodann dem sozialen Raum: das Paar, das von einer Szene zur anderen fortführt, was man einen doppelten Monolog nennen könnte, gehört einem bestimmten Milieu an: der Mann ist ein kleiner Angestellter, sie haben eine Sozialwohnung. Schließlich bemüht sich der Autor, uns den Ursprung dieser Gemeinplätze zu zeigen. Das Radio quatscht dauernd in der Wohnung: von ihm werden sie zum großen Teil hervorgebracht. Wir können den ganzen Vorgang beobachten: die Sätze kommen aus dem Radio, dringen in die Ohren der Personen ein, werden aufgenommen und kommen durch ihren Mund wieder heraus, kaum abgewandelt durch das, was man trotz allem ihre Individualität nennen muß. Alles ist klar: diese Kleinbürger werden manipuliert, ihre Bedürfnisse und Gedanken werden gesteuert, damit sie gute Konsumenten und Staatsbürger sind. In ihnen können sich andere Mitglieder der Mittelkassen mehr oder weniger wiedererkennen: in jeder Schicht, in jedem Milieu gibt es diese Vorgänge, die Intellektuellen zum Beispiel widerstehen dem *vielleicht* besser, werden aber auf ähnliche Weise manipuliert. Die genaue Lokalisierung der Figuren verhindert nicht die Faszination des Publikums.

Flaubert hätte diese Farce Spaß gemacht. Aber sicher hätte er sie nicht schreiben können: in der Mitte des vorigen Jahrhunderts werden die Massenmedien nur von der großen Presse gebildet, die eine begrenzte Auflage hat; Ursprung und Weg einer vorgefertigten Meinung sind schwieriger aufzuspüren. Zumindest existiert aber die «Mundpropaganda»: die Gemeinplätze zirkulieren, variieren von einem Milieu zum anderen, einige überschreiten Schwellen, gehen von einer sozialen Schicht in eine andere über, andere bestimmen eine Gruppe. Man könnte annehmen, daß Gustave sich bemühen wird, die Gemeinplätze, die er zitiert, einer Situation entsprechen zu lassen. Dem ist jedoch keineswegs so. [...] in dem Katalog finden sich Gemeinplätze jeder Art: solche, die in seinen Augen aus dem Spießbürgertum stammen, und andere, die in seiner eigenen Klasse zirkulieren. Er bemüht sich nicht, sie zu differenzieren; vielmehr bietet er sie uns in alphabetischer Reihenfolge [...] Ein befremdliches Werk: mehr als tausend Stichwörter, und wer fühlt sich getroffen? Niemand.

Oder vielmehr doch: einer. Das Kurioseste ist, daß er *sich selbst* getroffen hat und sich dessen nicht bewußt zu sein scheint. Denn mehr als einmal sind die übernommenen Meinungen, die er bei den anderen entdeckt, ganz einfach *seine* Meinungen, wie er sie in seiner Korrespondenz in weitläufigen rhetorischen *Ergüssen* darlegt. [...] Man sehe sich einmal folgende kuriosen Zitate an: «EPOCHE (unsere). Gegen sie wettern. Darüber klagen, daß sie nicht poetisch sei: Sie Übergangs-, Verfallsepoche nennen.» Was hat er denn von seinem fünfzehnten Lebensjahr bis zu seinem Tod anderes getan? «RUHM. Ist nur Schall und Rauch.» Erinnern wir uns an *Agonies*: «Selbst der Ruhm, dem ich nachlaufe, ist nur eine Lüge.» Und vor allem: «SCHULBILDUNG ... Das Volk braucht keine, um sein Brot zu verdienen.» Lesen wir dazu einmal folgenden Satz aus einem Brief an George Sand: «Kostenlose und obligatorische Schulbildung wird nur die Zahl der Dummköpfe vergrößern.» Und jenen anderen Satz: «Es ist kaum wichtig, daß viele Bauern lesen können.» Zum Pflügen und Mähen braucht man nämlich nicht lesen zu können. Man könnte diese Zitate bis ins Unendliche fortsetzen; die Schlußfolgerung wäre immer die gleiche: Flaubert spürt *draußen* und bei den anderen als Gemeinplätze die Meinungen auf, die er *drinnen* als die wirklichen Produkte seiner Betrachtungen erlebt. [...]

Wenn es also vorkommt, daß die Sprache in Freiheit tiefe Maximen hervorbringt [...], so ist es noch häufiger, daß die Worte sich nach ihren Gewohnheiten [...] assoziieren und dadurch von selbst Gemeinplätze hervorbringen. Wie wird Gustave neue Ideen von übernommenen Meinungen unterscheiden, da doch die einen wie die anderen aus denselben Tiefen aufzutauchen scheinen und ihn während derselben Geistesabwesenheiten einnehmen? Am Inhalt, wird man sagen. Aber dann müßte er seine Benommenheit abschütteln, sie vergleichen, urteilen. Nein: die meiste Zeit sieht er sie mit dem gleichen Gefühl der *Unheimlichkeit* auftauchen und dahinfließen. Gemeinplätze wecken allerdings beiläufig irgendeine unbestimmte und ärgerliche Reminiszenz. Kaum versucht er sie zu betrachten, schon sind sie entschwunden. Und dieser Eindruck des Altbekannten ist bei ihm um so häufiger, als er eine besondere Fähigkeit hat, seine eigenen Phrasen abzusondern: bei ihm sind die Ideen aus Blei. Mit fünfzehn Jahren hat er bereits alle seine festen Meinungen, wir werden es später noch genauer sehen, und wenn sie sich im Lauf seines Lebens wiederholen, so werden sie zu ganz festen Meinungen; er äußert sich oft in einem Abstand von zehn Jahren über dieselben Themen mit denselben Wörtern: nichts hat sich gerührt, kein einziges Merkmal der Maxime hat sich verändert. So passiert es ihm oft, daß er nicht weiß, ob er sich an eine eigene oder an eine allgemeine Meinung erinnert. Umgekehrt, wenn er einer Unterhaltung lauscht, woher kommt dann dieser Eindruck des Wiedererkennens: Was ist das, was der andere gesagt hat? Eine Meinung, die Flaubert übernommen hat? Eine Idee, die ihm gekommen ist und die sich in ihm versteinert hat? Er weiß es nicht, alles geht viel zu schnell. Er bewahrt jedoch den Eindruck, daß er wie die anderen betrogen worden ist. In den *Mémoires d'un fou* wendet er sich an den Menschen – das heißt, der Zusammenhang beweist es, ebenso an sich selbst – und schreibt: «Du, frei! Von deiner Geburt an bist du allen väterlichen Gebrechen unterworfen; du empfängst mit dem Licht der Welt die Saat aller deiner Laster, selbst deiner Beschränktheit, all dessen, was dich die Welt, dich selbst, alles, was dich umgibt, nach jenem Vergleichsschema, jenem Maß beurteilen läßt, das du in dir hast. Du wirst mit einem engen kleinen Geist geboren, mit fertigen oder dir beigebrachten Meinungen über Gut und Böse.» [...] Und der Junge schließt: «Bist du schon frei gegenüber den Prinzipien, nach denen du dein Verhalten lenken wirst? Bist du es, der deine Erziehung leitet?» [...] Kurz [...] er ist sich vollkommen der Tatsache bewußt, daß die Anderen ihm durch die Erziehung eine «fertige Natur» zusammengezimmert haben, die nichts andres ist als ihre Natur. Gleichzeitig offenbart uns dieser Text [...], daß der Junge, zumindest in dieser Epoche, nicht einmal auf die Idee kommt, durch eine kritische Tätigkeit auf Gemeinplätze zu reagieren. Alles, was er tun kann, ist, sie gegeneinanderzusetzen, damit sie von selbst ihre Widersprüche zeigen, und in der Hoffnung, daß sie sich gegenseitig zerstören: das ist der Inbegriff der passiven Aktivität. Die zu allgemeinen, übernommenen und aus Büchern stammenden Beispiele [...] zeigen allerdings einmal mehr, daß das Bewußtsein des Gemeinplatzes diffus und verworren ist: er ist überall, aber er entgeht einem ständig. Und das *Dictionnaire des idées reçues* ist jämmerlich, weil es dem Bürger Flaubert ebensowenig gelingt, die wirkliche Ideologie seiner

Klasse zu definieren, wie die wesentlichen Merkmale dieser Klasse selbst zu erkennen. Bleibt die Absicht, die berechtigt ist, obwohl durch die Zitate verfälscht. Die bürgerliche Ideologie ist 1840 noch nicht ganz bestimmt. Der Beweis dafür ist, daß das Bürgertum sich nur in einem monarchischen Regime wohl fühlt. So vermischen sich seine eigenen Ideen in jedem Bewußtsein mit den Rückständen der aristokratischen Ideen. Zwei sich widersprechende Dummheiten, die sehr gut miteinander auskommen, außer bei einigen Vertretern der neuen Generation, die diese Widersprüche zur Verzweiflung bringen und von der Flaubert das typische Beispiel ist. Der junge Mann erstickt unter dem Gewicht der Dummheit der Anderen und seiner eigenen Dummheit, die untrennbar sind. Umsonst versucht er, diese erdrückenden Felsblöcke von sich zu stoßen: er ist *von innen* bedingt, nicht allein durch seine Erziehung, sondern auch durch seine Passivität, so daß er weder sich selbst noch dem Anderen gegenüber einen objektiven Gesichtspunkt einnehmen kann. Die Falle ist gut gestellt: Gustave wird nie aus ihr entkommen.

. . . .

[...] Von der ersten bis zur letzten Seite seiner Korrespondenz wird man Flaubert niemals dabei überraschen, zu urteilen, zu argumentieren, eine kritische Prüfung vorzunehmen; man wird niemals die Entstehung einer Idee, eines neuen Aperçus, einer originellen Sicht entdecken: das Denken ist bei ihm niemals ein *Akt*; es erfindet nichts, es *stellt niemals eine Beziehung her*, es unterscheidet sich nicht von der Bewegung des Lebens selbst; als eine vom Fluß des Erlebten mitgeführte passive Tätigkeit ist das Denken nur die verbale Form des *Pathos*; die Verknüpfung der Sätze läßt manchmal an die Verknüpfung der Bilder in Träumen denken und manchmal an die verbalen Assoziationen, denen sich ein Patient auf der Couch des Analytikers hingibt. In diesem endlosen Monolog, in dem die rhetorischen Verbindungen ständig an die Stelle der rationalen Verbindungen treten, kehrt unter den verschiedensten Verkleidungen ständig dieselbe Bitterkeit, derselbe Groll wieder, der große Schwung der Eloquenz verbirgt die ständige Flucht der Idee oder genauer noch die Flucht *vor der Idee*. Dieser Bürger, der seine Integration fordert, spürt seine

Verbannung voller Ingrimm und kann seine Klasse weder *sehen* noch vergessen, weil sie ja – als familiäres Milieu – Gegenstand sowohl seines Verlangens wie seiner Verachtung ist: er nimmt sich an, insofern man ihn ablehnt, und er lehnt sich ab, insofern er verlangt, daß man ihn annimmt; hochmütig verurteilt er die Torheit der Anderen, jenen kurzsichtigen Konformismus, der seine Besonderheit haßt, und er haßt diese Besonderheit, die ihn daran hindert, in der bürgerlichen Gemeinschaft aufzugehen. Kurz, er ist der Märtyrer der Dummheit, er hat sie mit allen ihren Konflikten in sich hineingenommen, sie dreht sich um sich selbst, untergräbt sich und untergräbt ihn. Er blutet unter den Bissen, aber zwingt sich zur Untätigkeit: da ja jede Idee in ihm immer nur die Materialität der Gemeinplätze oder den Materialismus der Analyse spiegeln kann, überbietet er seine eigene schmerzliche Passivität und lehnt alle Formen des Denkens ab. Schon 1841 schreibt er: «Ich bin weder Materialist noch Spiritualist. Wenn ich etwas wäre, so wäre ich eher Materialist – *spettatore* – Beobachter.» Aufrecht, schweigend, stoisch, wirft er einen verächtlichen Blick auf das allgemeine Fließband, hört er zerstreut auf das konventionelle Geschwätz, das nichts andres als sein innerer Monolog ist. Er ist höchstens Zeuge.

Dennoch lebt er, er kann nicht umhin zu leben, noch kann er verhindern, daß dunkle, fast animalische Gedanken sich jeden Augenblick in ihm bilden. In diesen tiefen Bedeutungen, die sich kaum von der Wahrnehmung, von der Emotion, vom Traum abheben, würde man umsonst die analytische Strenge suchen: es sind Synthesen: zögernde, vorsichtige, unauflösbare. Aber sie ähneln ebensowenig übernommenen Meinungen: denn sie bilden sich ohne Hilfe der Sprache. «Verschwommene» und fließende Gedanken, die auf der unmittelbaren Ebene des Lebens und der Materie dahinfließen und oft ineinanderlaufen wie in Träumen: man könnte in ihnen die Natur ohne die Menschen sehen, denn der Mensch ist abwesend, verkrampft in seiner Negation, in seinem Willen, abwesend zu sein; in jedem Fall drükken diese Gedanken die tiefste Einsamkeit aus, *die des Tieres*; und eben sie werden dem Roman *Madame Bovary* seinen unvergleichlichen Reichtum geben. Wir werden sie noch zu beschreiben haben. Im Augenblick wollen wir nur auf ihren doppelten Charakter hinweisen. Sie sind völlig *motiviert* durch den Negativismus und durch die Absentierung Flauberts, das heißt durch seine komplexe Beziehung zu seiner Klasse; insofern bringt er sie hervor gerade durch seine Art, sich durch Abweisung des Bürgertums zum Bürger zu machen; dieses ganze, in der Passivität blockierte System dient der gesetzlosen Wucherung dieser Gedanken als Rahmen. Wenn Gustave den Gemeinplatz und die analytische Zerlegung durch einen intellektuellen Akt überschritte, würden sie entweder verschwinden oder ihre Schwammigkeit verlieren; ihre Zufälligkeit würde der Ordnung weichen, eine systematische Ausbeutung drohte sie durch eine Kanalisierung ihres Flusses zu deformieren. Aber die zeitgenössische Ideologie liefert Flaubert nicht das Instrument, das er verlangt: das ist der Grund für alles. Er fühlt dunkel, daß ihm die praktische Vorstellung einer Synthese fehlt, er findet und haßt sie im Aberglauben, er sucht sie umsonst im wissenschaftlichen Rationalismus: letztlich ist die Dummheit die geköpfte Vernunft, das seiner Einheit, das heißt seines Vereinigungsvermögens, beraubte intellektuelle Verfahren. So ist Flauberts Absentismus nur Ausdruck seines Klassenbewußtseins, und das macht das Wuchern des wilden Denkens in ihm möglich. Aber andererseits entzieht sich dieses wilde Denken *durch seinen Inhalt* den sozialen Bestimmungen; nicht daß es sich *über* den sozialen Partikularismen bewegte, auf der Ebene eines universalen Humanismus: dieser Humanismus existiert nicht, und Flaubert geht es nicht darum, ihn zu erfinden; im Gegenteil, diese dunklen Bedeutungen berühren uns tief, insofern sie im Menschen das Allgemeine der Animalität ausdrücken. Man muß jedoch präzisieren: nicht das Bedürfnis spiegelt sich in ihnen noch die Gewaltsamkeit des Körpers; es handelt sich vielmehr um einen Ausdruck jenes «bloßen Lebensüberdrusses», der vor allem das Los der Haustiere zu sein scheint. Insofern stellt dieses aus einem Mangel entstandene unterirdische Grummeln für ihn die einzig mögliche Form einer Spontaneität dar. Und hüten wir uns, darin irgendeine unmittelbare und unreduzierbare Subjektivität zu sehen: auf allen Ebenen ist das Objekt anwesend; ich möchte es eher ein animalisches Bewußtsein der Welt nennen.

Sartres Lebensdaten

1905 21. Juni: Geburt in Paris.
1906 Tod des Vaters.
1909–1917 Nach dem Tod seines Vaters kehrt seine Mutter zu ihren Eltern, Charles und Louise Schweitzer, zurück, wo ihr Sohn aufwächst.
1917–1920 Nach der Wiederverheiratung seiner Mutter zieht die Familie nach La Rochelle.
1920–1924 Fortsetzung der Schulbildung in Paris und Freundschaft mit Paul Nizan.
1920–1929 École Normale Supérieure. Kurz vor dem Staatsexamen lernt Sartre Simone de Beauvoir kennen.
1931–1936 Gymnasiallehrer in Le Havre.
1933 Studienaufenthalt in Berlin. Lektüre von Husserl und Heidegger.
1936 Veröffentlichung von *L'imagination (Die Imagination)*. Gymnasiallehrer in Laon.
1937–1944 Gymnasiallehrer in Paris.
1937 Veröffentlichung von *La transcendance de l'ego (Die Transzendenz des Ego)*.
1938 Veröffentlichung von *La nausée (Der Ekel)*.
1939 Veröffentlichung von *Esquisse d'une théorie des émotions (Skizze einer Theorie der Emotionen)* und der Erzählungensammlung *Le mur (Die Kindheit eines Chefs)*.
2. September: Sartre wird eingezogen.
1940 Veröffentlichung von *L'imaginaire (Das Imaginäre)*.
1940–1941 Deutsche Kriegsgefangenschaft in Trier. Sartre liest *Sein und Zeit* von Heidegger und schreibt und in-

szeniert für die Weihnachtsfeier im Lager das Weihnachtsspiel *Bariona ou Le fils du tonnerre (Bariona oder Der Sohn des Donners)*. Sartre verläßt das Lager mit falschen Entlassungspapieren.

1941 Vergeblicher Versuch des Aufbaus einer intellektuellen Widerstandsgruppe gegen die deutsche Besatzung.

1943 Uraufführung von *Les mouches (Die Fliegen)*.
Veröffentlichung von *L'être et le néant (Das Sein und das Nichts)*. Mitarbeit in der illegalen Presse. Sartre lernt Albert Camus kennen.

1944 Uraufführung von *Huis clos (Geschlossene Gesellschaft)*.

1945 Als Sonderberichterstatter von *Combat* und *Figaro* in den USA. Treffen mit Präsident Roosevelt.
Veröffentlichung von *L'âge de raison (Zeit der Reife)* und *Le sursis (Der Aufschub)*.
15. Oktober: Erscheinen der ersten Nummer von *Les Temps Modernes*.
29. Oktober: Vortrag über das Thema «Ist der Existentialismus ein Humanismus?»
Vortragsreise in den USA.

1946 Veröffentlichung von *L'existentialisme est un humanisme (Der Existentialismus ist ein Humanismus)* und *Réflexions sur la question juive (Überlegungen zur Judenfrage)*.
Uraufführung von *Morts sans sépulture (Tote ohne Begräbnis)* und *La putain respectueuse (Die respektvolle Dirne)*.

1947 Veröffentlichung von *Situations I, Baudelaire, Théâtre, I, Qu'est-ce que la littérature? (Was ist Literatur?)* und *Les jeux sont faits (Das Spiel ist aus)*.
Oktober/November: Radioserie *Tribune des «Temps Modernes»*.

1948 Veröffentlichung von *Situations, II, L'engrenage (Im Räderwerk)* und *Orphée noir (Schwarzer Orpheus)*.

März: Gründung des *Rassemblement Démocratique Révolutionnaire (RDR) (Revolutionäre demokratische Sammlung).*
Uraufführung von *Les mains sales (Die schmutzigen Hände).*
Der Vatikan setzt Sartres Werke auf den Index.

1949 Veröffentlichung von *La mort dans l'âme (Der Pfahl im Fleische), Situations, III* und *Entretiens sur la politique.*
Austritt aus dem RDR.

1951 Uraufführung von *Le diable et le bon Dieu (Der Teufel und der liebe Gott).*

1952 Veröffentlichung von *Saint Genet, comédien et martyr (Saint Genet, Komödiant und Märtyrer)* und *Les communistes et la paix (Die Kommunisten und der Frieden).*
Bruch mit Albert Camus.
Teilnahme am Weltfriedenskongreß in Wien.
Vortrag in Freiburg, Besuch bei Martin Heidegger.

1953 Veröffentlichung von *L'affaire Henri Martin (Wider das Unrecht).* Uraufführung von *Kean.*

1954 Vortrag in Berlin (West) über das Thema: «Die Universalität der Geschichte und ihr Paradox». Erste Reise in die UdSSR.

1955 Uraufführung von *Nekrassov.*
Reise nach China.

1956 Teilnahme an einer Protestversammlung gegen den Algerienkrieg: *Le colonialisme est un système (Der Kolonialismus ist ein System).*
Protest gegen die sowjetische Intervention in Ungarn.

1957 Veröffentlichung von *Le fantôme de Staline (Das Gespenst Stalins)* über die sowjetische Intervention in Ungarn.

1958–1962 Artikel, Interviews, Demonstrationen und gerichtliche Zeugenaussagen gegen den Algerienkrieg und die Politik de Gaulles.

1959 Uraufführung von *Les séquestrés d'Altona (Die Eingeschlossenen).*

1960	Veröffentlichung der *Critique de la raison dialectique (Kritik der dialektischen Vernunft).*
	Reise nach Kuba und Treffen mit Fidel Castro und Che Guevara.
	Empfang durch Chruschtschow in Paris.
	Reise nach Jugoslawien und Treffen mit Tito.
	Unterzeichnung des «Manifests der 121» über das Recht zum Ungehorsam im Algerienkrieg.
	Reise nach Brasilien und Treffen mit Präsident Kubitschek.
	Brief an das Militärtribunal zum Prozeß gegen die Organisation von Francis Jeanson zur Unterstützung der Nationalen Befreiungsfront Algeriens.
1961	Bombenanschlag der OAS auf Sartres Wohnung.
	Vorwort zu Frantz Fanon, *Les damnés de la terre (Die Verdammten dieser Erde).*
1962	Zweiter Bombenanschlag der OAS auf Sartres Wohnung.
	Zweite Reise in die UdSSR und Treffen mit Chruschtschow.
1963	Veröffentlichung von *Les mots (Die Wörter).*
1964	22. Oktober: Sartre erhält den Nobelpreis für Literatur und lehnt seine Annahme ab.
	Veröffentlichung von *Situations, IV, Situations, V* und *Situations, VI.*
1965	Veröffentlichung von *Situations, VII.*
	Uraufführung von *Les Troyennes (Die Troerinnen).*
1966	Reise nach Japan.
1967	Reise nach Ägypten und Israel. Treffen mit Nasser und Eschkol.
	Vorsitzender des Russell-Tribunals in Stockholm und Roskilde.
1968	Solidarität mit der Protestbewegung vom Mai und Verurteilung der Intervention der Staaten des Warschauer Pakts gegen den «Prager Frühling».
	Reise in die ČSSR.
1969	Demonstrationen und Interviews gegen die Repression der Protestbewegung vom Mai '68 und gegen den Vietnamkrieg.

1970–1972 Teilnahme an zahlreichen Aktionen vorwiegend maoistischer Gruppen. Nominelle Herausgabe der maoistischen Zeitschriften *La cause du peuple* und *Tout!*

Veröffentlichung von *Le socialisme qui venait du froid (Der Sozialismus, der aus der Kälte kam).*

1971 Veröffentlichung der ersten beiden Bände von *L'idiot de la famille (Der Idiot der Familie).*

Nominelle Herausgabe der Zeitschriften *J'accuse* und *Révolution.*

1972 Veröffentlichung des dritten Bandes von *L'idiot de la famille, Situations, VIII* und *Situations, IX.*

1973 Gründung und Herausgabe der Zeitschrift *Libération.*

Nach Sartres Erblindung Zusammenarbeit mit Pierre Victor (Benny Lévy), dem ehemaligen Führer der aufgelösten maoistischen Organisation *Gauche prolétarienne.*

1974 Veröffentlichung von *On a raison de se révolter (Der Intellektuelle als Revolutionär. Streitgespräche mit Philippe Gavi und Pierre Victor).*

Besuch bei Andreas Baader im Gefängnis von Stammheim bei Stuttgart aus Protest gegen die Isolationshaft der RAF-Mitglieder.

1975 Reise nach Portugal.

1976 Uraufführung des Films *Sartre par lui-même* von Alexandre Astruc und Michel Contat.

Ehrendoktor der Universität Jerusalem.

1978 Reise nach Israel zur Empfehlung einer positiven Antwort auf die Friedensinitiative des ägyptischen Präsidenten Sadat.

1979 *L'engagement de Mallarmé (Mallarmés Engagement)* in: *Obliques* 18–19.

Sartre bittet Staatspräsident Giscard d'Estaing zusammen mit Raymond Aron und André Glucksmann um eine Intensivierung der Unterstützung der Vietnam-Flüchtlinge.

1980 Unter dem Titel *L'espoir maintenant (Hoffnung jetzt)* veröffentlicht die Zeitschrift *Le Nouvel Ob-*

	servateur in drei Folgen Gespräche zwischen Sartre und Benny Lévy.
	15. April: Sartre stirbt in einem Pariser Krankenhaus.
	19. April: Eine Menge von etwa 50000 Menschen folgt seinem Sarg zum Friedhof Montparnasse.
1981	*Saint Marc et son double* in: *Obliques* 24–25.
1983	*Les carnets de la drôle de guerre(Tagebücher), Cahiers pour une morale, Lettres au Castor (Briefe an Simone de Beauvoir).*
1984	*Le scénario Freud.*
1985	*Critique de la raison dialectique*, Bd. 2.

Quellennachweis

Der Ekel, Rowohlt 1949, Neuübersetzung 1981, rororo 581, S. 141–146 u. 151–153. Deutsch von Uli Aumüller. (*La nausée*, Gallimard 1938, in: *Œuvres romanesques*, Gallimard 1981, p. 146–152 u. 157–160)

Geschlossene Gesellschaft, Rowohlt 1949, Neuübersetzung 1986, rororo 5769. Erste Szene und Schluß der fünften Szene. Deutsch von Traugott König. (*Huis clos*, Gallimard 1945, in: *Théâtre* , Gallimard 1947, p.115–120 u. 160–168)

Das Sein und das Nichts, Rowohlt 1952, 1962. Aus der Neuübersetzung von Hans Schöneberg und Traugott König. (*L'être et le néant*, Gallimard 1943, p. 98–100 u. 639–642)

Die Republik des Schweigens in: *Paris unter der Besatzung*, Rowohlt 1980, rororo 4593, S. 37–38. Deutsch von Hanns Grössel. (*La république du silence* in: *Situations, III*, Gallimard 1949, p. 11–14)

Klarstellung, Rowohlt 1986. Deutsch von Traugott König. (*À propos de l'existentialisme: Mise au point* in: Michel Contat/Michel Rybalka, *Les écrits de Sartre*, Gallimard 1970, p. 653–658)

Überlegungen zur Judenfrage, Rowohlt 1986. Deutsch von Traugott König (*Reflexions sur la question juive*,Gallimard 1954, p.7, 10–32, 64–70 u. 180–189)

Der Krieg und die Angst in: *Krieg im Frieden 1*, Rowohlt 1982, rororo 4904, S. 7. Deutsch von Eva Moldenhauer. (*La guerre et la peur* in: Michel Contat/Michel Rybalka, *Les écrits de Sartre*, Gallimard 1970, p. 152)

Was ist Literatur? Rowohlt 1950, Neuübersetzung 1981, rororo 4779, S. 164–171, 174–175, 203–204, 210–211 u. 221–225. Deutsch von Traugott König. (*Qu'est-ce que la littérature?* in: *Situations, II*, Gallimard 1948, p. 241–255, 288–289, 297–8, 311–316)

Der Aufschub, Rowohlt 1950. Aus der Neuübersetzung von Uli Aumüller. (*Le sursis*, Gallimard 1945, in: Œuvres romanesques, Gallimard 1981, p. 733–739 u. 1015–1022)

Saint Genet, Komödiant und Märtyrer, Rowohlt 1982, S. 882, 756, 762–764 u. 768–769 u. 884–886. Deutsch von Ursula Dörrenbächer.

(Saint Genet, comédien et martyr, Gallimard 1952, p. 523, 450, 453–4, 457 u. 524–525)

Der Kolonialismus ist ein System in: *Kolonialismus und Neokolonialismus*, Rowohlt 1968, S. 5–21. Deutsch von Monika Kind. *(Le colonialisme est un système* in: *Situations, V,* Gallimard 1964, p. 24–48)

Kritik der dialektischen Vernunft, Rowohlt 1967, S. 376–387. Deutsch von Traugott König. *(Critique de la raison dialectique*, Gallimard 1960, p. 386–394)

Die Wörter, Rowohlt 1965, rororo 1000, S. 7–15 u. 102–111. Deutsch von Hans Mayer. *(Les mots*, Gallimard 1963, p. 3–15 u. 151–162)

Russell-Tribunal. Eröffnungsrede in: *Das Vietnam-Tribunal*, Rowohlt 1968, rororo 1091. S. 14–18. Neu übersetzt von Eva Moldenhauer. *(Discours inaugural* in: *Tribunal Russell*, Gallimard 1967, p. 25–31)

Der neue Gedanke vom Mai 1968 in: *Mai '68 und die Folgen*, Rowohlt 1974, rororo 1757, S. 48–56. Deutsch von Dietrich Leube. *(L'idée neuve de Mai 1968* in: *Situations, VIII*, Gallimard 1972, p. 193–207)

Der Sozialismus, der aus der Kälte kam in: *Mai '68 und die Folgen 2*, Rowohlt 1975, rororo 1758, S. 151–184. Deutsch von Dietrich Leube. *(Le socialisme qui venait du froid* in: *Situations, IX*, Gallimard 1972, p. 227–276)

Der Idiot der Familie 1, Rowohlt 1977, S. 621, 626–647 u. 654–656. Deutsch von Traugott König. *(L'idiot de la famille 1*, Gallimard 1971, p. 631, 633–641, 643–644, 646–647)